1+1 旅行社业务实战手册

旅行社门市接待

（第2版）

主　编　冯国群　陈　波
副主编　黄春祺　王淑霞
　　　　戴晓琳　陈坚敏

北京 · 旅游教育出版社

再版说明

ZAIBAN SHUOMING

《旅行社门市接待》一书自2014年出版以来，受到广大旅行社从业者和院校师生的极大欢迎。其主题设计切合旅行社门市接待各岗位工作实际，知识引领专业实用，信息化操作技术具有较强的前瞻性，在同类教材中发挥了示范引领作用，教学效果良好。

此版为第2版。为倡导绿色出版理念，我们将原书所配光盘做成了可通过二维码扫描的视频文件，方便读者随时随地下载学习。

为方便老师教学，主编冯国群根据每个教学任务制作了专业实用的微课，可免费提供给各院校老师参考使用。

旅游教育出版社

2017年1月

出版说明

CHUBAN SHUOMING

旅行社业——一个为人们的旅游出行而奔忙着的行业，一个饱受争议但又不可或缺、有万千员工起早贪黑、有万千导游风餐露宿让人们出行无忧的行业。关于这个行业，人们有太多的话要说。有话要说，是因为人们对这个行业寄予了太多的希望，也是因为人们的出行越来越离不开旅行社从业者的服务。

对旅游者而言，旅行社就是自己出游的管家；对从业者而言，旅行社就是自己施展才华的平台。在中国日益成为旅游目的地大国的时候，活跃在旅行社各岗位上的从业人员，他们对业务的熟悉程度，他们的人际交往能力和对突发事件的应变能力，还有他们对工作的热爱程度以及将来会越来越完善的工作保障机制，都是让万千从业者这些个体细胞充满活力，让旅行社这个大家健康发展的元素。

现如今，市场对旅行社从业人员的门市接待的用工需求日益旺盛，无论是实体店还是以携程、驴妈妈等为代表的电商旅行社，都是如此。如何让门市这个门面有个帅气的亮相，让新手迅速上手、老手业务更精，便成了我们组织编写“1+1旅行社业务实战手册”的最大动力。

所谓“1+1”，是指1本实践手册配1张操作演练光盘。一个“1”用来解决业务知识问题，为您的职业生涯储备知识能量；另一个“1”用来解决业务操作问题，为您的职业拓展储备操控现代技术的能量。“1+1”的“营养配餐”将助力您练就一身过硬的业务基本功，在并不平坦的从业道路上能走得更远。

《旅行社门市接待》是“1+1旅行社业务实战手册”中的第一本，它从见习生—接待员—店长的成长历程，将门市接待的业务技能及操作要点串联起来，循序渐进，伴您在职业生涯的道路上稳步前行。

为了将书本知识与工作实际同步对接，我们特邀上海棕榈电脑系统有限公司将旅行社门市接待的操作软件制作成演示光盘，配上专业讲解，将旅行社业务演练搬回家，让您的学习更加具有针对性和操作性。

继出版旅行社门市接待用书后，我们将根据市场反馈，陆续推出旅行社各业务部门的操作演练用书。希望我们的良苦用心能够为方兴未艾的旅行社业发展注入新的活力，希望更多的人能够爱上这一行，能够继续起早贪黑、风餐露宿地为游客服务。

旅游教育出版社

目　录

MU LU

见习生——入职篇

接待员——专业篇

店长——管理篇

入职篇

见习生

单元01 步入旅行社门市

旅行社通过门市柜台向前来问询的顾客提供旅游咨询服务，并介绍和推销旅游产品，同时也为顾客提供其他与旅游有关的委托代办服务。在本单元里，通过学习,你将对“门市接待”岗位开始有所了解,知道门市接待员的工作环境和内容，及其职业知识和能力要求。

项目1 准备我的首日实习

小王刚从单纯的校园迈入复杂的职场，从校园学子蜕变为一个职业人，周围的环境全然改变，让他彷徨不安、不知所措，尤其是不知道该如何面对职场生涯的第一天。

职业场景

在两年的旅游专业学习中，小王对旅行社各工作岗位的相关课程非常感兴趣，学校推荐顶岗实习时，他就主动提出要在旅行社里实习，并被安排在某旅行社门市营业部担任一名实习生。周五上午，小王接到了旅行社人事助理的电话，通知下周一9点前去报到，店长会具体安排他的工作。于是小王利用报到前的两天多时间，做了些首次实习前的准备工作。

职场解析

入职第一天，如何做好准备工作，给实习单位领导和同事留下良好印象呢？

一、切忌上班迟到

上班迟到是入职大忌，在接到实习通知后，首先要做的就是通过网络、地图，或者咨询亲朋好友，掌握其具体地理位置，选择适当的交通工具，然后估算路上要花费的时间。旅行社的门市营业部一般都设在人流密集、商务活动集中的地区，有些门市部甚至设在商务写字楼内，对于那些我们不熟悉的地方，必要时可以提前去“探路”，了解其确切位置。

二、掌握公司概况

掌握越多的旅行社信息，对于你今后顺利开展工作、了解企业运作、适应工作环境大有裨益。在和领导、同事首次交谈中，他们也会发现你预先做了功课，从另一个侧面也反映了你对这个旅行社的关注和尊重。掌握旅行社的概况，主要包括旅行社的规模、各项经济指标（营业额、利润、市场份额等）、主营范围、业界名声、企业文化等内容。收集的途径主要有浏览旅行社网站、实地考察、向亲朋好友打听、向专业人士（如实习指导老师等）咨询等。

三、注意衣着打扮

圆领T恤、牛仔裤和运动鞋是学生时代的标准服饰搭配，但第一天工作，还是以着装正式为妙。尽管旅行社门市不像公务员和外企等大公司对服饰要求很讲究，但作为旅行社对客服务部门，一般都会要求着装正式，不能过于休闲和随意。通过你的着装可以表明你的态度，正式的服装胜过千言万语的表达。服装其实是一个信号，首先说明你把到公司来上班当作很郑重的一件事；其次，表明你是一个很重礼仪的人；第三，正装使人更精神，让你更容易被注意到，套用美学上的一句话——形式具有内容的含义。因此，第一天的衣着绝对不要过于随意，衬衣或有领T恤、西裤、皮鞋不失为夏季的恰当搭配，其他季节还可以考虑西装配皮鞋。

四、带上工作物品

第一天实习肯定有许多需要学习的内容，好记性不如烂笔头，笔和笔记本是必须携带的物品，这也是你虚心好学的最好证明。

五、准备自我介绍

首次面对领导和同事，简要的自我介绍是必不可少的。面对不同的对象，自我介绍的内容可能略有不同，但大致包括这些内容：姓名、来自什么学校、表明自己学习及工作的诚恳态度、提出希望得到对方指导和帮助的愿望等。假如自我介绍的对象是人事管理人员，还可以补充你曾经学过的一些专业课程、专业特长和社会实践经历。

六、运用肢体语言

1. 善用眼神

比如在交谈或介绍自己的过程中，把目光投在对方脸部的小三角区，即鼻子至唇部之间的位置，一般和对方目光接触的时间是和对方相处时间的 1/3，每次看别人的眼睛 3 秒左右，让人感觉比较自然。如果同事众多，要用眼神扫过每一个人的脸庞，切忌死盯着某一个人。扫视完毕后可以把焦点设定在人群的中部，并不时照顾一下前后左右的人。

2. 展露微笑

微笑是全世界通行的语言，这是几乎不会被误解的肢体语言。在人际交往中，保持微笑，至少有以下几个方面的作用：首先，说明你心情愉快，充实满足，乐观向上，善待人生，这样的人才会产生吸引别人的魅力；其次，表明对自己的能力有充分的信心，以不卑不亢的态度与人交往，使人产生信任感，容易被别人真正地接受；第三，反映自己心底坦荡，善良友好，待人真心实意，使人自然放松，不知不觉地缩短了心理距离；最后，说明你热爱本职工作，尤其在门市接待岗位，微笑更是可以创造一种和谐融洽的气氛，让服务对象倍感愉快和温暖。

3. 点头致意

这是与微笑常常配合使用的另一种肢体语言，它们都能体现出你对对方的尊重。无论是听取领导的工作安排，还是倾听同事的工作指导以及工作时的相互沟通，甚至通过走道时的相互照面，及时的点头致意和微笑，会充分展现你的礼貌素养。很多实习生往往把微笑和点头致意的对象集中在上司、老板和同事身上，对那些职位比自己低微的人不屑一顾，如保洁阿姨之类的物业工作人员，那些看似对自己毫无帮助的人，或许有时就是给你指点迷津之人。

职业操练

在你所在城市里选择一家旅行社门市部假定为你即将实习的单位，列出你的实习交通安排、预备的衣着打扮和携带物品，草拟一份简要自我介绍稿和旅行社概况稿，并试着以你的同学为对象，进行介绍。

项目2 熟悉我的工作环境

门市营业部是旅行社对外营业的窗口，它不仅是我们门市接待员工作的地方，更是旅游者与旅行社首次面对面沟通接洽的地方，是旅行社产品销售的重要场所。熟悉工作环境对于一名初入职场的实习生而言非常重要，这能够帮助我们尽快地适应工作角色，为今后顺利地工作打下良好的基础。

职业场景

周一一大早，小王早早地赶到了实习门市部，在店长的带领和同事的介绍下，熟悉了门市部里里外外各岗位的工作环境，他对日后的实习工作充满了期待。

职场解析

一旦成为一名职业人，那么你就有 1/3 的时间是在工作中度过的。只有尽快地熟悉周围环境，融入新环境，才能让自己适应工作。

一、工作硬环境

主要包括旅行社门市部位置、外观、内部布局、工作设备和用品等。

旅行社门市部一般都会设在城市重要商业区、居民区、商务区、景区、交通枢纽区，这些区域客流量大，交通便利，潜在客户聚集。

除了一些设立在商务楼宇和酒店内的门市部，旅行社门市部一般都会设在街边道旁，有一块显眼的旅行社标牌是必不可少的，标牌上有旅行社名称、LOGO、联系电话等信息，门口会张贴各类旅游产品广告、促销信息、招聘启事等。

门市的内部布局需要根据面积大小而定，可以划分为迎候浏览区、接待咨询区和后勤工作区。若面积较大，还可以设立面向大客户的业务洽谈区，接待咨询区和后勤工作区可以进一步按照出境、国内等区域细分。

作为门市接待人员，日常操作的办公设备主要有电话、电脑、打印机、复印机、传真机、验钞机、电子广告屏、视频播放设备（DVD、液晶电视、数码相框等）、扫描仪等。

在每位门市接待人员的接待桌上，一般都会摆放各类资料和工作表格的文件夹、计算器、收据簿、发票簿、水笔、公司合同业务章之类的物品。各类资料主要指门市部所售所有旅游产品的明细表。工作表格主要包括咨询登记表、单项产品委托书、旅游合同、出团汇总表、飞机火车时刻表、各旅游供应商联系表等。

二、工作软环境

主要指相对旅行社硬环境而言的一个概念，它是指旅行社内部物质条件以外的诸如企业文化、规章制度、人员机构等外部因素和条件的总和。

企业文化是一个旅行社长期以来形成的、靠行为来体现的思想、观念和态度，是企业的灵魂，也是推动企业发展的不竭动力。若想尽快融入新环境，必须学会察言观色，并且要谦虚地向前辈请教，积极地适应公司的企业文化。只有与企业文化合拍，才能在工作中更好地施展自己的能力，做到游刃有余。

一般来说，旅行社都会有员工手册，这是新员工认识规章制度最直接的途径。但一些小型旅行社的规章制度可能未必会明文标榜，主要靠老板和同事的言传身教。要想迅速融入门市部新环境，只了解员工手册上的规定远远不够，还需入乡随俗，不要轻易“越雷池一步”，这就必须多看、多想、多向身边的人请教。比如，有些门市部规定禁止使用个人 QQ 号登录，收银区一般人员不得入内等。

小型的旅行社门市部一般有 1 名店长和若干名接待员构成，而大中型门市部则可能设有门市经理 1 名，2 ～ 3 名分管经理，店员则会细分为各大区线路的咨询接待员、收银员、签证员、票务员、客户回访员、总部联络员、投诉接待员、材料整理员等。根据旅行社门市部的规模、操作流程、工作时间的安排不同，职员有时会身兼数职，有时则会专人专职。

职业操练

考察你所在城市的一家旅行社门市旗舰店，收集这家门市部的工作软、硬环境信息，列表说明。

拓展阅读

××旅行社规章制度

第一章　总则

为使本公司人事作业规范化、制度化和统一化，使公司员工的管理有章可循，提高工作效率和员工责任感、归属感，特制定本制度。

适用范围：本公司员工的管理，除遵照国家和地方有关法令外，都应依据本制度办理。

1. 企业性质

有限责任公司

2. 股东

股东们按注册资金承担有限责任。

3. 管理体制

实行董事长领导下的总经理负责制及总经理（副总经理）、部门经理、员工的三级垂直管理体制。总经理、副总经理和财务部经理由董事长委任，任职期限根据公司的章程由董事长决定。

第二章　劳动条例

1. 用工性质

实行全员合同制。

公司视职位、岗位情况确定雇佣标准，公开招聘，经面试、体检、培训、考试合格后报总经理（副总经理）批准后录用，同时要求被录用人员向公司人事部呈交指定的证件及资料并填写相应的表格，证件不齐者不得办理正式录用手续。

员工应将有关个人资料的变更事宜及时告知公司人事部。

2. 录用

本公司各部门如因工作需要，必须增加人员时，应先依据人员甄选流程提出申请，经相关负责人批准后，由人事部门统一纳入聘用计划并办理甄选事宜。

本公司员工的甄选，以学识、能力、品德、体格及适合工作所需要条件为准。采用考核和面试两种，按实际需要选择其中一种实施或两种并用。

新进人员经考核或面试合格审查批准后，由人事部门办理试用手续。原则上员工试用期为三个月，期满合格后，方可正式录用；但成绩优秀者，可适当缩短其试用时间。

3. 体检

所有旅行社员工在正式受聘前，必须前往当地卫生防疫站接受健康检查。

公司每年为员工组织一次健康检查，对患有传染性或其他不利于工作的疾病患者，在规定的医疗期后仍未康复者，将予以辞退。规定的医疗期为一个月，医疗期内只发给员工基本生活费，按照政府颁布的最低工资标准执行。

4. 试用期

员工自录用之日起，须经过最长不超过四个月的试用期，试用期内公司可随时辞退不称职的员工，员工亦可提出辞职。

5. 合同

员工在进入公司之日起，即与公司签订劳动合同，合同经员工本人签字、公司盖章及劳动部门鉴证后生效。合同期满，视公司和员工本人的意愿，终止或续签合同。

公司录用的所有员工必须与公司签订保密合同。

6. 工薪

公司实行月薪制度，每月 15 日之前支付上月 1 ～ 31 日的全月工资。

公司实行岗位等级工资制度，并根据赢利状况、员工业绩进行工薪调整。员工职务、岗位变动后，重新确定工资标准。

7. 调动、晋升与任免

公司根据需要调动员工，员工应服从安排。

公司推行内部晋升制度，将不拘一格提升业绩突出者至较高职位，各层管理人员应从多方面观察员工，不断发现内部人才。员工在公司的成长和晋升有赖于其工作的积极性、主动性、工作的技能和业绩。如有新的机会，公司将优先考虑本公司的员工。

员工晋升后，若因工作不胜任或有过失，公司可视情节对其作出免职或降职的决定。

8. 培训

关于培训：所有员工均有义务和权利参加公司和部门组织的各类培训，并达到相应的要求。

关于计划：公司人事部与各部门均按要求制订培训计划，组织员工参加培训。

关于档案：公司为员工制作培训档案，培训档案是员工晋升的重要依据之一，员工的培训成绩将被真实地记录在档。

关于费用：公司内的培训为免费培训，包括教材和学费；公司外培训为计费培训。公司以外的培训费用先由公司垫付，但员工须与公司签订相应的培训合同，并遵守此合同。

9. 辞职

员工在合同期内要求辞职者，须提前30天以书面形式递交辞职报告，经所在部门、人事部批准后依合同及公司的相关规定办理手续。擅自离职者，须在赔偿公司损失后补办手续。

10. 辞退

公司可根据合同和有关规定辞退员工，辞退通知须提前30天以书面形式送达员工本人。被辞退者按公司的规定办理辞退手续。

第三章　休假制度

1. 法定假日

正常休假在不耽误工作的前提下，经领导书面同意，可自由支配休假时间。由于业务需要，公司可临时安排员工于休假日照常上班。

节假日期间通常是旅行社的高峰季节，由于旅游行业的特殊性质，也许会要求员工超时工作或在很短时间内通知员工回来工作。发生这种情况时员工需全力合作。

2. 有薪假期及其他

员工连续工龄满2年后，每年可获得带薪休假一次，假期为5天。工龄每增加一年假期延长2天，最长15天。员工休假期间，原待遇不变。未得到部门经理及总经理室的批准，员工在规定日期内提前离开或推迟返回公司的行为将被视为违纪，有可能导致辞退。

3. 丧假

员工如遇直系亲属（指父母、公婆、岳父母、配偶、子女或同胞兄弟姐妹）不幸去世，公司给予3天有薪丧假。

员工请丧假，须由部门经理同意后方能离岗，可事后补交请假条，并由部门经理和人事部共同审核。

4. 福利

员工与公司签订劳动合同后，公司将按规定为员工办理职工社会保障手续，员工可享受社会保障。

5. 出差

（1）公司根据需要安排员工出差，受派遣的员工，无特殊理由应服从安排。

（2）员工出差在外时，应注意人身及财物安全，遵纪守法，按公司规定的标准住宿、使用交通工具，合理降低出差费用。

（3）公司对出差的员工按规定标准给予交通、住宿等相关费用的报销。并给予一定的生活补贴，具体标准依公司的规定办理。

（4）出差人员返回公司后，应及时向主管叙职，并按规定报销或核销相关费用。

6. 加班

（1）责任人员平时加班，经部门经理确认有效工作时间，不计发加班工资，在考核月度奖金中予以考虑。

（2）在加班时间内擅离职守者，除不计有效工作时间外，按旷职（工）论处。

第四章　考勤制度

全体员工必须自觉遵守劳动纪律，做到不迟到、不早退、不擅离岗位。

1. 关于迟到、早退

（1）迟到、早退月累计 30 分钟（含 30 分钟）者，扣发 50 元；

（2）迟到、早退一次达 10 分钟（含 10 分钟）者，扣发 50 元；

（3）迟到、早退月累计达三次者，将被辞退。

2. 关于病假

任何请病假者都须在得到管理人员批准后方可离岗，未经任何批准的离岗将视为违纪，可能会导致辞退；任何请病假者必须出具医院证明，无医院证明将被视为事假。

（1）病假 1 天，或临时病假，时间不超过 2 个小时的，由部门经理审批，事后 24 小时内补交请假条及指定医院的证明；

（2）病假 3 天以上（含 3 天），由当事人出具请假条及指定医院的诊断证明，交部门经理、人事部共同审批后方可生效；

（3）员工急病不能上班，须用电话告知部门负责人，事后应于 24 小时内提供指定医院开具的有效急诊证明，违者按事假或有关规定处理；

（4）员工一般请病假须提前 24 小时递交请假条，并附指定医院的医生诊断证明，交由部门经理核准，报人事部备案后方可生效；无诊断证明者，以事假或按规定处理；

（5）当月病假在 7 天以下（含 7 天）者，按日扣发工资，8 天以上（含 8 天）者，发给基本生活费；

（6）病假经批准后离岗超过 2 个小时者，按半天计；超过 5 个小时者，按一天计。

3. 关于事假

任何请事假者都须在得到部门经理批准后方可离岗，未经任何批准的离岗将视为旷工，可能会导致辞退。

（1）事假1天，或临时事假，时间不超过2个小时的，由部门经理审批，事后24小时内补交请假条；

（2）事假3天以下（含3天），由当事人出具请假条，交由部门经理审批后方可生效；

（3）员工请事假须提前24小时递交请假条，交由部门经理核准，报人事部备案后方可生效；

（4）当班时遇家中出现急事，可随时请假，经批准后离岗，未经批准擅自脱离岗位者按旷工处理；

（5）当月事假6天以下（含6天）者，按日扣发工资；7天以上（含7天），10天以下（含10天）者，发给基本生活费；超过10天，则扣除当月月薪；若无特殊事宜，事假超过15天，公司将解除合同，并根据有关规定办理；

（6）事假经批准后离岗超过2个小时者，按半天计；超过5个小时者，按一天计。

4. 关于旷工

有下列情况者，按旷工处理：

（1）迟到早退月累计超过30分钟者；

（2）工作以外委托他人代考勤、替他人考勤或伪造、涂改考勤时间者；

（3）未按公司和部门要求参加培训擅自缺课一次者；

（4）未经许可擅自离岗者。

旷工一天扣罚40%的月工资总额。

5. 关于考勤

（1）所有员工一律考勤后上岗，无考勤者作无此人处理；

（2）考勤表不得涂改或乱写，如遇涂改时须有部门经理签名，否则视为迟到/早退；

（3）月底由部门经理共同审核每位员工的考勤表，随同考勤汇总表于每月2日之前上交公司人事部；

（4）员工的休息时间应准确填写在考勤表上，以备查；

（5）考勤工作由部门经理负责监督执行，遇特殊情况可暂时由指定人员替代；

（6）员工如在公司内部调动，须到相应部门参加考勤；

（7）公司将不定时地抽查员工的考勤情况和部门经理的执行情况，发现有徇私舞弊者，严格按照公司的规章制度进行处理。

第五章　投诉处理

1. 游客投诉

（1）所有员工必须认真、耐心听取游客投诉的内容，将投诉的客人引至一旁，以免影响正常工作，并立即请部门经理处理游客投诉，不得以任何借口推卸责任；

（2）当处理权限超过本身职权时，应记录下对方的资料及要求以最快时间报告上司处理，同时感谢其指出的不妥之处，或对引起游客不方便的地方表示歉意；

（3）处理游客投诉时，态度应真诚、友好，保持冷静，不得提高嗓门，鼓励游客提供主要的细节，不要对游客说这是他的错；

（4）公司内任何员工不得私自承诺游客有关负责或商讨责任赔偿问题；

（5）所有投诉结果均应记录在案。

2. 员工投诉

（1）公司欢迎来自员工的批评或建议，所有员工对自己工作或其他方面有意见或建议，可与管理人员直接交换意见；

（2）员工如果对公司不满意或涉及直接管理人员，可以书面形式向公司领导投诉，投诉的内容必须真实、详细；

（3）在公正的原则下，公司管理人员对投诉者和投诉内容均须持保护的态度并及时、妥善地处理员工的投诉。

第六章　安全守则

所有员工均应遵守日常安全规定，在紧急情况下，全体员工必须服从指挥，发扬见义勇为、顾全大局的精神，全力保护公司的财产和游客的生命安全。并在日常工作中特别强调“谁主管谁负责，谁在岗谁负责，谁操作谁负责”的安全原则。

基本要求：

（1）了解政府相关法规、法令、条例，平时通过培训让每位员工掌握有关安全操作的规则；

（2）员工应严格按照操作规程工作，排除安全隐患，发现有事故苗头或可疑形迹，要立即查找原因，及时处理或报告有关管理人员；

（3）下班时，应确保门窗关好后方可离开；

（4）定期学习安全法规和案例，杜绝安全隐患；

（5）在工作时，必须使用公司制定的所有安全程序。必须遵守公司所规定的安全作业制度。

（6）如在工作时发生伤人事故时，应立即报告部门经理并采取措施；

（7）凡遇各类安全事故或发现隐患，部门须对事故状况、原因、处理过程和结果详加记录，以资查对和指导工作。

第七章　公共关系

（1）所有关于公司需对外发布的信息由公司办公室处理；

（2）如遇工商、卫生、消防、街道等有关机构到访或检查，员工应立即通知经理，同时必须礼貌地接待、认真聆听；不可与其发生争执，或对其不理不睬，以免事态恶化；

（3）如处理权限超过本职权范围时，应礼貌告知该项目的相关负责人在何处，请其留下姓名及联系电话，不可以冷漠的态度对待；

（4）任何员工不可私下答应对方提出的任何要求，对方人员离开后应立即向经理报告。

第八章　奖惩

1. 嘉奖

（1）品行端正，工作努力，按时完成重大或特殊事务者；

（2）培训考核，成绩优秀者；

（3）热心服务，有具体事实者；

（4）有显著的善行佳话，足为公司荣誉者；

（5）在艰苦条件下工作，足为楷模者；

（6）检举违规或损害公司利益者；

（7）发现职责外的危机处理，予以速报或妥善处理防止损害者。

2. 表彰

（1）对销售或管理制度提出改进建议，经采纳实施，卓有成效者；

（2）遇有灾难，勇于负责，处理得当者；

（3）遇有意外或灾害，奋不顾身，不避危难，因而减少损害者；

（4）维护员工安全，冒险执行任务，确有功绩者；

（5）维护公司重大利益，避免重大损失者；

（6）有其他重大功绩者。

3. 特别奖

（1）兢兢业业，不断改进工作，业绩突出者；

（2）热情为客户服务，经常得到客户书面表扬，为公司赢得很高信誉，成绩突出者；

（3）开发新客户，市场销售成绩显著者；

（4）有其他特殊贡献，足为全公司表率者。

4. 惩罚

（1）罚款：由主管或有关部门负责人书面提出，员工所属部门经理批准后执行；

（2）批评：由员工的主管或有关人员书面提出，报部门备案；

（3）记过：由员工所属经理书面提出，主管经理审核、批准，报人事部执行，并下达通知，受记过者同时扣发当月奖金；

（4）降级：由员工所属部门经理书面提出，主管经理审核批准后报人事部执行；

（5）除名：由员工所属部门经理书面提出，主管经理批准后执行。

5. 罚款或批评

（1）工作时间，擅自在公司推销非本公司产品者，职责所需，经批准者不在此限；

（2）上班时间，躺卧休息，擅离岗位，怠慢工作者；

（3）因个人过失致发生错误，情节轻微者。

第九章　员工纪律

严密的纪律能帮助员工集中精力工作并保持一个公正、和谐、安全的工作环境，违反公司制度将导致纪律处分。根据违纪频率及严重性，可导致辞退或开除。

1. 纪律处分程序

第一次违纪　口头警告

口头警告正式发出后，管理人员应以书面形式记录，并纳入员工档案；

第二次违纪　书面警告

如口头警告后仍然出现工作违纪现象，管理人员（部门经理、总经理）将发出警告过失单，该过失单记录员工的违纪细节，每单按违纪程度扣罚当月工资10～50元，该罚单经部门经理签署处理意见，并由员工本人签名后，将副本送人事部备案（如违纪行为属实，当事人拒签，过失单依然有效）。此通知书上将告知员工持续违纪将导致辞退。

第三次违纪　辞退或开除

如员工出现第三次违纪时，人事部将根据其违纪情节，予以辞退或开除。以上违纪次数每月累计，人事部将每月公布当月的违纪及罚单的处理情况。属迟到、早退、病事假、旷工等考勤类罚单的扣罚根据公司的相关制度执行。

2. 导致辞退的违纪行为

（1）公司保留对财产的所有权，公司财产不能用于个人，损坏公司的财产，并造成相应经济损失或连带责任者；

（2）无正当理由不服从工作调动及分配，在规定期限 1 天内不到岗工作者；

（3）恶意顶撞上司者；

（4）服务态度粗暴蛮横，与游客吵架或出言不逊，影响极坏，造成一定后果者；

（5）工作期间，未按公司操作程序、不能胜任工作、工作怠慢、工作效率低，或导致游客投诉者；

（6）违反收银操作程序，导致现金严重短款者；

（7）利用工作之便，营私舞弊、弄虚作假、卡供应商油水者；

（8）采用价高供应商，造成经济损失者；

（9）有赌博、酗酒、打架斗殴等恶习，严重影响工作和社会秩序者；

（10）散播其他员工的流言蜚语者；

（11）无故旷工 2 天以上（含 2 天）者；

（12）被开具 3 张以上（不含 3 张）过失单者；

（13）犯有与上例所述性质相同的其他违纪行为。

3. 导致开除的行为

（1）所有关于公司的文件是保密的，恶意泄露、私自拷贝、挪用或未经同意带出公司允许范围者，包括私自带出或复印本守则的行为；

（2）一切偷盗公司及同事财物的行为和任何形式的偷窃行为，除开除外，有必要时公司将诉诸法律；

（3）违反公司财经纪律，造成一定后果者；

（4）所有公司货品（含赠品），未经上司同意，不得以任何形式带离工作场所，或放入个人衣柜或赠送他人；

（5）在公司内参加旅游无故未付款者，或蓄意未将销售额如实记账和报账，或收款后未及时将现金上交公司财务；

（6）严重违反公司安全制度，或不遵守安全操作规程，危害游客生命安全者；

（7）工作时间以外的刑事犯罪，公司将有权终止合同直至辞退或开除；

（8）伪造任何与公司有关的记录，如工作时间考勤表，医生证明以及提供不真实的或伪造的个人资料；

（9）犯有与上例所述性质相同的其他违纪行为。

第十章　员工基本行为准则

作为旅行社的一员，任何时候都代表着公司。员工的模范行为会提升公司的形象。记住，第一印象最难改变，因此，应确保自己给所有的游客留下最好的第一印象。

简要十则

（1）遵守作息时间，不迟到，不早退，不得无故旷工；

（2）工作人员要从消费者利益出发，维护企业信誉，遵循“宾客至上，服务至上”的原则；

（3）服从组织分配，顾全大局，搞好协作配合；

（4）上班时间不得随意说笑，不得做一些与工作无关的事情；

（5）工作人员必须佩戴工号牌，着装整齐，仪表端庄；

（6）服务要主动热情，周到礼貌，使用规范语言，对外统一使用标准用语——普通话；

（7）每天做好保洁工作，保持室内外清洁卫生；

（8）严守单位商业机密，不得泄露，如若泄露，将根据情节轻重给予处分；

（9）实事求是，廉洁奉公，不准弄虚作假，欺上瞒下；

（10）爱护公司财物，不得随意浪费、损坏单位的物品。

细则

1. 上班

（1）上班时间只允许处理公司的业务，不允许处理私人事务（电话、邮件或来访等），只有在紧急状态下可以打私人电话；

（2）员工准时参加每日小会，了解当日的任务、计划和应做的工作；

（3）神态自然，面带微笑，对所有人员均用标准礼仪致意；用语文明、礼貌、规范；

（4）遵纪守法，执行公司规章制度，并按规定标准程序工作或操作；

（5）不在工作和间歇期间饮酒或饮用含有酒精的饮料，亦不允许员工酒后上班；

（6）工作时间不允许吸烟、吃零食、干私活；

（7）在工作时间里应保持警觉和充沛的精力；

（8）主动为游客服务，认真回答游客提出的问题，不要轻易对顾客说“不”；

（9）在任何时候，均应诚恳地接受游客批评，不得与之发生任何口角和争辩；

（10）服从管理人员的调配，未经领导批准，不得以任何借口中止或擅离工作岗位；

（11）爱护公司的一切财物，不得以任何借口浪费财物和损害设备，发生损害要照价赔偿，并尽快通知上级；

（12）不得利用工作之便，假公济私，或与客户拉关系办私事；

（13）认真维护办公环境及带团过程的整洁、安全，对不整洁、不安全现象立即进行整改或报上级处理；

（14）了解紧急情况下自己的职责，当需要帮助时，应尽快通知上级；

（15）与同事相互尊重，主动沟通，并在任何时候、场所讲究团结协作精神；

（16）上班时间不接打私人电话，遵守旅行社办公室管理规定。

2. 仪容仪表

（1）必须保持面貌整洁，男员工不得奇装异服，女员工必须淡妆上岗，不得浓妆艳抹；

（2）所有员工必须保持良好的个人卫生，必须保持高标准的衣着和个人卫生。

3. 着装

（1）所有员工必须身着规定的制服、佩戴员工牌上岗；工作服须在上班前五分钟更换，未到下班时间不能更换制服；

（2）制服应保持干净，无污迹、无破损、无补丁，如有明显污迹、破损或丢失，应及时上报人事部，申请更换，如责任在个人，将按规定补交费用；

（3）部门经理应在每天的小会上检查员工的着装，发现不合格者应立即请其改正后方能上岗。

4. 礼貌礼节

（1）游客是我们的衣食父母，对客户要热情大方、有礼貌，与客户交流必须要有问候语，对客户提出的问题要耐心解答，不得有不耐烦的言语及态度；

（2）必须时刻保持微笑服务；

（3）对待同事要真诚，用语文明礼貌。同事间应团结协助，不得拉帮结派，散布流言蜚语。带新员工要认真，有耐心，有责任心，不得出现不耐烦情绪，更不能出言不逊；

（4）尊重上司，对上司彬彬有礼，主动与上司问好，认真完成上司交与的工作，服从上司的管理。不得背后议论上司，不得对上司出言不逊。

5. 服从

员工有责任遵守经理的指示，如果对于正当的指示有所异议，可以与更高一级管理人员讨论此事，但前提是必须首先完成所指示的工作。

6. 利益冲突

作为员工，你必须对公司忠诚。因此不得为其他旅行社、合作商或公司业务竞争对手工作。

7. 偷窃行为

偷窃是严重的犯罪。以下行为将被视为偷窃：

（1）未经付款即让客人参团；

（2）接待的客户未做进日报表；

（3）伪造销售记录、文件或命令等；

（4）修改订单及其他任何形式的欺诈行为。

8. 内部管理

必须保持工作场所、办公场所、休息场所的卫生整洁，将卫生制度落实到个人，按时检查。

对于公司下发的相关通知，请各部门及各部门经理务必认真阅读，必要时必须在班前会上告知各位员工，及时办理公司通知事宜，不得拖延。与部门经理及公司保持沟通，及时上报或处理有关事宜，不得故意拖延或隐瞒不报。

公司可根据实际情况及需要随时修订本守则的相关条款。

本守则的解释权在公司人事部。

本守则发放给公司各部门经理，员工可以随时查询。

各部门应妥善保管本守则，公司将随时进行抽查。

9. 保密

员工所掌握的有关公司的信息、资料和成果，应对上级领导全部公开，但不得向其他任何单位或个人公开或透露。

员工不得泄露业务或职务上的机密，凡是涉及公司的意见，未经上级领导许可，不得对外发表。

明确职责，对于非本人工作职权范围内的机密，做到不打听、不猜测，不参与小道消息的传播。

非经发放部门或文件管理部门允许，员工不得私自复印和拷贝有关文件。

树立保密意识，涉及公司机密的书籍、资料、信息和成果，员工应妥善保管，若有遗失或偷窃，应立即向上级主管汇报。

发现其他员工有泄密行为或非本公司人员有窃取机密行为和动机，应及时制止并向上级领导汇报。

10. 电话管理制度

（1）严禁使用办公电话聊与工作无关的内容；

（2）非业务需要严禁上班时间上网；

（3）接听电话要快，必须使用普通话，吐字要清晰，语气要适中；

（4）要使用接听用语：“您好！……”

（5）要耐心细致地回答顾客提出的问题；

（6）要认真做好电话来访记录，明确记录访客电话、出游意向、时间、人数、工作单位及其他特殊要求，并立即向业务经理汇报。

第十一章　财务管理制度

（1）门市部的所有团队收入一律及时汇到财务账户上，不得擅自保留团款和挪用团款；

（2）门市部的所有开支一律列好所需开支清单并用传真方式传至总公司处，经总经理批准后，财务人员把所需费用汇至其门市部账户上，然后凭发票报账；

（3）门市部每月来总公司报2次账，并汇报门市部的近期情况。

项目3　了解我的工作内容

门市接待的主要工作是通过门市柜台向前来问询的旅游者提供咨询服务，并介绍和推销本社的旅游产品，同时还包括为旅游者提供各种旅游委托代办服务等。

职业场景

昨天，小王对门市部的工作环境作了比较全面的了解，今天店长为他指派了实习期间的带教师傅——国内部接待主管、有近十年门市销售经验的赵老师。赵老师领着小王了解了门市接待的主要工作内容。

职场解析

旅行社门市是接待旅游产品咨询和委托的主要场所。因此，开展的各项工作均是围绕着顾客和旅游产品而进行的，其中以对客服务为主。

一、门市的定义

2009年5月1日起施行的《旅行社条例》第十一条规定，旅行社可以设立专门招徕旅游者、提供旅游咨询的服务网点。这里所说的服务网点，就是本书所称的旅行社门市。由国家旅游局颁布的《旅行社条例实施细则》第二十一条中，对服务网点作了更加具体的说明：旅行社设立的，为旅行社招徕旅游者，并以旅行社的名义与旅游者签订旅游合同的门市部等机构。

二、门市的业务范围

《旅行社条例实施细则》第二条规定如下：

《条例》（指旅行社条例）第二条所称招徕、组织、接待旅游者提供的相关旅游服务，主要包括：

（1）安排交通服务；

（2）安排住宿服务；

（3）安排餐饮服务；

（4）安排观光游览、休闲度假等服务；

（5）导游、领队服务；

（6）旅游咨询、旅游活动设计服务。

旅行社还可以接受委托，提供下列旅游服务：

（1）接受旅游者的委托，代订交通客票、代订住宿和代办出境、入境、签证手续等；

（2）接受机关、事业单位和社会团体的委托，为其差旅、考察、会议、展览等公务活动，代办交通、住宿、餐饮、会务等事务；

（3）接受企业委托，为其各类商务活动、奖励旅游等，代办交通、住宿、餐饮、会务、观光游览、休闲度假等事务；

（4）其他旅游服务。

此外，第二十二条还规定“服务网点应当在设立社的经营范围内，招徕旅游者、提供旅游咨询服务”。

根据目前旅行社门市的实际运作特点，其门市业务范围主要包括围绕各项旅游及其相关产品开展宣传、咨询、预订、委托、协助出行和售后服务等业务。

三、门市的工作内容

在“项目 2”中，我们曾提及不同规模、不同操作流程和不同工作时间安排，都会导致工作分工的不同，有的门市接待员身兼数职，有时则会专人专职。以大中型门市为例，依照顾客服务基本流程，围绕旅游及其相关产品，旅行社门市接待的工作内容大致可以分为以下 6 个模块：

1. 门市迎客

门市是旅行社的重要销售渠道，应给顾客留下良好的印象。顾客步入门市后，迎宾员或者空闲的接待员都应主动招呼，表示欢迎和关注，并仔细观察、判断和了解顾客的意向，然后引领其前往不同的服务区。

2. 咨询服务

除了顾客现场咨询外，接待员还需处理电话、信函和网络等不同途径的问询，解答他们提出的有关旅游及其相关产品的问题。对于能当场答复的，及时给予解答；不能当场答复的，应在得到进一步确认之后迅速联系顾客予以答复。无论哪种情况，都应记录下顾客的需求和联系方式。作为一名咨询接待的管理人员，还应定期统计汇总顾客的需求，为产品设计部门提供市场动态信息。

3. 产品推介

作为门市接待应针对顾客的出行打算或委托项目，不失时机地向旅游者推介本社销售的旅游产品和代办服务，实事求是地说明产品和服务的特色与优势，利用图片、声像、业界口碑等材料来促成顾客的购买行为。按照推介对象的不同，旅行社提供的产品和服务主要分为散拼团产品和自组团产品。散拼团产品往往是旅行社已开发、已代理的现成旅游产品，行程内容相对固定，而自组团产品通常由顾客团队代表选定旅游日和线路，需旅行社二次设计开发。

4. 手续办理

在顾客作出购买决定后，门市接待就应抓住时机，及时为顾客办理相关手续。首先，门市接待人员应当依法规范地与旅游者签订书面的旅游合同，这是维护旅游者和旅行社双方共同合法权益的保障；其次，门市接待人员应当与顾客约定付款方式，收取部分或全部费用，并开具收据或发票。对于办理其他诸如票务、会务、签证等其他相关委托项目时，则也需签订相关委托书，明确具体委托事宜和双方的权利义务；对于单纯的旅游产品而言，出境游在手续办理上主要比国内游增加了签证方面的内容。

5. 出行通知

旅游团在出行前，旅行社门市还会将一些出行信息，通过短信、邮件、出团告知书等形式进一步告知旅游者，如导游（领队）姓名、联系方式、出发集合时间和地点，航班车次、旅游目的地当地的气候、风俗禁忌等。对于出境游，不少旅行社还会安排全体旅游者的出团告知会，由领队或门市人员向旅游者介绍目的地国家的出入境、海关、携带物品、汇率、时差、小费、饮食、电源、安全应急等出国须知内容。

6. 售后服务

旅游者在结束旅游返回之后，旅行社门市可能还会或还需要向顾客继续提供相关的服务，如对于旅游行程不满的顾客，也许会前来门市投诉；而一些优质客户，则需要及时地进行回访服务；建立旅行社的客户资源库，不定期地通过各种途径与他们进行沟通联络，增强信任，培养忠实顾客。

职业操练

考察你所在城市的一家旅行社门市旗舰店，列举这家门市的接待员的工作内容。

拓展阅读

××旅行社各岗位职责及相关规章制度

第一节　总经理岗位职责

1. 总经理是企业的决策人，首先要努力为企业创造最大的经济效益和社会效益，使企业资本不断增值，并努力创建一流的品牌。

2. 总经理全面主持工作，应合理调动员工积极性，营造一个宽松和谐、共同奋斗的工作氛围。

3. 总经理应该在提高企业经济效益的基础上不断掌握现代化经营手段，不断更新经营理念，保证完成经营目标，不断改善企业的办公条件，使企业具备更强有力的发展后劲。

4. 总经理应加强财务管理，严格财务纪律，组织实施经董事会批准的公司年度工作计划、财务预算报告及利润分配使用方案，最大限度甚至超值地发挥资本优势与品牌优势。

5. 决定组织体制和人事编制，决定总经理助理及各职能部门的任免、报酬、奖惩。总经理必须不断学习，提高自己的业务水平和管理水平，以适应不断变化的旅游管理需求。

6. 决定对成绩显著的员工予以奖励和晋级，对违纪员工的处分，直至辞退。

7. 搞好精神文明建设，加强廉政建设，加强企业文化建设，树立公司良好的社会形象。

第二节　外联部的岗位职责

1. 外联部负责公司业务联系和公关工作，是本公司营销策略制定和执行的部门。并通过不断努力，提高业务人员的工作能力和业务素质。

2. 外联部必须掌握公司的业务范围及旅游市场的最新消息，负责市场资料调查和反馈，负责客户资料的建立和运用，负责新客户的开发。每位业务员应是公司的活地图、活时刻表、活报价表。

3. 外联部应随时掌握客流市场的新动态，经常分析市场发展趋势，不断完善经营思路，利用多种形式促进销售。

4. 外联部与办公室、计调部、财务部等部门按书面手续操作，做好衔接工作。

5. 做好收账及账款异常的处理。

6. 外联部有责任降低经营成本，节约营销开支。

7. 外联部经理应调动外联部全体员工的积极性，形成不分内外、不分地点、不分时间，时时处处做营销的工作。

8. 外联部经理实行对总经理负责制，并通过不断努力提高业务水平和业务素质，每月向总经理汇报业务完成情况及下月业务预定，及时向其他部门通报新的业务动向和接待计划，起到公司运转龙头的作用。

第三节 计调部岗位职责

1. 计调必须熟悉旅游市场的最新信息，掌握充分的客房、车辆和景区资源，满足不同客户的需要。

2. 计调部是组团、地接和接待质量的重要保证，计调有责任清楚组团、地接和接待工作的细节，做到心中有数。

3. 计调应坚持质量第一，在保证质量的前提下尽量降低操作成本。

4. 计调接到任务后应立即做好记录，迅速报价，不得延误。

5. 计调应考虑各项接团收益的关系，合理安排旅游行程各项活动的空间与时间。

6. 选择缔结社要索取营业执照复印件、企业代码复印件、主接人员的证明（加盖公章），结算的卡号、账号不需加盖公章，如团款汇出无人接团，由计调负责。地接时，团队结束前必须结清团款。

7. 计调应经常听取接待、陪同人员的信息反馈，及时调整用车、用餐及用房的地点。

8. 计调在建立业务关系时，严禁受贿和私拿回扣。

第四节 导游员岗位职责

1. 导游员必须明确自己的责任和工作范围，尽职尽责地做好本职工作，服从公司的安排，独立完成任务。严格按照公司的要求履行各种接团、配图案、送团、结账等工作。

2. 导游必须持证上岗，并持本社的徽、旗和话筒。工作中要求送机提前 90 分钟，火车 60 分钟，汽车 30 分钟到站。

3. 导游在整个旅游活动中起主导作用，不论全陪和地陪都要按照合同条款安排客人的吃、住、行、游、娱等活动，照顾好旅游者的旅行生活，不得随意自行更改线路、景点，并做好组织协调工作。

4. 导游员要保证旅行团队的安全，维护旅游者在旅游过程中的人身和财产安全，做好事故防范和安全提示工作。在处理安全问题上，导游员可以采取相应有效的措施；在出现事故和事故隐患时，应及时向公司及有关部门汇报。

5. 导游员无论做地陪或全陪，都应全力维护客人和企业的利益，有权对不良接待单位和场所提出质疑、索赔甚至更换，努力做到零投诉。

6. 导游员在任何时候都不允许带私客，不得以任何理由索取回扣。

7. 导游员带团结束，应及时填写质量评议单并认真准备报销凭证，包括派团单和各种发票、签单。做到一团一结，一团一清。

8. 派团单是旅游过程中的重要凭据，要妥善保管不得遗失。

第五节　财务岗位职责

1. 会计是总经理经营决策的主要助手，直接对总经理负责，同时也对公司的财物负责。

2. 会计负责公司财务的直接管理，对于公司的经营活动起着至关重要的作用，会计对资金的供应、回收、监督和调节负主要责任。

3. 会计应做好财务监督、经济核算，对团队接待各环节的实际使用情况实施监督，把好报账结算关。

4. 会计应树立商业经营意识，特别对于危险财务提高警惕，应采取预防措施，处理好欠款、坏账、呆账。

5. 会计应协助总经理做好成本管理，监督。督促外联部及计调部对成本进行多层次控制，尤其对间接成本要做到心中有数。

6. 会计应与银行、税务、工商、物价等管理部门建立健康和谐的关系。及时交纳税金、报表或提供所需数据，理顺债务管理的各个环节。

7. 会计应按财务管理制度管账，做到日清月结，账目清楚，合理准确。

8. 会计应熟悉财务管理，甚至旅游市场管理的必要常识，以逐步适应旅游市场对财务管理的要求。

第六节　办公室岗位职责

1. 负责公司本部的行政管理和日常事务，当好领导的参谋，协助领导搞好各部门之间的综合协调，加强对各项工作的督促和检查，建立并完善各项规章制度，促进公司各项工作的规范化管理。

2. 负责公司的公文整理和保管工作，沟通内外联系及上传下达工作。

3. 负责公司内外来往文电的处理和文书档案的管理工作，负责对会议、文件决定的事项进行跟踪、检查与落实。

4. 负责安排公司内外业务学习会、民主生活会，收集信息供领导决策。

5. 负责员工的招募、甄选，做好导游员的管理工作，并安排导游员的培训及计划实施。

6. 负责购置、保管、收发办公用品及旅游纪念品，并做到清正廉洁。

7. 定期开展企业文化娱乐活动，落实职工福利事宜。

8. 负责接待来访人员，并对来访事宜做出解答和处理意见。

9. 完成领导交办的其他工作。

第七节　接待部门岗位职责

前台接待人员必须具备善于同各种人沟通、适应不断变化着的氛围的能力，在搞好各方面关系的同时，为公司创造最大的效益。

一、接待室的环境

1. 为迎接游客的到来，接待室要提供一个舒适、高雅的环境。

2. 要有充足、柔和的光线，色彩既不单调又不复杂，给人以美好舒适的感觉。保持室内空气清新，环境优雅。

3. 为了与客人的会谈顺利进行，室内应保持安静。

4. 室内保持清洁卫生，窗户要明净，窗台无尘灰，窗帘无污损，桌椅无油污。不要因为小的疏忽给客人留下不良的印象。

二、接待人员的外表要求

1. 接待人员在整个接待过程中起着举足轻重的作用，时刻代表和影响着公司的形象。

2. 应保持个人的清洁卫生。注意手、面部、头发、口腔、脚等卫生。其次要适当休息，保证足够的睡眠以使自己容光焕发、精力充沛。

3. 仪态是人的心理状态的自然流露，外表装束要与自己的身份、年龄、性别相称。在着装上要大方得体。女接待人员适当的化妆也是必要的，能体现自尊和对客人的礼貌。

4. 面带微笑，真诚服务，让自己始终处于良好的心境状态，迎接客人的来访。有时可适当地运用手势来增强感情的表达。

5. 在接听电话和客人来访时，严格按照接待程序进行。

6. 真诚热情地迎送客人服务。

三、接待部门工作程序

1. 接听电话程序

公司的电话是企业的生命线，它是公司与外界沟通信息、加强联络的重要纽带。因此，回答接待电话对于树立公司整体形象具有极其重要的作用。

（1）电话铃响三声内，接起电话。拿起电话说："您好！康庄国旅。"声音要清晰，语言要亲切，服务要热情。要由熟悉旅行社情况的接待人员专门接听电话。避免马拉松式的接听电话，要言简意赅，表达明确。

（2）在接听电话时，如遇重要内容，如来电者、联系电话、出游意向、行程要求、人数等信息，应做好详尽记录，并及时转达有关部门负责人，不得延误，以免给工作造成损失。

（3）若受话人不在或不方便接听电话时，可代其询问对方的工作单位、姓名、电话号码等或告知对方何时再打来，做好来电记录。

（4）记录咨询电话的信息，落实好后切记回复。

2. 工作任务和职责范围

（1）熟悉公司情况，熟悉各种产品及线路，回答来电或来人咨询，做好记录。

（2）根据来电或来人咨询，捕捉旅游市场动态，及时向操作中心提供时令性线路方向，与操作中心配合设计旅游产品并更改广告，加大宣传力度。

（3）签订散客或团体旅游合同，注意细节。例如个人材料、出发及集合时间、保险事项、特殊要求、客人联系方式等。

四、负责客户资料归档、保管工作。

项目4　规划我的职业生涯

机会总是被那些有准备的人所把握，一个好的职业生涯规划可以使个人早日实现人生目标。很多职校生对于未来的职业没有一个非常明确的定位，不知道自己将来一定要做什么，在找工作时首先就是挑哪家单位待遇高，而并没有考虑到自身的发展问题。因此，进行职业规划，针对个人特点确立未来发展方向，对人生来说，显得格外重要。

职业场景

经过两天的实习，小王结识了门市部的许多同事，这些前辈都有着丰富全面的阅历知识、积极主动的待客意识和灵活应变的销售技巧，让他佩服不已。此外，他们都有各自的职业理想，在不同的岗位上不懈努力，争取更好的工作业绩，平时还不断地“充电”学习，实现自我增值。受到同事们的影响，周末休息时，小王也开始规划自己的职业生涯。

职场解析

前三个项目中，我们通过学习，对“门市接待”这个岗位开始有所了解。过去课本上学不到的知识和技能需要在长期的工作实践中慢慢积累。相信通过拼搏，你一定会沿着“门市接待”岗位的职业生涯发展方向，取得成功。作为一名初入旅行社门市部门的实习生，在规划自己的职业生涯时不妨先来了解下面四个问题：

问题一：门市工作有前途吗?

2010 年，第十届世界旅游旅行大会在北京召开时，会议主题就是“旅游，世界第一大产业”。据统计，2011 年旅游业对全球 GDP 的贡献率达 9.1%，旅游就业 2.58 亿人次，占全球就业总数的 8.3%。国际旅游界人士认为，旅游业甚至已经超过石油和汽车工业，成为世界第一大产业。

从国内看，目前我国旅游业增加值已占到 GDP 的 4% 以上，与旅游相关的行业超过 110 个，旅游业发展带动了社会投资，促进了相关产业发展。其中，旅游业对住宿业的贡献率超过 90%，对民航和铁路客运业的贡献率超过 80%。旅游业已成为国民经济重要产业，全国 34 个省区市中有 28 个将旅游业定位为战略性支柱产业或支柱产业，成立了党委或政府领导牵头的旅游产业发展领导机构。目前，全国旅游直接从业人员超过 1350 万人，与旅游相关的就业人数约 8000 万人。

截至 2011 年年底，全国共有旅行社 23690 家。过去，由于国内旅游与出境旅游没有发展起来，旅行社只需依靠销售人员在工作中与客源市场和组团社建立较为良好的人际关系，就能保证旅行社的业务来源，所以门市经营并未受到重视。但近年来，通过旅行社等各类旅游服务中介机构进行旅游、交通、住宿、会务消费比例已达到 70%，成为旅游大市场的主角，因此门市接待服务的重要性日益突出，并且呈现出网点化的倾向。这类消费需要目的地旅行社为他们提供大量的旅游咨询服务，并帮助其完成各种单项或综合旅游服务的订购。为了适应旅游市场这一新的变化趋势，大量的旅行社门市网点便应运而生。门市网点虽然规模不大，但数量众多，且分散坐落于较为繁华的商业街区或闹市地段，常常形成区域性旅行社门市的聚集带，有时简称旅游街。这些门市部门以便捷、高效的服务方式，为旅游者提供大量的信息，完成旅游者的接待、产品的推介与销售工作的一体化过程。

当潜在的旅游者产生一定程度的出游动机之后，首先会到旅行社的门市网点寻求帮助，了解旅行社产品构成，认知旅游目的地的风土人情。而从旅行社方面说，门市部接待人员根据旅游者的需要，提供相关信息咨询服务，推介适合旅游者的产品，到最后促成旅游者采取购买产品的行动，体现了从接待服务到销售服务的完整过程。从这个意义上讲，旅行社门市部的接待服务是产品销售服务的铺垫，而销售服务则是门市接待服务的延伸。

伴随门市设置的网点化倾向，门市在原有的接待、销售的功能之外，又出现了新的变化。首先，门市成为旅行社的形象展示载体。由于门市网点遍布于城市各个地区，其环境布置、装潢格调，乃至工作人员的服务态度与服务技能都成为反映旅行社信誉、形象的一面镜子，成为旅游者在购买无形化旅游产品之前最为可靠的现实形象的判断依据。其次，门市成为旅行社信息收集、处理和发送的节点。虽然每一次旅游服务圈在门市部门的运转，并不都会过渡到售中服务阶段，但是旅游者的每一次光顾，不管最终与旅行社是否会达成交易，他们的行为都是珍贵的第一手资料，对这些信息进行整理是门市部门的一大职责。以上两大作用是现代门市功能的新体现。

可见，门市接待岗位在旅行社占据着重要的地位，门市接待服务对旅游市场乃至整个旅游业都有着不可估量的推动作用，因此这个岗位具有巨大的发展前景和空间，期待着广大从业者加盟其中。

问题二：门市工作的职业生涯发展历程是什么？

作为中职学生从事旅行社门市工作，职业生涯历程发展一般有如下几个阶段：

第一阶段：担当门市接待助理，做一些与门市接待有关的日常办公事务，可以担任一些门市接待岗位的辅助工作，如到店客人的迎宾引导，能接听、记录联系电话，会使用各类办公设备，发放旅行社的宣传资料，完成一些门市文案或统计工作，能利用各种方式联络旅行社其他部门或相关接待单位，等等。时间大致半年。

第二阶段：通过第一阶段的熟悉业务，成为一名专职的门市接待员，开始能够独立工作，可以承担一项或多项门市接待工作，如咨询接待、产品推介、各项手续办理、出行通知、售后服务等各项事宜。经历时间要视旅行社门市的规模、分工情况和个人能力而定。

第三阶段：在第二阶段专职岗位的基础上，通过旅行社的培养和个人的努力，能成为某个岗位上的业务骨干或岗位领班，工作经验积累日益丰富，能带领下属完成业务指标，甚至进行工作突破和创新。经历时间主要依据个人的职业综合素质发展情况。

第四阶段：成为门市的店长，全面熟悉门市各岗位的工作，具有门市部门的各项业务管理能力，能够开展店员招聘、培训等人力资源工作，对门市的财务收支进行监督和管理，具备独立创办门市的综合素质。经历时间至少是在5年以上。

第五阶段：进入旅行社的核心管理层，成为旅行社的副总或总监级别的高层管理人员。可能自己独立创业，创办旅行社，也可能被猎头公司挖掘，谋求薪水待遇更高的旅行社相关岗位，这些都根据个人的发展情况和实际才能而定。

以上仅仅只是作为一名旅行社的门市接待人员理想的职业生涯纵向发展轨迹。由于个人的职业能力倾向的不同和旅行社各岗位间的流动性强的特点，在门市接待职业生涯的纵向发展过程中，各阶段还会出现横向发展，尤其是在第二、三阶段时，不少门市人员会转岗或兼岗从事销售、导游、计调和采购等其他旅行社工作。

成才案例

赵小天所在的城市以旅游业作为支柱产业，拥有举世闻名的世界自然遗产景点。初中毕业后他考入了职校，并首选了旅游专业，当时的他，对自己的职业生涯还没有明晰的设计，比较迷茫。实习推荐时他原本打算担当一名导游，可是由于实习名额所限，他并没有如愿以偿，而是被派往了当地某家大型地接社的门市，从事散客门市接待工作。

在最初的一个月中，他了解了许多门市接待的操作规程和基本待客接物要求。指派给他的肖师傅知无不言、言无不尽，在业务学习方面给他很大的帮助。肖师傅是这家门市的元老级人物，在旅游这个行当已经摸爬滚打了十多年，国内国外几乎没有他不熟悉的旅游目的地，旅行社里上百条旅游线路他都能如数家珍，而且还能说一口流利的英语，这让赵小天深深折服。他暗下决心，既来之则安之，不能因为不是自己心仪的工作岗位而泄气，他开朗、好学，考导游证时锻炼出来的口才和交际能力在门市接待岗位上也得到了发挥。

3个月后赵小天正式转正，肖师傅安排他从本地游的散客咨询接待工作开始，一年里把省内游、国内游、出境游各个咨询岗位都轮训了一遍。这使他对门市接待工作有了比较全面深入的认识，明白了门市人员最需要的就是丰富的旅游综合知识、良好的待客沟通推介能力和积极主动的客服意识。相比之下，他觉得自己经历不多，知识面不广，经验不丰富，也缺乏推介宣传的技巧，仍需在更多方面提高自己。此时他的学习是做中学，目标明确，更有成效。

一年中赵小天早出晚归，虚心好学，因为业务提成不多，所以工资并不高，但是功夫不负有心人，他的工作表现是有目共睹的，得到了门市店长和同事的认可和赞许。国庆期间，社里导游不够，计调部还临时借调他担任了一个重要团队的导游，他的热情、主动、专业的服务受到了游客的一致好评。自此每逢旅游旺季，赵小天又多了一个岗位——社内兼职导游。也许是门市接待工作的原因，他熟知游客的出游动机和旅游心理，因此在导游工作中得心应手，如鱼得水。尽管如此，他并没有满足现状，于是他又报名参加了旅游专业的夜大学习，进一步提升自己的学历和综合素质。

一天，人事经理找到赵小天，说总经理知道了他的表现，想进一步培养他，让他进计调部工作。他虽然知道计调部不像门市那样有提成工资，也没有朝九晚五的固定工作时间，需要经常加班，但他还是毫不犹豫地答应了。

3 年后，赵小天通过了夜大的自学考试，顺利取得了本科文凭，但他并未停止脚步，又报名参加了交际英语的学习，因为他觉得旅行社的销售、门市接待、导游服务各岗位都存在国际交流合作和服务的可能性。

5 年后，随着公司业务的拓展，原店长和赵小天一起被派往另一个区域负责组建新的门市部，这又是他锻炼的好机会，门市的选址、申办、布局设计、员工招聘和培训，他一一经历和学习。新门市开张后，赵小天回到原来的门市，成为了店长。各个门市间的业务也存在竞争，如何使自己负责的门市能独树一帜，领先全社，是他挑战自我的目标。他重新布置了门市的格局空间，梳理了咨询接待和业务办理的工作流程，对员工进行了深入的待客服务培训，建立了赏罚分明的激励机制，门市业务量一直名列前茅。正因如此，他深得总经理的赏识。

之后，赵小天也经历过多次的职业选择，如朋友建议他去北京、上海、广州之类大城市谋求更好的工作，有猎头公司和别家旅行社要拉他入伙，本社的老总也多次邀他到总部担任副总，甚至有人劝他自己独立门户开办旅行社，但都被他一一“婉拒”了。他热爱培养和锻炼他的“发家之地”，放不下耳熟能详的“拿手好戏”，离不开朝夕相处的“兄弟姐妹”，也许这就是他的职业眷恋吧！

面对未来，赵小天充满了信心！

（文中人物均系化名）

问题三：胜任门市工作需要具备怎样的素质？

“人无远虑，必有近忧”，是说一个人如果没有长远规划，那么躲在眼皮子底下的忧患就会不日来临。在就业压力日趋加大的今天，唯有早做准备，制定一个合理、科学、可行的规划，才能让自己在未来的职场上立于不败之地。而门市接待人员要想做到这一点，首先应了解胜任门市工作需具备哪些最基本的职业素质。

1. 掌握现代办公技能

信息化是目前各类旅行社业务运营和管理的必然趋势，因此掌握基本的办公电脑软件和旅行社管理软件是门市接待人员的必备技能之一。此外还需熟练使用各种办公设备，如打印机、复印机、传真机、验钞机、电子广告屏、视频播放设备（DVD、液晶电视、数码相框等）、扫描仪、照相机、摄像机等。

2. 精通旅游业务知识

门市接待人员首先应熟悉旅行社产品的相关信息，了解各时段、各地区旅游线路的价格信息，充分掌握旅游目的地的资源特征及旅游服务设施的供给状况，从而能够准确地回答顾客所提出的各类问题。除此之外，门市人员还需要及时了解国家旅游发展的政策及法规，熟悉旅游市场变化和需求的波动趋势，并适当地涉猎一些经济、文化、地理、医学等方面的相关知识。

3. 捕捉旅游者的需求

门市接待人员必须具备良好的沟通能力和技巧，善于倾听，恰当提问，能在交流过程中敏锐地捕捉到顾客的首要真实旅游需求。同时，还要具备细致入微的观察能力，从顾客的言行举止及时发现潜在需求，积极鼓动需求、引导消费。

4. 善于推介旅游产品

门市接待人员必须具备较强的产品推销能力和技巧。一般来说，顾客都是有了一定出游动机才光顾旅行社门市，在出行时间、目的地、出游预算、选择哪家旅行社方面都还没有最终确定。因此，需要门市接待人员具备强烈的推销意识来争取客源，积极主动、不失时机地向顾客介绍本社的旅游产品，并善于抓住稍纵即逝的机会，引导旅游者购买，竭力促成其购买行为。

上述四项最基本的职业素质要求中，对于门市接待人员而言，第一项是入门条件，第二项是基本条件，第三、四项则是胜任条件。

问题四：我适合做门市工作吗？

职业生涯规划设计的基础应是对自我的分析，充分认识自己对将来的职业选择和倾向起着至关重要的作用。只有了解自己的性格、气质、能力、兴趣以及长处和短处，才能按照这些特点来进行职业选择。

国外研究者将人大致分为6种不同的性格特点，并提出了与其相对应的推荐职业类型，如下表所示：

性格类型	性格特点	给人印象	适合的职业	不适合的职业
实际型（R）	喜欢有规则的具体劳动和需要基本操作技能的工作；缺乏社交能力，不适应社会性的职业	不合群的、实利主义的、谦卑的（避免抛头露面的）、循规蹈矩的、自然的、倔强的（不可变通的）、直率的、精神健全的、节俭的、坦诚的、有毅力的、缺少见识的、固执的、注重实际	技工、修理工、摄影师、制图员、装配工	广告经理、律师、心理学家、室内装潢师
研究型（I）	聪明、理性、好奇、精确、批评，喜欢智力的、抽象的、分析的、独立的有定向任务的研究性的职业；缺乏领导才能	分析型的、独立的、理性的、细心谨慎的、有智慧的、冷漠的（沉默寡言的）、不满的（善批评的）、内向的、孤独的、复杂的、悲观主义的、不摆架子的、好奇的、精确的和不合群的（不讨人喜欢的）	科研人员、大学教授、内科医生	银行家、寿险代理人、房地产经纪人
艺术型（A）	想象、冲动、直觉、无秩序、情绪化、理想化、有创意、不重实际；不善于做事务性的工作	向上的、乐于助人的、有责任心的、合作的、理想主义的、合群的、耐心的、八面玲珑的、友好的、仁慈的、善解人意的、慷慨的、有说服力的和温暖的	艺术设计师、广告经理、室内装潢师	工程师、销售员、警官、银行家、会计师
社会型（S）	具有合作、友善、助人、负责、圆滑、善社交、善言谈、洞察力强，喜欢社会交往、关心社会问题，有教导别人的能力	向上的、乐于助人的、有责任心的、合作的、理想主义的、合群的、耐心的、八面玲珑的、友好的、仁慈的、善解人意的、慷慨的、有说服力的和温暖的	教师、咨询人员、公关人员、牧师、导游、社会工作者	艺术家、天文学家、木匠、室内装潢师
事业型（E）	冒险、野心、独断、乐观、自信、精力充沛、善于社交，喜欢从事领导及企业性质的工作	精力旺盛的、好出风头的、乐观的、大胆的、兴奋的、自信的、讨人喜欢的、外向的、合群的、野心勃勃的、滔滔不绝的、盛气凌人的、风流的和贪得无厌的	企业家、销售员、政府官员、律师、房地产经纪人	大学教授、经济学家、心理学家、物理学家
常规型（C）	顺从、谨慎、保守、稳重、有效率，喜欢有系统、有条理的工作	小心的、缺乏灵活性的、有恒心的、遵守常规的、自我约束的、实际的、认真的、有条理的、拘谨的、被动的、顺从的、节俭的、有效率的、守纪律的和缺乏想象力的	秘书、办公室人员、会计、出纳、图书管理员	广告经理、艺术家、室内装潢师、科学家

从上表中，我们不难发现社会型和事业型的人比较适合从事门市接待工作。但并不代表旅行社门市工作人员中不需要其他类型的员工，如实际型的员工适合从事门市信息化设施设备维护和管理工作；探索型的员工适合分析旅游市场动态，开发新型旅游产品；艺术型的员工善于从事投诉接待、客户维护等售后服务工作和门市的人事后勤工作；常规型的员工适合从事旅游合同签署、收银出纳、汇总统计、文案处理等工作。

拓展阅读

除了上述的性格特点与职业倾向的对应关系外，气质类型与职业选择也存在着密切联系。苏联心理学家巴甫洛夫把人的气质分为四种：多血质、胆汁质、黏液质、抑郁质。

1. 多血质（活泼型）

多血质的心理特征属于敏捷好动的类型。由于神经过程平衡且灵活性强，这种人更易于适应环境的变化，性情开朗、热情、喜闻乐道，善于交际。在群体中精神愉快，相处自然，常能机智地脱离困境。在工作和学习上肯动脑筋，常表现出机敏的工作能力和较高的办事效率。对外界事物有广泛的兴趣，充满自信，不安于循规蹈矩的工作，情绪多变，富于幻想，易于浮躁，时有轻诺寡信、见异思迁的表现，缺乏忍耐力和毅力。多血质气质类型的人适合从事与外界打交道、灵活多变、富有刺激性的工作，如外交、管理、记者、律师、驾驶员、运动员等。他们不太适合做过细的、单调的机械性工作。

2. 胆汁质（兴奋型）

胆汁质的心理特征属于兴奋而热烈的类型。表现为有理想、有抱负、有独立见解。这种人精力旺盛，行动迅速，行为果敢，表里如一，在语言上、面部表情和体态上都给人以热情直爽、善于交际的印象。不愿受人指挥而愿意指挥别人。一旦认准目标，就希望尽快实现，遇到困难也不屈不挠，有魄力，敢负责，但往往比较粗心，容易感情用事，自制力差，性情急躁，主观任性，有时刚愎自用。由于神经过程的不平衡，工作带有明显的周期性，能以较大的热情投身于事业，一旦筋疲力尽，情绪顿时转为沮丧而心灰意冷。胆汁质的人喜欢从事与人打交道、工作内容不断变化、环境不断转换并且热闹的职业，如导游、推销员、节目主持人、公共关系人员等。

3. 黏液质（安静型）

黏液质的心理特征属于缄默而安静的类型。由于神经过程平衡且灵活性低，反应较迟缓，无论环境如何变化，都能基本保持心理平衡。凡事力求稳妥，深思熟虑，一般不做无把握的事，具有很强的自我克制能力。外柔内刚，沉静多思，很少露出内心的真情实感。与人交往时，态度持重适度，不卑不亢，不爱抛头露面或做空泛的清谈。行动缓慢而沉着，有板有眼，严格恪守既定的生活秩序和工作制度，心境平和，沉默少语。因此，能够高质量地完成那些要求有坚忍不拔、埋头苦干的品质和长时间地集中注意力、有条不紊的工作。其不足之处是过于拘谨，不善于随机应变，常常墨守成规、故步自封。

总之，黏液质的人的出色之处在于，他们大多数都能很好地利用协调性、积极性、社会性及情感稳定性冷静而出色地表现自己的才能，发挥卓越的能力。而且，无论地位高低，都能在自己的行业中占有重要位置。他们不仅能从事学术、教育、研究、技术、医生等内向职业，而且可以活跃在政治家、外交官、商人、律师等外向型职业领域。他们之中，以其独特才能驰骋在作家、艺术家、广告宣传、新闻报道领域的也不少。在实际工作岗位上，黏液质的人多数精明强干，如出色的公务员、有才气的作家、头脑精明的银行家。

4. 抑郁质（抑郁型）

抑郁质的心理特征属于呆板而羞涩的类型，对事物敏感，精神上难以承受过大的精神紧张，常为微不足道的小事引起情绪波动。情绪体验的方式比较少，极少在外表上流露自己的情感，但内心体验却相当深刻。沉静含蓄、感情专一、喜欢独处、交往拘束、性格孤僻，在友爱的集体里，可能是一个很容易相处的人，对力所能及的工作认真完成，遇事三思而后行，求稳不求快，因而显得迟缓刻板。学习工作易疲倦，在困难面前怯懦、自卑、优柔寡断。遇事多疑，往往缺乏果断和信心。抑郁质的人在只需要一个人刻苦奋斗，不需要人际交往的学术、教育、研究、医学等内在要求慎重、细致、周密思考的职业领域往往有较好发展，校对、打字、排版、检验员、化验员、登记员、保管员等工作也比较适合他们。

从上述的气质类型分析来看，多血质和胆汁质的员工比较适合从事门市的前台接待工作，黏液质和抑郁质的员工适合从事门市的后勤和服务工作。

职业测试

一、测测你的性格类型（测试结果仅供参考）

想了解你适合什么职业吗？拿出笔按以下操作测试一下吧：

操作：请你先完成下面的这个心理小测验。

指导语：以下有60道题目。如果你认为自己属于哪一类人，就在序号上画个圈；反之，便不必做记号。答题时不需要反复思考。

（1）我喜欢自己动手干一些具体的能直接看到效果的活。

（2）我喜欢弄清楚有关做一件事情的具体要求，以明确如何去做。

（3）我认为追求的目标应该尽量高些，这样才可能在实践中多获成功。

（4）我很看重人与人之间的友情。

（5）我常常想寻找独特的方式来表现自己的创造力。

（6）我喜欢阅读比较理性的书籍。

（7）我喜欢生活与工作场所布置得朴实些、实用些。

（8）在开始做一件事情以前，我喜欢有条不紊地做好所有准备工作。

（9）我善于带动他人、影响他人。

（10）为了帮助他人，我愿意做些自我牺牲。

（11）当我进入创造性工作时，我会忘却一切。

（12）在我找到解决困难的办法之前，通常不会罢手。

（13）我喜欢直截了当，不喜欢说话婉转。

（14）我比较善于注意和检查细节。

（15）我乐于在所从事的工作中承当主要责任人。

（16）在解决我个人问题时，我喜欢找他人商量。

（17）我的情绪容易激动。

（18）一接触到有关新发明、新发现的信息，我就会感到兴奋。

（19）我喜欢在户外工作与活动。

（20）我喜欢有规律，干净整洁。

（21）每当我要做重大的决定之前，总觉得异常兴奋。

（22）当别人叙述个人烦恼时，我能做一个很好的倾听者。

（23）我喜欢观赏艺术展和好的戏剧与电影。

（24）我喜欢先研究所有的细节，然后再做出合乎逻辑的决定。

(25) 我认为手工操作和体力劳动永远不会过时。
(26) 我不大喜欢由我一个人负责来做重大决定。
(27) 我善于和能为我提供好处的人交往。
(28) 我善于调节他人相互之间的矛盾。
(29) 我喜欢比较别致的着装，喜欢新颖的色彩与风格。
(30) 我对各种大自然的奥秘充满好奇。
(31) 我不怕干体力活，通常还知道如何巧干体力活。
(32) 在做决定时，我喜欢保险系数比较高的方案，不喜欢冒险。
(33) 我喜欢竞争与挑战。
(34) 我喜欢与人交往，以丰富自己的阅历。
(35) 我善于用自己的工作来体现自己的情感。
(36) 在动手做一件事情之前，我喜欢先在脑中仔细思索几遍。
(37) 我不喜欢购买现存的物品，希望能购买到材料自做。
(38) 只要我按照规则做了，心里就会踏实。
(39) 只要成果大，我愿意冒险。
(40) 我通常能比较敏感地觉察到他人的需求。
(41) 音乐、绘画、文字，任何优美的东西都特别容易给我带来好心情。
(42) 我把受教育看成是不断提高自我的一辈子的过程。
(43) 我喜欢把东西拆开，然后再使之复原。
(44) 我喜欢每一分钟都要花得有名堂。
(45) 我喜欢启动一项项工作，具体的细节让其他人去负责。
(46) 我喜欢帮助他人，提高他人的学习能力。
(47) 我很善于想象。
(48) 有时候我能独坐很长时间来阅读、思考或做一件难对付的事情。
(49) 我不怎么在乎干活时弄脏自己。
(50) 只要能仔细地、完整地做完一件事情，我就感到十分满足。
(51) 我喜欢在团体中担当主角。
(52) 如果我与他人有了矛盾，我喜欢采取平和的方式加以解决。
(53) 我对环境布置比较讲究，哪怕是一般的色彩、图案都希望能赏心悦目。
(54) 哪怕我明知结果会与我的期盼相悖，我也要探究到底。
(55) 我很看重有健壮的灵活的身体。
(56) 如果我说了“我来干”，我就会把这件事情彻底干好。

（57）我喜欢谈判，喜欢讨价还价。

（58）人们喜欢向我倾诉他们的烦恼。

（59）我喜欢尝试有创意的新主意。

（60）凡事我都喜欢问一个“为什么”。

然后，请根据你在上面自测过程中画圈子的序号，在下表中相同的数字上同样画圈。

性格类型	实际型（R）	常规型（C）	事业型（E）	社会型（S）	艺术型（A）	研究型（I）
题目序号	1	2	3	4	5	6
	7	8	9	10	11	12
	13	14	15	16	17	18
	19	20	21	22	23	24
	25	26	27	28	29	30
	31	32	33	34	35	36
	37	38	39	40	41	42
	43	44	45	46	47	48
	49	50	51	52	53	54
	55	56	57	58	59	60

接着，根据每一栏所画圈的多少将排在前三位的栏目顶上的字母填在下面，也就是你性格特点类型的排序。

第一：__________　　第二：__________　　第三：__________

二、测测你的气质类型（测试结果仅供参考）

对下面60道题的回答，没有对错之分，只要把每个题目的意思弄明白，然后品味一下，并将题目所说和你的真实思想情感与下面5种情形中的那一种相对应。

完全一致（或完全赞成，完全符合等，下同）（2分）；比较一致（1分）；一致与不一致之间（0分）；不太一致（-1分）；很不一致（-2分）。

注意：做题时，不要累计加分，每题记每题得分。

（1）做事力求稳妥，不做无把握的事。

（2）遇到使你生气的事就怒不可遏。

（3）宁肯一人干事，不愿意和很多人在一起。

（4）到一个新环境很快就能适应。

（5）厌恶那些强烈的刺激，如尖叫、噪声、危险镜头等。

（6）和人争吵时，总想先发制人，喜欢挑衅。
（7）喜欢安静的环境。
（8）善于和人交往。
（9）羡慕那些善于克制自己感情的人。
（10）生活有规律，很少违反作息制度。
（11）在多数情况下情绪是乐观的。
（12）碰到陌生人觉得很拘束。
（13）遇到令人气愤的事，能很好地自我克制。
（14）做事总是有旺盛的精力。
（15）遇到问题常常举棋不定，优柔寡断。
（16）在人群中不觉得过分拘束。
（17）情绪高昂时，觉得什么都有趣；情绪低落时，又觉得干什么都没意思。
（18）当注意力集中于一件事时，别的事很难放到心上。
（19）理解问题总比别人快。
（20）碰到危险情况时，有极度恐怖感。
（21）对工作学习、事业有很高的热情。
（22）能够长时间做枯燥、单调的工作。
（23）符合兴趣的事，干起来劲头十足，否则就不想干。
（24）一点小事就能引起情绪波动。
（25）讨厌那种需要耐心细致的工作。
（26）与人交往不卑不亢。
（27）喜欢热烈的活动。
（28）喜看感情细腻描写人物内心活动的文学作品。
（29）工作学习时间长了，常感到厌倦。
（30）不喜欢长时间谈论一个问题，愿意实际动手干。
（31）宁愿侃侃而谈，不愿窃窃私语。
（32）别人说我总是闷闷不乐。
（33）理解问题常比别人慢。
（34）厌倦时只要短暂的休息就能精神抖擞，重新投入工作。
（35）心里有话宁愿自己想，不愿说出来。
（36）认准一个目标就希望尽快实现，不达目的，誓不罢休。
（37）学习工作一段时间后，常比别人更困倦。

（38）做事有些鲁莽，常常不考虑后果。
（39）老师讲授新知识时，总希望讲解慢些，多重复几遍。
（40）能够很快地忘记那些不愉快的事情。
（41）做作业或完成一项工作总比别人花的时间多。
（42）喜欢运动量大的剧烈体育活动，也喜欢参加多种文艺活动。
（43）不能很快地把注意力从一件事情转移到另一件事情上去。
（44）接受一个新任务后，就希望把它迅速解决。
（45）认为墨守成规比冒险强些。
（46）能够同时注意几件事物。
（47）当我烦闷的时候，别人很难使我高兴起来。
（48）爱看情节起伏跌宕、激动人心的小说。
（49）对工作认真、严谨，持始终一贯的态度。
（50）喜欢复习学过的知识，重复做已经掌握的工作。
（51）和周围的人的关系总是相处得不好。
（52）喜欢变化大，花样多的工作。
（53）小的时候会背的诗歌，我似乎比别人记得更清楚。
（54）别人说我“出语伤人”，自己并不觉得这样。
（55）在体育活动中，常因反应慢而落后。
（56）反应敏捷，头脑机智。
（57）喜欢有条理而不甚麻烦的工作。
（58）兴奋的事情常使我失眠。
（59）老师讲的新概念，我常常听不懂。
（60）假如工作枯燥无味，马上就会情绪低落。

气质类型量表评分标准

典型气质类型得分表	题号	总分
胆汁质	2 6 9 14 17 21 27 31 36 38 42 48 50 54 58	
多血质	4 8 11 16 19 23 25 29 34 40 44 46 52 56 60	
黏液质	1 7 10 13 18 22 26 30 33 39 43 45 49 55 57	
抑郁质	3 5 12 15 20 24 28 32 35 37 41 47 51 53 59	

气质类型的诊断：

多血质：多血质一栏超过 20 分，其他三栏得分均较低，为典型多血质。多血质一栏得分在 10 ～ 20 分之间，其他三栏得分较低，为一般多血质。

胆汁质：胆汁质一栏得分最多，其他三栏相对较低。

黏液质：黏液质一栏得分最多，其他三栏相对较低。

抑郁质：抑郁质一栏得分相对较高，其他三栏相对较低。

混合气质：其中两栏得分显著超过另外两栏，而且分数比较接近。如胆黏、血胆、血黏、黏抑等，为两种气质的混合。

如有一栏得分较低，其他三栏相差不大，则为三种气质混合型。

要了解自己的气质类型，可以通过日常生活中对自己的观察，或他人的评价，还可参考一些气质量表的测量结果。不过，更重要的是要认识到：气质是不存好坏之分的，只有适合与不适合之别。一般地说，各种气质类型都有其优点和缺点。

气质只是人的性格和能力发展的一个前提，各种气质类型的人都有可能在事业上取得成就。据分析，俄国 4 位著名文学家就是 4 种不同气质类型的代表：普希金属胆汁质，赫尔岑属多血质，克雷洛夫属黏液质，果戈理属抑郁质。气质本身是不能预测成就大小的。了解自己的气质的意义主要在于：尽量根据自身的特点选择最适合的发展方向和人生道路。

职业操练

假如门市接待是你的职业选择，撰写一份自己的职业生涯规划书。

单元02 旅行社门市岗位见习

旅行社门市接待人员在为顾客提供周到满意的咨询服务过程中，不仅要依靠自身扎实的旅游专业知识做好产品的推介工作，还要具备娴熟的现代办公操作技能做好各类信息化资料处理事务。除了上述“硬服务”外，还有“软服务”，那就是用良好的仪表、仪容、仪态，给顾客提供美好的职业服务形象。

项目5 学礼仪——让自己的仪表、仪容、仪态符合岗位要求

有一位著名的企业总裁曾说过：“作为一个企业的领导者，为什么要讲形象重要？因为形象就是宣传，形象就是效益，形象就是服务，形象就是生命。在市场经济条件下，形象重于一切。”形象代表档次，档次决定价格，价格产生效益，这是一个连锁反应的循环圈。对于旅行社来说，注重仪容、仪表是门市员工的一项基本素质，它不仅反映了员工的精神面貌，更代表了企业的整体形象。

职业场景

通过两天的实习，小王发现实习工作和学校的学习生活完全不同，且不说工作内容和要求，单在仪表、仪容、仪态方面，赵老师就给他提出了很多要求，诸如发型、着装、站坐姿势、接听电话等。

职场解析

门市接待作为面向顾客的服务性岗位，在礼仪方面有着很多规范要求，包括着装得体、仪容亲和、举止大方、动作规范、文明优雅等。

一、着装礼仪

合适的穿着除了体现职业人良好的仪态外，更是尊重他人的需要。到旅行社门市营业部见习时，着装需要注意以下几个方面：

1. 服饰的风格应与岗位相匹配

作为见习生，着装要符合自身的青春形象，给人以干净利落、有鲜明专业精神的职业印象。

男同学要显得简洁、大方，总体偏向传统、正规；女同学的服装要让人感觉端庄、高雅。旅行社门市接待人员的服饰一般不能过分华丽、时髦，以表现严谨、活泼、热情的职业特点。

2. 要求服装干净、平整

在旅行社门市工作，不管有无专用工作制服，男、女同学的着装均以整齐、清洁为第一要求。男同学要注意衣领、袖口的洁净；穿着西装或者西装式制服要熨烫平整，皮鞋要干净、锃亮。女同学着裙装要求裙子过膝盖而且平整。

3. 服装的颜色与款式的选择

每个人的肤色、发色、气质不同，适合各自特点的衣服也不同，要选择一套合适颜色的职业装。

男同学应选择稳重的颜色，比如，灰色、炭黑、深蓝。款式上，上装宜穿着西装、夹克、T 恤；下装可用西裤搭配，但一定要注意合身。

女同学在颜色选择上弹性较大些，比如淡蓝、暗红、米色、栗色、黑色都可以，但一定要搭配好。一般以纯色为宜，掌握上浅下深、里浅外深的原则。款式上可选择套装、裙装。

4. 服装与配饰的搭配要协调

巧妙地佩戴饰品能够起到画龙点睛的作用。男同学的领带、皮带，女同学的小丝巾、小坠链等都可以给服装增添色彩。在搭配时，应尽量选择同一色系的，要与服饰整体和谐统一。

二、妆容礼仪

男、女同学对于妆容礼仪应各有所侧重，男同学应注意自己的发型，女同学应注重化妆。

1. 发型

头发的造型是仪容美的重要部分。美容学家认为“发式是人的第二面孔”。发型的修饰最重要的是要整洁，恰当的发型会使人神采奕奕、容光焕发。具体要求是：男同学前发不附额，侧发不掩耳，后发不及衣领；女同学前额的刘海可以齐眉毛，但不要遮住眼睛，后发超过肩膀的最好用发卡或者发箍把头发束起来。奇异的发型更不适于服务接待的工作环境。

头发要保持洁净，没有头皮屑，染发颜色应避免红、黄等过于鲜艳的色彩。

2. 化妆

女同学化妆的基本要求是自然、协调。自然，就是力求化妆之后没有雕饰的痕迹；协调则指与自身服装搭配相协调、与环境相协调、与自己的年龄相协调，给人以天生丽质的感觉。旅行社门市营业部工作人员一般要求化淡妆，素雅清淡，而不宜重妆浓抹。如果要使用香水，请选择与自身的气质相配，闻上去给人以清淡、舒畅的感觉的香水，香水浓度以一米之内能嗅及为宜。

男同学要尽量刮尽胡子，给人以精神、干练的外观。

三、仪态礼仪

仪态美是外在的行为举止，在旅行社门市营业部中能展示一个人从内到外所具有的优雅气质和风度。

1. 站姿

站姿是生活中静态造型的动作。挺拔、典雅的站姿是一种静态的美。站立时，重心自然落于双脚中间，抬头挺胸平视，肩膀放松。谈话时，尽量保持身体的挺直，面带微笑，面对对方并保持一定的距离。身体歪斜，靠着墙壁、桌椅而站，手里玩弄无关的物品，这些行为都会显得你心不在焉，且都是不雅观和失礼的。

2. 坐姿

良好的坐姿给人以冷静、沉着、稳重的感觉。

双膝自然并拢，双腿正放或侧放。和客人交谈时，一般坐于椅子的 2/3 处，脊背不要靠椅背。

3. 走姿

挺拔和优雅的走姿是良好肢体语言的展现。男、女同学行走的基本要求是：靠路的右侧行走，注意从容、稳健、直线。上体正、直，抬头挺胸，双肩、双臂动作不要僵硬，做到精神饱满。

4. 微笑

不同的笑容可以表达出不同的情感。其中，微笑是最能表达美好情感的笑容。它一定是发自内心、自然、大方的。以真诚和谦逊的微笑示人，能显示你的信任和理解、亲切和自信。

5. 握手

握手是与人见面或者道别时最常见的礼仪。在旅行社门市营业部见习时，迎、送客人，特别是签约送客时一般是采用握手。如果客人是第一次到门市营业部咨询旅游事宜，进门时一般不要主动与其握手，如果客人是异性，一般也不主动握手。如果客人是第二次到门市营业部可以热情握手。

握手时应伸出右手；握手应注意力度适中，一般停留的时间 2 ～ 3 秒钟即可。切不可以为了显示热情使劲摇晃。握手时，你应该用微笑两眼注视对方的眼睛，以表示诚意。

四、语言礼仪

1. 使用文明、礼貌用语

当客人进入旅行社门市营业部时，应主动向客人打招呼致意："您好，有什么可以帮到您？"

当客人准备离去时，可以提出"请问还有什么问题吗"、"还有什么可以帮到您"等问题。不管客人有无参加本旅行社旅游活动，都应该热情招待；送客时应该微笑起立，并说"再见"。

2. 使用适当的称呼

与客人交谈时，一般要称"您"，以表示尊敬和客气。

在交谈进入一定层次后，为了表示热情，拉近距离，可改称女士为"姐"，男士为"哥"。

3. 使用准确和规范性的语言

与非本地客人交谈时不能使用本地方言和口头禅，以免使客人在理解上感到困难。

回答客人的提问要确定、要详细，不可信口开河，又模糊不清。尽量不用"好像"、"大概"、"基本上"之类的弹性词语。

4. 控制好谈话的语速和语调

掌握良好的说话语速和语调有利于表现你的热情、稳重、可信。

五、电话礼仪

接听、拨打旅游咨询电话是旅行社门店实习生比较常见的工作。

（1）接拨电话前。准备笔和纸，如果大家没有准备好笔和纸，那么当对方需要留言时，就不得不要求对方稍等一下。所以，在旅行社门市工作，一般要在办公桌上放置纸和笔，随时准备接拨电话时使用。

电话响三声之内应该接起电话。接听电话时，不要吃东西、喝水或抽烟，要保持正确的姿势。

面带微笑迅速接起电话，让对方也能在电话中感受到你的热情。接拨电话时脸部的微笑表情有助于保持更好的心态。

拨打电话时，列出要点，避免浪费时间。

（2）接听电话。停止一切不必要的动作，不要让对方感觉到你还在处理一些与电话无关的事情，从而感到你在分心，这也是不礼貌的表现。此外，接听电话还要注意以下内容：

注意接听电话的语调，让对方感觉到你是非常乐意帮助他的，在你的声音当中能听出你是在微笑。

注意语调的速度。

注意接听电话的措辞，绝对不能用任何不礼貌的语言方式使对方感到不受欢迎。一般的礼貌规范语言如下：

“您好！这里是 ××× 旅行社 ××× 门市营业部，请问有什么可以帮您？”主动问候，报部门介绍自己。

“您放心，我会尽力办好这件事。”

“不用谢，这是我们应该做的。”

“××× 不在，我可以替您转告吗（请您稍后再来电话好吗）？”如果你找的人不在，可以问一下对方什么时间可以再打电话或请其回电话，同时，可以将自己的电话号码和回电时间告诉对方。

“对不起，您打错号码了，这里是 ××× 旅行社 ××× 营业部……没关系。”

“感谢 ×× 先生的来电，再见！”感谢对方来电，并礼貌地结束电话。在电话结束时，应用积极的态度，最好使用对方的名字来感谢对方。

“您好！请问您是 ××× 单位吗？”

“我是 ××× 旅行社 ××× 营业部，请问怎样称呼您？”如果想知道对方是谁，不要唐突地问“你是谁”。

“对不起，请留下您的联系电话，我们会尽快给您答复好吗？”

注意当电话线路发生故障时，必须向对方确认原因。

当听到对方的谈话很长时，也必须有所反应，如使用“是的”“好的”等来表示你在倾听。

须搁置电话时或让宾客等待时，应给予说明，并致歉。

转接电话要迅速。每一位员工都必须学会自行解决电话问题，如果自己解决不了再转接正确的分机上，并要让对方知道电话是转给谁的。

当手机出现未接电话时要及时回复，询问是否有要事等。

若非有要紧事，晚上十点后尽可能不要给客人打电话，以免打搅客人休息。

如果接到的电话是找你的上级时，不要直接回答在还是不在，要询问清楚对方的姓名和大概意图，然后说帮您找一下。将所了解的情况告诉你的上级，由他判断是否接电话。

职业操练

1. 为自己设计一套包括仪表、仪容多方面的实习装束打扮方案，并进行展示，同学间进行互评。

2. 对镜子练习：按照旅行社门市工作岗位的要求，对着镜子反复练习站、坐、走姿。

项目6　补知识——让自己的旅游专业知识达到岗位要求

丰富的知识是做好门市工作的重要前提。门市服务接待人员要有广泛的知识储备，以渊博的知识作为后盾，只有这样才能在更大程度上满足顾客的咨询需求，提供更加丰富而有针对性的旅游产品。顾客能够从门市服务接待人员的咨询应答中感受其人乃至其所在的旅行社，是否可靠可信、是否专业，旅游产品是否物有所值，这将直接影响顾客的决策选择。因此作为旅行社门市服务接待人员，应努力让自己的旅游专业知识达到岗位的要求。

职业场景

在起初几天的实习工作中，赵老师并没有分配给小王具体的工作，只是让其在一旁观察他的服务接待过程。小王默默地思考着赵老师接待的每位客人的咨询问题。通过观察学习，他不得不为赵老师渊博的知识所折服。赵老师对旅行社产品价格、行程、班期等要素几乎倒背如流，而且食、住、行、游、购、娱方方面面也介绍得头头是道，如数家珍。于是小王决定用一个月的休息时间，好好地补习回顾一下这些专业知识，多向师傅们请教。

职场解析

作为旅行社门市服务接待人员，需要掌握的专业知识是多方面的，除了要熟知本旅行社产品的相关知识和业务流程外，还包括旅游市场知识、旅游资源知识、政策法规知识、交通旅行知识、政治经济知识等。

一、本旅行社旅游产品的相关知识

这是作为门市服务接待人员需要掌握的最基本的内容，是接待咨询工作中最常用的内容，也是一名初入门市职场的见习生最急需掌握的内容。一般旅行社的各类旅游产品在其内部的产品资料册、管理软件、宣传单和画册、张贴画、网站等都有比较详尽的介绍。实习生应第一时间全面而准确地掌握这些信息，特别是旅行社最近推出和重点推出的产品。另外，还要能比较各种旅游产品在交通、住宿、参观、用餐等要素构成方面的优点和不足，以便向游客推荐。

旅游产品其核心价值在于其审美体验。因此，在向客人推荐产品时，仅仅背诵出路线、价格是不够的，客人更希望能了解该产品的审美体验。你需要通过图片、纪录片等资料更加深入地了解各种旅游产品，获得这种体验以便向客人传递。

二、旅游市场知识

门市接待人员学习旅游市场知识是应对顾客旅游需求的必然要求，旅游的产品市场、价格市场、客户市场、需求市场都处于瞬息万变之中，要能分析出市场变化对旅游者带来的影响，向到店顾客提供有针对性的产品推介服务。实习生要通过浏览网页、报纸、杂志等媒体的时尚版和旅游版，掌握旅游景区、交通、娱乐、购物、会展、节事的动态，甚至可以留意更详尽的细节，包括景区季节性的景观情况，例如某景区桃花、樱花盛开的时间和规模，某地赏雪、观潮、听瀑的最佳时间和角度。这些信息的掌握有利于提高与客人的沟通有效性和针对性，更好地满足客人对旅游信息的要求，以获得顾客对门市接待人员专业水平的认可。

三、门店业务流程知识

旅行社门店有从客人接待、接受咨询、登记、跟进等一系列基本工作的规范做法，针对散客和包团旅游客户、自营产品和同行产品、国内游产品和出境游产品、包价游产品和自由行产品、纯旅游产品和会务接待产品、飞机游产品和其他交通工具游产品等，都有着不同的操作流程。作为实习生，应尽快熟悉这些规范以及相关纸质表格资料的使用。

四、旅游资源知识（历史地理）

旅游资源知识包括历史、地理、民族、宗教、民俗风情、风物特产、文学艺术、古建园林等诸多方面的知识。这些知识不仅是导游人员开展讲解工作的素材，同时也是日常咨询接待业务时，门市服务接待人员与客人之间关于旅游线路产品知识的交流和沟通的重要内容。一条完整且具有个性化的旅游线路产品离不开门市服务接待人员对目的地史地知识的熟练掌握与运用。在这些知识中，门市服务接待人员对于国际和国内的行政地理区划、国内外热点旅游城市和景观的分布、人文景观的历史渊源和文化底蕴、各旅游目的地的代表性景点、风物特产、民俗风情、接待条件、气候气象等方面需要详尽地掌握，只有这样，才能将整条线路涉及的各色旅游景点和旅游项目有机地联系起来，融会贯通，才能在产品推介时做到合理搭配、凸显特色。

五、政策法规知识

政策法规知识也是门市服务接待人员必备的知识之一。掌握相应的政策法规知识不但是门市服务接待人员顺利完成本职工作的保证，同时也有助于旅行社规避在合同履行过程中的风险，保障旅行社的自身权益。

首先，政策法规知识是门市服务接待人员开展工作的根本指针。在进行业务操作的过程中，必须以国家的方针、政策和法规为指导，按照相关的旅游法律法规来开展工作。只有这样，保证整个业务的开展是在法律法规许可的范围内进行的。

其次，在旅游过程中，面对出现的相关问题以及投诉等情况，门市服务接待人员也必须要按照国家的政策和旅游业的相关法律法规来予以正确处理，以政策法规作为行事的依据。

最后，门市服务接待人员自身的言行更应符合国家政策法规的要求，做到遵纪守法。应牢记国家现行的方针政策，掌握有关的法律法规知识，了解国内外游客在旅游过程中所应承担的法律权利和义务。只有这样，才能正确处理相关问题，做到有理、有据、有节、有利，同时也能帮助店员有效避免工作中的失误和偏差。

新颁布的《中华人民共和国旅游法》自 2013 年 10 月 1 日起施行，在旅游者、旅游规划和促进旅游经营、旅游服务合同、旅游安全、旅游监督管理、旅游纠纷处理、法律责任等多方面做出了相关的法律规定。中国旅游业将全面进入有法可依、依法治旅的新时代，中国国民旅游休闲的权益将得到更好的保障。这是门市服务接待人员必须熟知和贯彻的。

除此之外，作为门市服务接待人员，还需熟知的有关旅游方面的政策法规包括：民事法规，旅行社管理法规，旅游安全与保险法规，出入境管理与出境旅游管理法规，旅游交通管理法规，食品卫生、住宿与娱乐管理法规，旅游资源保护法规，旅游消费维权与纠纷法规，地方性旅游法规等。

六、交通旅行知识

交通旅行社是旅游六要素中重要而不可忽视的因素之一，不管是包价游产品，还是自由行产品和单项委托产品，有关交通工具方面的问题都是顾客咨询的主要内容。旅行社门市服务接待人员在推介产品时，经常性接触到的交通问题包括：从组团地到旅游目的地应该选择什么样的交通工具？能否告知交通工具的乘坐时间、交通工具的等级？行李托运应该注意什么？飞机、高铁和动车哪个性价比更高些？飞机选择哪家航空公司的哪趟航班？几点起飞？是否含餐？机票订购的要求和折扣是多少？老年游客订购机票时有哪些注意事项？市区距离机场多远？能否安排接送机？乘坐邮轮的注意事项有哪些？等等。对于这些问题的回答都需要门市服务接待人员具备相当丰富的交通运输知识，并且善于使用地图和交通时刻查询表进行工作。

七、政治经济知识

旅行社门市服务接待人员所推介的旅游线路产品需要满足不同国家、不同游客的个性化需求。由于这些游客来自不同地区的不同社会阶层，客源地和旅游目的地的社会、政治、经济环境以及风土民情、宗教信仰、禁忌习俗等都会影响到旅游者的旅游购买行为，也会直接体现在他们的旅游需求方面。所以，为了让自己推介的旅游线路产品能够满足不同旅游者的个性化需求，门市服务接待人员需要对以上所涉及的相关政治、经济、社会知识有一定的了解，以便在游客进行相关询问或者对比时能做出积极应对。

从事出境游的门市服务接待人员还应该掌握必要的国际知识，了解国际形势和各时期的国际热点问题，掌握我国的外交政策和对于相关国际问题的态度，熟悉客源国或旅游接待国的概况。熟悉国际货币的主要种类及换算，对各国主要货币的流通情况及汇率有所了解。把握世界范围内的旅游信息和最新行业动态，尤其是要时刻关注国家和地方旅游局发布的出境旅游警示公告，履行旅游目的地可能出现安全危险的告知义务。这些知识在线路产品的推介过程中都会发挥积极的作用，同时还能加强门市服务接待人员和顾客之间的沟通。同时，对于国家之间文化差异的了解也能有助于门市服务接待人员在产品推介时凸显旅游目的地的地域风情和特色文化力，增强旅游产品的吸引力，提升顾客的游兴。

职业操练

1. 收集本地周边游、省内游、国内游和出境游的主要旅游产品线路 5 ～ 10 条。

2. 收集民事法规，旅行社管理法规，旅游安全与保险法规，出入境管理与出境旅游管理法规，旅游交通管理法规，食品卫生、住宿与娱乐管理法规，旅游资源保护法规，旅游消费维权与纠纷法规，地方性旅游法规等，列举出其中与旅行社门市推介服务内容有关的方面。

项目7 练操作——让自己的现代办公操作胜任岗位要求

现代旅行社的工作条件不断改善，业务工具不断更新，作为门市服务接待人员应该能够熟练地独立操作和使用工作环境中各种现代化办公设备，使自己胜任门店接待岗位的基本工作。

职业场景

这天，小王正在翻阅旅行社的产品线路手册，赵老师交给他一项任务：将一份单位客户的游客名单输入旅行社的业务管理软件中，然后打印出来，复印几份，其中一份传真给客户确认。客户确认修改后，利用 WORD 软件，将这份游客名单复制到旅游的行程安排电子稿的后面，然后通过 E-mail 发送给全陪导游，通过 QQ 发送给地接社计调部。

职场解析

在我们初入门市岗位时，由于专业技能和岗位实践经验的缺乏，因此能胜任的门市工作内容不多，大多是一些基本的办公事务工作，如承担办公室文档打字、表格制作、名单输入等文案工作，使用打印机、传真机、复印机等办公设备，接听记录联系电话，利用 QQ、MSN 等网络通信软件和 E-mail 联络旅游的各方面相关人士，等等。

目前，OFFICE 软件和 QQ 等即时聊天软件已经广为普及，这里就不一一赘述其操作和使用流程了。

一、旅行社业务管理专用软件系统

近年来，很多旅行社为了提高效率，采购使用了专门的旅行社业务管理软件。这些软件虽然由不同的计算机软件公司开发，但是基本功能大同小异。通过信息化软件的业务管理，可以实现信息共享，做到外部信息内部化、内部信息一体化、业务流程电脑化、营销体系网络化、财务结算电子化、统计数据一致化；实现四个统一：采购策划统一、销售统一、团控统一、财务结算统一。

旅行社业务管理软件系统一般是依据旅行社业务经营特点，主要包括线路设计、线路产品发布、销售预定、订单处理、收银核算、批零结算、会员管理等模块。甚至一些大型的旅行社业务管理软件还囊括从旅游业务到酒店预订、机票预订及单项服务，从专业运作，到批发、代理分销，再到零售的一整套完整的业务应用模块。

（1）销售预定子系统：包括线路分类查询 \ 快速查询 \ 相类似旅游线路对比、产品预订。

（2）产品管理子系统：通过各自产品发布接口传输过来的线路产品补充内容，以便能够更好地在分销平台上进行销售。

（3）订单处理子系统：对各类订单处理、落实、收银通知、配送通知、确认等。

（4）收银核算子系统：主要负责旅游销售收银、团队结算核算、应收应付账管理、团队成本集中支付处理等业务。

（5）批零结算子系统：根据旅游线路的结算价格进行门市与多家旅游产品提供者之间的结算，输出批零结算相关报表。

（6）会员管理子系统：包括大客户、游客、同行国内外旅行社，有消费记录、积分，对消费记录统计分析。

（7）订单处理接口：把分销平台中订单处理子系统处理的订单数据根据所参加的旅行社团队的不同，按对应旅行社业务系统的要求，发送到各自数据库中的订单处理队列。

二、传真机的使用

传真机是非常常见的办公工具，特别是在旅行社业务中，传真文件具有合同性质，十分重要。传真机的使用方法其实很简单，请大家在网上搜索传真机的使用方法。

三、收发电子邮件（以 163 网易邮箱为例）

1. 注册电子邮箱

打开网页 http://mail.163.com/，则可以打开免费邮箱用户登录注册页面。点击“注册”，注册成功后返回 http://mail.163.com/，在邮箱地址一栏中输入你的邮箱地址，在密码一栏中输入密码后点击“登录”进入邮箱。

2. 发邮件

（1）点击左上角的“写信”。

（2）在弹出的界面中部“收件人”中填写收件人的邮箱地址；“抄送”为需要多个收件人收到你发的邮件时使用，把其他收件人的邮箱地址填写在这里即可，如果没有其他收件人不用填写；“主题”根据邮件内容的性质来填写，比如：**二日游询价，也可以不用填写。

（3）邮件内容写在“主题”栏下面的那个大的空白处。

（4）写好后点击“收件人”上面的“发送”即可将邮件发出，需要随邮件发送一些图片或者 WORD 文档时点击“主题”下方的“添加附件”进行选择后，再点击“发送”将邮件送出。

3. 收邮件

点击左上角“收信”后可在右边看见别人写给你的邮件的大概信息，用鼠标单击即可观看完整内容。若邮件中附带有“附件”，一般在正文的下方会显示附件列表，进一步点击每个附件，即可下载至本地电脑进行查看。

职业操练

1. 将班级同学作为游客，利用 OFFICE 软件设计一份游客名单。

2. 在互联网上收集一条旅游线路，连同游客名单一起，制作一份完整的电子旅游行程单。

3. 打印这份电子旅游行程单，利用学校的复印机，熟悉复印机操作方法。

4. 利用学校的传真机，熟悉传真机的使用方法。

5. 将这份电子旅游行程单分别通过 E-mail 和 QQ 发送给同学。

专业篇

接　待　员

单元03

门市迎客

门市迎客是旅行社门市人员接待顾客的第一环节，通过我们的礼宾服务，可以给客人宾至如归的感觉。在本单元里，我们主要掌握和练习“门市迎客”这一服务环节，它包含招呼问候顾客、判别入店需求和指示引领服务三方面内容。

项目8 招呼问候顾客

迎宾服务是为进店顾客提供服务的开端。礼貌得体、优雅大方的迎宾服务，在吸引顾客的同时，也树立了良好的企业形象。虽然迎宾服务的初衷是好的，然而不当的迎宾服务非但不能真正起到应有的作用，反而易成为对顾客的一种“打扰”和“惊吓”。因此，迎宾人员应学会如何招呼问候顾客。

职业场景

通过一周的工作和学习，小王对旅行社门市的各工作岗位有了初步了解，本周将开始他正式上岗，迎接他的第一个岗位是迎宾员岗位。上岗前，小王又向师傅和同事请教了迎宾员岗位的工作要求和技巧，以及工作中可能遇到的问题。

职场解析

迎宾服务既是满足客人入店时迫切需求的首要阶段，又是形成客人对门市第一印象的好坏的关键，也是衡量门市整体服务水平高低的重要依据。所以，迎宾服务应努力超越客人的期望，形成客人意料之外的满意甚至愉悦。

一、迎宾人员

在我国，迎宾服务人员主要出现在各类高级酒店、餐厅、银行、品牌专卖店等服务行业，一般只有在大型旅行社的门市旗舰店中才会设立该岗位。但是门市迎宾人员的服务作用是毋庸置疑的，它可以较好地发挥礼宾和引导作用，尤其是在业务繁忙的时候和提升服务等级的需要方面。

在门市营业大厅公共面积比较宽敞的情况下，有必要设立迎宾服务岗位，人数一般为 1 ～ 2 人，人员可以由专职人员担任（适用于业务量大或旅游旺季时的门市），也可以由门市接待人员轮流担任，还可以像酒店大堂经理一样由门市负责人不定时担任。

二、迎宾位置

迎宾人员服务的站立位置一般位于门市玻璃大门的后侧方。但在某些特定时候，如进行店外旅游产品推荐或者店内顾客已经较为拥挤时，迎宾人员则需要在门市之外进行顾客的引导和咨询推介服务。

三、迎宾服饰

迎宾人员代表着旅行社的“门面”形象，因此必须穿着旅行社的制服或者其他正装，杜绝无领、无袖、短裤和非皮鞋等服装。在饰品方面，假如能佩戴旅行社徽章效果会很好，个人饰品数量不宜超过 2 件，不宜华丽夸张。

四、迎宾语言

“您好”是迎宾人员使用最频繁的服务用语，可以单独使用，也能够与“上午（中午、下午）好”“欢迎光临”“请进”“有什么需要帮助吗”“请随意看看”“旅游咨询在那边”等其他问候语配合使用。使用时注意对顾客目光的注视和微笑的表情。音量控制在顾客能听清楚而又不惊扰其他顾客为宜，切忌音量过大，大呼小叫。

五、迎宾表情

门市迎宾人员真诚、亲切、自然、专注、有神的表情，留给人们的印象是美好而深刻的。构成表情的主要因素包括笑容和目光。一位训练有素的门市迎宾人员面对顾客时，只有双目注视对方，服务信息的传递和沟通才能够建立，微笑服务才会更传神、更亲切。当顾客步入门市之时，迎宾员的目光应始终注视着顾客，当你们双方目光接触的一刹那，再施以亲切自然的微笑，一声“您好”自然也就给了顾客宾至如归的感受。迎宾员的目光应投放在顾客两眼和嘴部的“三角区”，并以散点柔视为宜。

六、迎宾举止

首先，礼貌的站姿可以给人精神饱满、信心十足、积极向上的好印象，前腹式和侧放式站姿是迎宾人员最常采用的站姿；其次，为顾客拉门应及时主动，但切忌动作幅度过大，关门时也应注意用手缓慢关上；最后，对顾客问候和施以微笑注目之后，还可以微微欠身，以示尊重。

职业操练

以实训室门口为场景，模拟迎宾人员的招呼问候顾客过程。

项目9 判别入店需求

入店顾客各有不同，并不是每个顾客都需要门市迎宾人员立即“簇拥而上”，因此，迎宾人员要通过观察顾客的神情举止，来判断顾客的入店需求，然后有选择地进行引导服务。

职业场景

做了一周的迎宾工作，小王发觉迎宾工作尽管非常简单，但对自己来说还是很大的挑战，每天需要站立服务四五个小时。而让他百思不得其解的是，他对每位进店客人都笑脸相迎，主动、积极地拉门问候，主动为其介绍线路产品，却没有得到顾客的认可和赞许，有不少顾客对他不理不睬，甚至敬而远之。小王的师傅赵老师也注意到了这种情况，一天下午，师傅和他一起做起了迎宾服务，并向他传授“瞅客宝典”。

职场解析

你留给顾客的第一印象可以让其判断出你的职业素质的高低；同样，顾客给你的第一印象也可以让你判断出他的入店需求。这就是一名成功门市迎宾人员的标准。并不是每个顾客都需要迎宾人员上前导购，因此，迎宾人员可通过观察顾客的神情，来判断顾客的类型，然后有选择地进行引导、推介等服务。

进店的顾客可以分为停留者、浏览者、咨询者、比价者、欲购者、已购者六种类型。前四种进店前无明确购买动机，第五种进店之前就有明确的购买动机了，第六种则是已经产生购买行为的顾客，所以他们表现出的神情行为特征也不一样。

一、停留者

这类顾客进店的最初目的可能与门市的业务毫无任何关系，入店作短时停留而已，可能只是为了躲避一场突如其来的大雨；也可能是大热天在外面等人，发现门市里面冷气开放，进来避暑的；还可能是逛街逛累了，进来坐坐歇歇脚的。由于进店目的基本与店内的业务无关，所以他们进店后会不时地张望店外的情况，看看雨是否停了，要等的人是否来了，一旦雨停了，要等的人来了，休息好了，自然离去。

鉴别这类客人相对比较简单，如避雨者往往是在一阵倾盆大雨之后小奔入店的；避暑等人者一般在店外已经等候一时半会儿了，酷热难耐环视四周时，发现了门市这个避暑等人的好去处；入店歇脚者一般是大包小包的，脚穿高跟鞋，一瘸一拐的，汗流浃背，一脸疲惫之意，路过门市时不经意间瞅见门市，于是独自或共邀好友一同进来坐坐。他们入店之后，往往会避开迎宾人员问候的目光，直奔产品陈列区或有座椅的洽谈休息区。

尽管这类顾客当时只是匆匆过客，但他们可能是曾经的购买者，否则常理之中不会贸然进入一家毫不熟悉的店铺；也可能是潜在的购买者，能不怀任何购买目的地进入本店，一个侧面也说明了他们潜意识中对本店的信赖和认可。在众多的旅游宣传中，他们不经意间也许会发现令其心仪的产品。因此对于这类顾客，迎宾人员在明知其入店目的的情况下，完全可以采用听之任之的服务策略，避免让他们感觉到门市迎宾人员“势利”的目光和“拒客门外”的潜服务。

二、浏览者

这类顾客进店之初没有消费的意图，由于比较喜欢旅游，在无意中路过本店时，就进来随意浏览一下，看看有没有新鲜的旅游产品出炉，看看近期的主推热门旅游目的地，看看旅游价格起伏，看看最新的优惠促销，等等。

浏览型的客人入店前往往会留意店门外的大幅旅游宣传画或各旅游线路的张贴广告，假如店门外的旅游信息已经满足其“求知欲”，其可能就不会再入店“观望”了；倘若其意犹未尽，则会进一步进店看看。他们入店后往往会与门市迎宾人员会心一笑，然后径直走向产品陈列区，浏览各种旅游宣传手册。无论在店外“欣赏”，还是在店内“观望”，他们浏览各个旅游产品的速度基本均匀一致，不缓不急，除非有特别引人之处。

这类顾客可能是旅游爱好者，甚至是旅游达人，他们有着理智的旅游产品购买意图和周密的出游计划，一般对旅游产品的最新动态比较关注，符合其出游标准（目的地、行程安排、住宿条件等）的旅游产品是其重点浏览的对象。由于出游的打算还不够具体和强烈，所以他们一般不会轻易开口主动咨询客服人员，而是在产品陈列区默默地记住其感兴趣的旅游信息，便于回去后进一步筹划。因此对于此类顾客，应给予他们一定的浏览空间和时间，避免打扰他们，但是需要时刻关注他们，一旦他们表现出对某个产品的兴趣，流露出期待得到咨询解答时，应及时给予解释和答复。

三、咨询者

这类顾客已经有了初步的出游意图，对于上班族而言，可能大致的出游时间已定，而旅游目的地未定；对于打算蜜月旅行的情侣而言，可能已经有了心仪的旅游目的地，只是有待确定出游的形式（参团还是自由行）；对于暑期的大学生，旅游产品的价位是他们出游的标杆，至于目的地、出游形式、交通工具都有待确定；对于退休的夫妇而言，出游时间不成问题，而由价格、旅游目的地、行程安排组合在一起的最佳性价比旅游产品是其最关心的……

这类顾客往往是“直奔”门市而来，在门市门口的张贴广告前会对他们心仪的旅游线路“目不斜视”，之后再入店咨询；也可能会在迎宾人员的入店招呼后，径直走进门市的宣传单陈列区，继续寻找心仪的线路；倘若他们不愿多花时间自己浏览的话，可能会向迎宾人员提出自己的需求，这时就需要迎宾人员及时向他们引荐专门负责咨询接待的客服人员。他们在浏览旅游线路时往往有相对特定的目标范围，如某一旅游目的地、某一价位、某一出行时间，等等。鉴别这类顾客有一定难度，需要迎宾人员细致观察。

除非这些咨询类的入店客人是旅行社的忠实粉丝，否则的话，他们是门市人员最需要争取的潜在顾客。因此，遇到这类顾客时，需要迎宾人员给予密切、及时、细致的关注，在其浏览旅游产品宣传之后，可以主动上前进行产品特色说明，或者在其对某些旅游要素产生疑问时，及时上前予以解答，总之，尽可能说服其前往咨询区进行更加详细的咨询确认。

四、比价者

这类顾客在入店前已经基本确定了出游的时间、目的地，了解了相关线路的行程安排，掌握了其他旅行社的门市报价，其入店的主要目的就是比较其欲购旅游产品的价格，在基本一致的行程安排和等级标准的前提下，价低者则是其优先考虑的旅行社。

比价顾客入店时一般只关注其欲购旅游产品的宣传资料，而其目光的聚焦点则是价格。门市迎宾人员在向其致意问候之后，他们往往会开门见山地直接打听："某某时间，去某某地方，某日游的价格是多少？"此外，另一类的比价型顾客，会做得比较含蓄，一般采取旁敲侧击的迂回咨询方式，先咨询些其他线路的产品信息，最后再打探其心仪的某条旅游线路价格，以达到其比价目的。

比价型的顾客往往"唯利是图",价格是影响其购买行为的最主要因素。因此，作为门市迎宾人员应尽可能地从交谈中听出客人的"心理价位"和"他人价位"，观察自己报价后客人的细微面部表情反应和语气变化。无论旅行社是否有价格优势，都应留住客人，说服其前往咨询区了解本旅行社产品的优势，如航班时间安排合理、地接社服务口碑好、全程无购物和自费项目等。

五、欲购者

这类顾客对于门市来说，基本上已是既成的产品购买者，他们前往门市的主要目的就是签订旅游合同，确定出游计划。因为，通过之前的咨询和比价，基本上完成了购买决策过程，确定了对本门市所售旅游产品的购买意图，入店后购买行为也就即将发生。

这类顾客已经不是第一次光临本门市了，一般不会再次流连于门口的旅游产品宣传单和门内产品陈列区。因为对于门市的服务区布局有了一定的了解，他们入店后往往会直奔咨询服务区坐下，再与咨询人员进一步确定行程细节后，即会签订旅游合同。那些对本旅行社忠诚度极高的客户，一旦有了明确的出游计划，也会直奔门市部而来。他们是“欲购者”这类顾客中的一小部分。他们咨询、签合同、付团款一气呵成，如此快捷、流畅的购买过程令门市人员十分欢迎。

这类顾客或者是二度光临门市，或者就是门市的忠实“粉丝”和常客，他们已经不再需要门市迎宾人员作基本的推介和引领服务了。作为门市迎宾人员应尽可能地熟记他们的面孔，一旦他们入店，应及时给予宾至如归的问候和更加亲切的微笑致意。

六、已购者

这类顾客已经签订好旅游合同，再次入店是为了完成后续的相关业务，如支付剩余团款、提交签证材料、开具全额发票、领取出团通知书、出席行前会，等等，也有可能是游玩结束后前来投诉的。

这类顾客同样也不会再次流连于门口的旅游产品宣传单，一般入店接受迎宾人员问候之后，就会主动咨询办理相关业务的柜台或区域。作为门市迎宾人员，尤其是新手，应熟知门市各部门和区域的业务分工，及时、准确地引领顾客前往办理相关业务。

职业操练

选取当地的一家知名旅行社门市，在其门口蹲点观察一段时间，对每位入店客人进行类型判别。

项目10 指示引领服务

顾客入店后，门市的迎宾人员需要根据顾客的不同入店需求，将其引领到不同服务功能区。如何礼貌地进行指示和引领服务，是迎宾人员必须掌握的服务技能。

职业场景

每年一度的国庆长假即将到来，这几天店里店外一直都是门庭若市、客如云集。为了确保咨询、接待、签约工作能有序开展，门市店长要求门市迎宾人员对每位进店客人做好指示和引领服务，避免造成门厅前的客人拥塞，或出现客人服务的“盲点”。这对正在迎宾岗位实习的小王来说提出了更高的要求。

职场解析

每到旅游旺季前夕，旅行社门市总是车水马龙、人来人往。一般小型的门市部不会专设迎宾岗位来疏导入店顾客，但对于大中型的门市而言，有效的指示和引导服务能够使门市服务工作在面对大客流的情况下仍能有条不紊、井然有序。

项目 9 中我们将不同入店需求的顾客分为停留者、浏览者、咨询者、比价者、欲购者、已购者 6 种类型，由于他们的入店需求各不相同，因此迎宾人员对其指示引领服务也将有所区别。

一、指示引领的顾客对象

六种不同入店需求的顾客中，后四种是入店的主要顾客，他们入店往往带有较强的目的性，因此，是迎宾人员重点需要服务的对象。而对于浏览型的顾客可以任其自行阅览各类旅游宣传品，对于停留者只要不是停留在影响服务工作的区域，也可以听之任之，他们的存在一定程度上也提高了门市的人气。

二、指示引领顾客的礼仪

1. 恰当的手势

引导手势是迎宾服务人员使用最多的手势语言。如请客人进门，就座，为客人指引方位、物品或为他人做介绍等。在使用过程中一定要采取正确的做法：一是要使用手掌，五指并拢，手掌自然伸直，手心向上，而不能仅用手指，因为用手指指点他人带有指挥、教训或傲慢之意，是不礼貌的行为；二是要掌心向上，而不宜掌心向下。因为掌心向上，且手指微曲，具有虚心、坦诚、尊重他人之意；而掌心向下则会让客人感到带有强制和命令的意味，不够坦率、缺乏诚意。另外，使用引导手势一定要面带微笑，言行并举，给客人文雅大方的感觉。常用的引导手势包括：

曲臂式：手臂弯曲，由体侧向体前摆动，手臂高度在胸以下，适用于请顾客进门时；

横摆式：手臂向外侧横向摆动，指尖指向被引导或指示的方向，适用于指示不同服务区域方向时；

直臂式：手臂向外侧横向摆动，指尖指向物品方向，手臂抬至物品的高度，适用于指示宣传资料所在；

斜臂式：手臂由上向下斜伸摆动，适用于请客入座时。

2. 礼貌的用语

序号	场合	礼貌用语举例
1	顾客进门时	您好，请进，欢迎光临，请进店看看……
2	指示不同服务区域时	咨询在这边，签合同在那边，开出行会在楼上……
3	领路时	请跟我来，请随我走，我带您过去吧……
4	指示宣传资料时	您可以看看我们的这条线路，这些线路都是假期产品，这个产品目前有优惠，您不妨看看这个……

三、不同顾客的指示引领枚举

序号	顾客类型	指示引领区域	服务技巧
1	浏览型顾客	旅游产品宣传陈列区	店内顾客少的时候可以关注他们，一旦他们表现出对某个产品的兴趣，流露出期待得到咨询解答时，应及时给予解释和答复
2	咨询型顾客	不同咨询服务区	在店内顾客不多的情况下，可以及时地将其引领到负责不同线路的咨询区；若咨询区已无法容纳时，则可以安排其在休息区等候，也可以由迎宾人员直接帮助顾客解答咨询问题或提供意见
3	比价型顾客	咨询服务区	在店内顾客不多的情况下，可以及时地将其引领到负责不同线路的咨询区；若咨询区顾客较多时，迎宾人员可直接提供本门市的产品报价，并指出本旅行社产品的优势所在
4	欲购型顾客	咨询服务区或签约区	这类顾客是本门市旅游产品的既成购买者，应给他们提供宾至如归的服务，迅速帮其完成咨询签约服务，若由于人多，咨询签约区已无法容纳，需要顾客等候时，应安排其在休息区等候，并提供茶水饮料服务，必要时由迎宾人员协助完成旅游合同签约
5	已购后续型顾客	收银区、签证区或出行前通知会议室等	了解入店目的后，直接指引其前往不同服务区
6	已购投诉型顾客	投诉会客室	在了解入店目的后尽快引领其前往投诉会客室，安抚顾客，避免与其他顾客接触

（注：对于大型门市，咨询服务区会细分不同旅游产品的咨询区，如周边线路区、国内区、出境区、自由行区等）

职业操练

将教室布置成拥有不同服务区的门市场景，同学两两一组，分别扮演迎宾人员和顾客，模拟上述六种不同类型入店顾客的引领服务操作。

单元04

咨询服务

在中国古代，“咨”和“询”原是两个词，咨是商量，询是询问，后来逐渐形成一个复合词，具有询问、谋划、商量、磋商等意思。无论是散客旅游者，还是自组包团的单位客户，在计划出游活动时，假如打算由旅行社安排落实的话，一般会通过现场、电话、信函及网络等各种咨询方式提出自己的出游需求、了解旅游线路和报价，然后在货比三家之后，做出慎重选择。在与顾客之间一定的询问沟通过程之后，旅行社门市咨询接待人员才能准确地把握其出游动机和旅游六要素等内容，然后予以针对性的推介。

项目11 现场咨询

现场咨询就是指有潜在旅游服务需求的顾客亲自前往门市，与门市的服务接待人员对旅游方面的各项要素问题，进行面对面的问询沟通的过程。

职业场景

在迎客岗位实习了两周后，小王渐渐学会了对每位顾客“察言观色”。本周他开始了咨询接待岗位的实习。一天上午，小王正在电脑前熟悉公司的产品线路，这时一位女士推门进来，小王立刻起身笑脸相迎，礼貌地招呼之后，请其落座，开始询问她的出游打算。

职场解析

对于旅游者亲自前往旅行社门市柜台咨询旅游的相关事宜，门市服务接待人员要面对面地为旅游者服务，其态度的热情程度、业务的精通程度、办事效率的高低，都体现了整个旅行社的管理、业务水平。所以，要求门市接待人员在工作中应该热情、礼貌地待客，对旅游者的询问要给予迅速、准确的解答，并提出合理的建议，努力给顾客留下良好的印象。

一、咨询顾客的类型

1. 目标茫然型

这类顾客对于目标没有明确定位，可能对产品价位和出游时间也没有非常严格的限制，其比较有代表性的问语有：

（1）最近我想带父母一起出去玩玩儿，哪些地方比较适合我们啊？

（2）你们旅行社近来有什么热推线路吗？性价比要高点的。

（3）这个时候哪个地方景色比较好啊？最好人少点的地方。

（4）我是学生，暑假产品里有哪些适合我的啊？

……

如果遇到这类顾客，门市接待人员要做的就是帮助顾客明确“出游目标”，询问其出游目的地的倾向，出游闲暇时间段、旅游预算、出行避讳（哪些地方不去、什么交通工具不乘、住宿标准要求比较高……）等问题，在掌握顾客各出游要素后，再挑选符合其出游意向的线路产品，介绍时要全面细致。同时，尽量客观地告诉顾客，哪些线路时间比较长，但可以欣赏到其他时间段不能看到的很多风景；哪些线路这个时间正是淡季，游客相对会比较少，不会出现人挤人的情况；等等。

2. 目标明确型

这类顾客与前一类型的顾客明显相反，他们有非常明确的出游目标，一般不会轻易改变，对于自己的出游目标事先已基本做过“功课”，有一定的了解。他们要么是对本旅行社情有独钟，慕名而来，要么是前来比较价格，确定最后签约旅行社。他们见到门市接待人员往往直接开门见山：

（1）我是来报名参加你们……线路的，还没报满吧？

（2）我在网上看到你们有个特惠线路……，我想报名。

（3）去海南双飞自由行五星酒店，你们的报价是多少啊？

（4）你们海报上的这条线路如何啊？给我介绍下。

对待这类顾客，门市接待人员要能根据顾客的需求，有的放矢地详尽介绍相关线路的旅游六要素，尤其突出特色和与众不同之处，尽可能回答顾客的问询，对于比价的顾客则更需突出自身产品的优势所在。

3. 目标初拟型

这类顾客有一定的出游目标，但目标一般比较笼统，且不是很确定，如果有新的更好的线路有可能会更改自己的初衷；或是只有某一出游要素方面（时间、价位、目的地、同行人员等）比较确定。其比较有代表性的问语有：

（1）这个月底我有个年休假想用掉，我想一个人自由行，你们近期有什么自由行产品推荐吗？

（2）我没去过欧洲，听说法国不错，你们有哪些去法国的欧洲游线路啊？

（3）暑假我们打算一家人出国游，2 万元够吗？

（4）我们几个同学想一起去海边聚聚玩玩儿，但我们只有双休日有空，你有什么线路适合我们的吗？

对待这类顾客，门市接待人员需要在顾客给定的出游要素范围内给予有针对性的回答和推介，要把范围内各产品的区别之处告诉顾客，让其自行选择。假如范围太大时，可以进一步询问顾客的其他限定条件，以缩小推介范围。

二、顾客咨询问题类型

1. 关于目的地

（1）青岛和厦门哪个地方适合我啊？

（2）丽江热吗？去玉龙雪山要准备些什么样的衣服啊？

（3）带我爸妈去香港自由行，哪些景点比较适合我们？

……

2. 关于价格及优惠

（1）这个价格太贵了吧，能打折吗？

（2）如果我有 5 个朋友一起报名参加这条线路，有什么优惠吗？

（3）假如安排 5 星级酒店的话，要加多少钱啊？

（4）动车和飞机去厦门玩，哪个性价比高点呢？

……

3. 关于行程安排

（1）这条线路的行程是怎么安排的啊？

（2）有没有自由活动的时间啊？
（3）一共有几顿饭需要我们自理啊？
（4）农家乐里有空调吗？
（5）索道费用包含在团费里吗？
（6）我们在巴黎老佛爷附近自由活动多少时间呢？
（7）在黄山山上过夜吗？
……

4. 关于单项服务

（1）我要订张 4 月 28 号去广州的机票，最好能晚饭前到，有哪些航班可以挑选啊？
（2）是不是我把身份证号码发给你，你就能帮我订高铁火车票啦？
（3）在西湖旁有什么快捷商务酒店吗？帮我订 5 月 1 号和 2 号两个晚上。
……

5. 关于结算要求

（1）能刷卡吗？
（2）我今天先付定金，可以吧？
（3）你把你们门市的账号给我，我回去让财务转账给你，可以吗？
（4）等我们明天签合同时，我把支票一起交来可以吧？
……

三、咨询服务人员的问语类型

1. 关于目的地

（1）您想去什么地方玩呢，远点还是近点的呢？
（2）请问，您想去海边还是有山的地方？其实带孩子，去海边是最适合的了。
（3）去西藏有高原反应的，您的身体能适应吗？
……

2. 关于价位

（1）您看，去东南亚海岛游的差不多都在 4000 ～ 5000 元这个价位，您可以考虑看看的。
（2）我们还有纯玩团，就是价格稍微贵点，您看可以吗？
……

3. 关于出游动机

（1）请问，你们是想去度蜜月吗？我们有专门的蜜月游产品。

（2）这个季节去海南岛度假最适宜了，您考虑吗？

（3）这次去香港您主要目的是购物吗？假如是的话，您就订自由行产品吧。

……

4. 关于同行人数

（1）请问，你们出行一共几位呢？

（2）这次济州岛邮轮 4 日游，我们旅行社包船，你们难道不带孩子一起吗？现在同舱第 3 人免船费啊。

……

5. 提供变更意见

（1）如果您对这条线路不满意，看下我们另一条线路？

（2）你们反正是独立包团的，这个行程可以作细微调整，您有什么意见可以和我们说。

（3）不如你们去内蒙古吧，这个季节那里还没转冷，一片秋色，很美的。

……

四、现场咨询的服务流程

对待来门市现场咨询的顾客，通常采用以下 6 个步骤来接待：

1. 起身邀坐

当顾客走到咨询台前 2 ～ 3 米时，没有接待咨询任务的门市接待人员应主动起身，首先用眼神来表达关注和欢迎，同时热情问候“欢迎，您请坐”，并合理运用手势语言。

2. 询问需求

顾客落座后，条件允许的话可以及时提供茶水服务。首先询问客人的旅游意向。出游目标明确的，可以及时出示相关产品；出游目标初拟和茫然的，则需进一步询问其具体出游要素，如：去过哪些地方、有几天假期、同行几人、希望乘坐什么交通工具以及此次旅游预算多少等。

3. 出示产品

当了解了顾客的出游意向后，门市接待人员可以立即出示宣传资料给顾客，指出相关的各条旅游线路，使其初步了解线路名称、时间、出行日期和价格。当顾客正注意观察某条线路时，门市接待人员应简明扼要地介绍该旅游产品的亮点以引起顾客的兴趣，介绍线路时要直接、快速切入正题，正确的方法应该是“请允许我来帮您介绍一下”。

4. 产品推介

门市服务人员可以就某条具体线路产品向旅游咨询者进行重点详细的推荐介绍。通过门市服务人员的推介，能够及时帮助旅游咨询者了解所推介的旅行社产品特色和卖点，或者根据咨询者的需求，为其设计和组合旅游产品，从而促成其购买行为。

5. 提供建议

当顾客对推介的旅游产品没有其他异议时，门市接待人员就可以直接建议顾客当场购买；当顾客不满于推介的旅游产品时，接待人员可以罗列其他相关产品，作进一步的推介；当顾客表示有待考虑时，门市接待人员仍需表示感谢，同时希望顾客带走门市的联系名片，或留下联系方式。

6. 告别客人

“出迎三步，身送七步”，要以将再次见面的心情恭送顾客走出门市。送客时要等顾客起身后再站起来相送，送客时要说“请您慢走”“欢迎下次光临”“我们确认好，会再次联系您”“那我们就明天签合同时再见啦”等礼貌用语。如果顾客带有较多或较重物品时，送别时应主动帮忙提重物，送出门市。与顾客在门口、汽车旁告别时，要目送顾客上车或离开，要以真诚的态度，待顾客移出视线时，才可结束送别仪式。

职场操练

1. 同学两两一组，分别扮演门市咨询人员和顾客，设计与不同类型顾客的咨询对话。

2. 模拟演示上述的咨询对话过程。

项目12 电话咨询

电话咨询就是指有潜在旅游服务需求的顾客打电话给门市接待人员，在电话中问询沟通旅游方面各项要素问题的过程。

职业场景

在咨询接待岗位实习了两周后，小王渐渐学会了对每位顾客“察言观色”。本周他开始了电话咨询岗位的实习。一天上午，小王正在电脑前熟悉公司的产品线路，总结实习心得，这时清脆的电话铃声响起，小王略微紧张地接起电话……

职场解析

一、电话咨询的服务流程

在接听电话时，门市接待人员所代表的是门市而不是个人，它能够真实地体现门市接待人员的个人素质、待人接物的态度以及通话者所在旅行社的整体水平。所以，不仅要语言文明、音调适中，更要让对方感受到热情、真诚。门市工作人员提供电话咨询服务时，通常有 5 个步骤：

1. 通话准备

首先，要做好通话的准备，应该在电话机旁边准备一些必备物品，如电话号码簿、记录本、记录用笔、计算器、客户资料等。除此之外，还需检查电话的接线是否良好、无绳电话及话筒是否正确摆放、理顺话筒的连线。

2. 及时问候

在电话铃响三声内用左手拿起电话（便于右手做记录），并报出旅行社名称或部门。例如：“您好！这里是 ×× 旅行社门市部，请问有什么能帮到您的吗？”

3. 问需推介

这个步骤和现场咨询的相关咨询过程类似，当得知顾客要参加旅游时，要询问顾客的姓名、旅游的方向、时间、人数、是否有孩子随行、价格定位、随团还是自由行等信息，以便合理地向顾客推介旅游产品。

4. 登记信息

详细地将顾客的问题和要求记录下来，包括来电时间、来电者、通话内容，及时获取旅游信息，以便之后联系和提供日后签约时的现场服务。

5. 结束通话

通话结束时，要向对方的来电表示感谢，表达期待其到门市现场进一步咨询或签约的期望。接听人员注意要等对方挂断电话后，才可放下电话以示礼貌，同时动作要轻。

二、电话咨询服务的后续工作

1. 服务跟进

通话结束后，门市接待人员还要继续后续的工作。根据电话内容，可能需要推介其他产品，可能需制定个性的行程安排，也可能需要了解顾客是否做出出游决定，门市接待人员应再次回电给顾客，或者约见顾客上门详谈具体细节。而对于 VIP 客户或单位等大单客户，则需门市安排专人进行上门推介和签约服务。

2. 记录整理

专职的门市电话接待人员，应定期整理来电咨询的顾客的问题，按照出游目的地、时间、预算、同行人数等要素进行分类汇总，以便分析旅游市场趋势、动态。

三、电话咨询服务技巧

1. 赞美顾客的出游设想

接到电话咨询旅游线路时，首先要赞美顾客的出游设想，让顾客觉得自己的选择是正确、明智的，强化其出游意愿，巩固其购买决心。

2. 留下顾客的联系方式

当顾客咨询旅游产品信息结束时，尽可能让顾客留下联系方式便于日后联系。即使在电话咨询中没有取得推介效果，但至少掌握了这位顾客的出游意愿，假如日后旅行社有相关产品的话，就可以有的放矢地主动电话联系，进行有针对性的推介，提高促销成功率。

3. 邀请顾客之后再面谈

电话咨询毕竟不如现场咨询，现场咨询能与顾客面对面，察言观色，可以比较准确地把握顾客意图。因此，邀请顾客之后到店或登门面谈细节，会比较容易达到推介促销目的。

4. 化解顾客的种种顾虑

由于电话咨询中无法察言观色，因此，电话接待人员要做到听音辨意，对于顾客的语调、停顿，要能辨析出其中的顾虑和疑惑，及时将产品的特色和与众不同之处一一列举，使顾客感到长处多于短处，从而坚定购买的决心。

职场操练

1. 同学两两一组，分别扮演门市电话接待人员和来电咨询的顾客，设计一段两者之间的对话。

2. 模拟演示上述的咨询对话过程。

项目13 信函咨询

信函咨询就是指有潜在旅游服务需求的顾客通过 E-mail、传真、信件等途径向门市服务接待人员问询沟通旅游方面各项要素问题的过程。

职业场景

小王在咨询接待岗位实习了一个月，每天都要接到很多咨询旅游线路的电话，渐渐有些心得了。今天电话又响了，对方是一家公司，打算前往黄山召开年度优质客户答谢会，公司的初步方案已经拟好，想向小王所在的旅行社咨询相关的服务接待费用的报价，以便其制订整个会务活动的预算。于是小王告知了其门市的客服邮箱，接到该客户发来的邮件后，他了解到，该公司的组织方案中主要涉及黄山五星级酒店 30 间标准间 2 晚的报价、1 辆 53 座大金龙 3 天的包车价、酒店 60 人会议室 2 个半天的租借费用和 2 个半天黄山周边景点的游览费用 4 个方面报价。小王接到任务后，立刻着手工作。经过短短 1 小时的细心核算，他也草拟了一份详细的各项目报价单，通过 E-mail 发送给了客户。

职场解析

当客户的咨询内容较为复杂或项目众多时，往往通过电话咨询较难全面细致地描述表达，于是客户就会采用信函咨询的形式。而这类客户多为单位客户，他们会将自己需要咨询的问题罗列在信函之中，希望得到一家或多家旅行社的报价或接待方案，以便审核和比较。

在网络通信不发达的过去，普通的纸质信件和传真是信函咨询的主要方式。随着互联网技术的普及，目前 E-mail 已经成为信函咨询的主要手段。

一、信函咨询的服务流程

1. 查收信函

旅行社门市一般会安排专人每天定时和不定时地查收门市客服邮箱内的邮件。

2. 阅读信函

作为专职的门市客服邮箱查收人员，在收到邮件后，首先进行邮件筛查，对于不属于门市咨询方面的信件需及时转交旅行社其他相关部门，而对于咨询信件，则要仔细阅读信函内容，分析咨询内容中涉及的旅游要素。对于大中型旅行社而言，线路产品划分比较细致，门市客服邮箱查收人员则根据信函设计的内容，交由不同的线路产品负责部门来处理；对于小型旅行社，门市客服邮箱查收人员往往身兼数职，所以阅读和处理信函多同为一人。

3. 处理信函

咨询内容中涉及的旅游要素中，有些能根据门市接待人员的工作内容和经验，直接给出答复结果，有些则需要进一步联络计调人员、外联人员或地接社，才能获得咨询结果。在取得咨询结果后，信函咨询接待人员需要将结果进行汇总和整理，并且撰写成规范的文书。文书应使用旅行社标准的公文信函格式，信函上页眉有旅行社名称抬头，下页脚有门市地址、联系电话等信息，中间是信函正文。

4. 回复信函

完成信函答复内容的处理和撰写之后，即可根据对方的回复邮箱进行 E-mail 的回信操作了。回复 E-mail 的主题应明确简洁，以便对方收信时能一目了然。信函正文作为 WORD 文件，一般采用附件形式发送。此外还可以通过邮箱的设置管理，设置要求收件人发送已读回执。

二、信函的内容结构

信函正文的结构，主要由称呼、启词、正文、酬应过渡、祝颂词、签署、日期等 7 部分组成。

1. 称呼

称呼是旅行社门市对咨询单位的尊称，一般都用“敬语 + 称谓”的形式组成，如“尊敬的王总经理”“亲爱的刘主任”“尊敬的董事长先生阁下”等。对某些特殊的内容或与境外华文地区的人员往来还可加上“提称”，如“尊敬的王博士总经理海成先生台鉴”“亲爱的秘书明玉小姐雅鉴”等。格式注意顶格写，后面加冒号。

2. 启词

启词是信文的起首语，可有多种表示法。作为旅行社门市的咨询信函多采用承前式启词，如“您好，昨天贵单位发来的咨询信函现答复如下”“贵公司 × 月 × 日赐函已悉”，等等。此外，旅行社的咨询回复信函的启词还可用“兹悉、兹经、兹为”“顷闻、顷悉、顷获”“欣闻、欣悉”，以及“据联系、据沟通、据核算”等一系列公文用语，以提领全文。格式是在称呼下面另起一行，前空两格。

3. 正文

正文是书信的主体。正文主要针对对方咨询内容进行答复，要清楚、明了、简洁，必要时还可以提出旅行社有关行程安排的合理化建议。在旅行社门市信函咨询实际工作中，表格式的正文往往更适合涉及旅游多要素的咨询内容答复，使得答复内容更有条理性，便于对方查阅。此外内容要注意情感分寸，不应有昵亵轻狂之嫌，也不可显侮蔑轻慢之意。格式是在启词下面另起一行空两格。

4. 酬应过渡

正文结束时，可写几句酬应性的话作为全文的过渡。如“我方相信，经过此次合作，双方的友谊将有进一步发展”“再次表示衷心的感谢”，等等。也有用公务书信的常用结语过渡，如“特此函达、特此说明、特此答复、特此函复”，或“肃此专呈、肃此奉达”，也有“特此鸣谢、敬请谅解、尚祈垂察、务请函复、至希见谅”，以及“承蒙惠允、承蒙协办、承蒙惠示、不胜荣幸、不胜感激”，等等。

5. 祝颂词

书信的最后，写祝颂词是惯例。祝颂词的写法多种多样，如：“诚祝生意兴隆”“特此函达,即希函复”“此致敬礼”“敬祝健康”等。祝语一般分为两行书写，“此致”“敬祝”可紧随正文，也可和正文空开。“敬礼”“健康”则转行顶格书写。

6. 签署

书信的签署以写信人全名为要，不能只签个姓氏或习惯称呼，如“老王、小王、小李、张主任、赵经理”等，而要完整地写成“× × 部主任张金水”“× × 公司经理王富成”或者“× × 部业务员刘震”等，并附上电话、传真等其他直接的联系方式。格式方面，通常写在结尾后另起一行（或空一、二行）的偏右下方位置。以单位名义发出的商业信函，署名时可写单位名称或单位内具体部门名称，也可同时署写信人的姓名。

7. 日期

日期必须准确，表现出写信人的负责态度，而万一记错日期，也许会因此而误事。格式要求写信日期一般写在署名的下一行或同一行偏右下方位置。

职场操练

根据“职业场景”中的内容，草拟咨询回复信函，并通过 E-mail，进行同学间的互发和互评。

项目14 网络咨询

网络咨询就是指有潜在旅游服务需求的顾客通过旅行社的在线咨询平台、即时通信软件、专业论坛博客等形式实时或留言与门市服务接待人员，问询沟通旅游各方面问题的过程。

职业场景

从今天起，小王又多了项工作内容——在线咨询接待。店长分配给了小王一个在线咨询服务的 QQ 账号，由他在接待入店客人咨询的工作间隙，同时处理一些网上的咨询顾客的问题。尽管平时 QQ 是小王主要使用的网上聊天工具，但把它用于工作还是头一回。他了解到，在与网上顾客进行沟通时，不能像和朋友聊天那样随意，而是需要一定的专业技巧。

职场解析

基于网络技术的旅游信息咨询服务不但是对旅行社传统门市咨询业务的继承和补充，而且也是对旅行社门市接待业务的延伸和拓展。旅行社网络咨询服务是未来旅行社网络服务的发展方向，使用范围将越来越趋于深远和宽广。

一、网络咨询的形式

目前许多大中型旅行社都有自己的门户网站，网站页面中会设计有旅游线路查询、在线客服、QQ 在线、关注微信、客户留言、FAQ 等网络咨询版块或窗口。而一些小型旅行社也会通过旅游网上销售平台，如淘宝旅行、欣欣旅游、旅交汇等，开展对客咨询、预订、销售等一系列网上门市服务。

1. 即时通信软件在线客服

即时通信软件在线客服是在旅行社网站设计时嵌入即时通信软件的客服插件代码，使得在旅行社网站的网页一侧显示有即时通信软件的多位客服链接的窗口，当访客点击显示在线的 QQ 链接时，访客端电脑就会自动登录 QQ，并打开与相应 QQ 客服即时聊天的窗口。由于使用 QQ 人数是目前国内即时通信软件中用户最多的，每天同时在线也保持过亿人次，所以 QQ 在线客服是许多旅行社网络咨询的必选沟通工具，也是旅行社网站客户服务、辅助网站销售不可缺少的工具之一。

此外，近年来随着微信使用者的日益增加，微信客服已经是旅行社网络营销的一种最新形式。腾讯公司推出的微信，能支持多平台，用户可以通过手机、平板、网页快速发送语音、视频、图片和文字。微信提供公众平台、朋友圈、消息推送等，具有零资费、跨平台、拍照发给好友、发手机图片、移动即时通信等功能。截至 2013 年 1 月注册用户量已经突破 3 亿，是亚洲地区最大用户群体的移动即时通信软件。目前许多旅行社都对外发布了自己的微信公众账号，在旅行社网站提供二维码供顾客扫描关注加入。关注旅行社微信的客户，就可以方便获取第一手的旅游信息资讯，包括旅游攻略、新景点介绍、产品优惠等简洁的信息，如要进一步了解信息需求，可以主动向“微客服”提交问题，即时获取常规信息，互动性和娱乐性更强。

2. 网站在线客服

网站在线客服，或称作网上前台，是一种网页版即时通信工具的统称，相比较其他即时通信软件（如 QQ、MSN 等），它能实现和网站的无缝结合，为网站提供与访客对话的网页平台。旅行社网站访客无须安装任何软件或插件，只需轻轻一点，就能够与客服人员进行即时交流，大大降低了客户的沟通门槛，提高了门市服务的针对性和有效性。此外这个平台可以收集访客来访时间和地理位置的统计信息，旅行社可以根据这些数据调整网络销售人力安排、销售区域策略等，为进行市场决策提供了有力的依据。

与 QQ 在线客服相比，网站在线客服拥有许多不可比拟的优点：

（1）不要求客户安装即时聊天软件，客户可以在浏览网站的时候随时与客服对话。

（2）无限座席功能，可以登录多个客服。

（3）主动发起功能，主动邀请客户，由原来的被动变主动。

（4）咨询量分析功能可时时查看当前网站访问的客户，是通过搜索什么关键词过来的，看了哪个页面，已经停留了多长时间等。

（5）自定义 LOGO、旗帜广告等，都是宣传公司的方式。

（6）预置常用促销语功能，可自定义随时修改，方便交流。

（7）消息预知功能，访客还在打字时，在线客服软件就可以预先显示，这样方便客服回答访客问题。

（8）快捷回复功能，可以在客服系统里预先设置常用回答，当访客提出相同问题时，只要点击预先设置好的回答就可以，这样省去大量打字的时间以提高回答的速度和准确率。

3. 留言咨询服务

留言咨询服务是旅行社网站建设时在网页中设置专门模块链接，提供的用户交流信息的页面或窗口，对于需要留言咨询的访客要求留下姓名、联系电话、邮箱、留言内容、反馈方式等。这种方式可以节约大量的旅行社网络客服人力，但缺乏一定的时效性，容易造成客户流失，因此对于留言咨询服务应做到及时回复。

4. FAQ 服务

FAQ 是英文 Frequently Asked Questions 的缩写，中文意思就是"经常问到的问题"，或者更通俗地叫作"常见问题解答"。在旅行社网站的 FAQ 版块中列出了旅行社网络客服人员最常被问及的问题和解答，是一种在线帮助形式。一个好的 FAQ 系统，应该至少可以回答用户 80% 的一般问题以及常见问题。这样不仅方便了用户，也大大减轻了旅行社网络客服人员的压力，节省了大量的顾客服务成本，并且增加了顾客的满意度。

为保证 FAQ 的有效性，首先要经常更新问题，回答客户提出的一些热点问题；其次是问题要短小精悍，对于提问频率高的常见的简单问题，不宜用很长的文本文件，这样会浪费客户在线时间。而对于一些重要问题应在保证精准的前提下尽可能简短。为保证方便客户使用，首先 FAQ 应该提供搜索功能，客户通过输入关键字可以直接找到有关问题；其次是问题较多时，可以采用分类目录式的结构组织问题的解答，但目录分类层次不能太多，最好不要超过三层；第三是将客户最常提问的问题放到前面，其他问题可以按照一定规律排列，常用方法是按字典顺序排列；第四，对于一些复杂问题，可以在问题之间设计链接，便于方便地找到相关问题的答案。

二、网络咨询的服务规范

由于网络咨询服务成本低、效率高，且能实现客服与客户间的即时互动，因此，已经逐渐成为旅行社门市服务人员的主要咨询服务方式之一。作为旅行社门市服务人员，在网络咨询服务接待过程中，同样需要遵守一定的服务要求。

（1）进入办公室后第一时间打开电脑，同时整理好自己的办公桌和日常工作用品（笔、记录本等）并放置于案头。

（2）上班后应第一时间及时登录在线客服系统，保持在线客服联机状态。

（3）上班后应首先查看在线客服系统离线留言、网站留言及公司邮件，并及时给予详细回复。若有售后问题或客户意见建议，应及时递交给相关负责人处理。在工作过程中也应抽出空闲时间随时检查留言和邮件。

（4）若在工作中突然遇到电脑死机或停电、掉线等突发情况，应在上线后立刻登录，查看留言信息，一一回复并对突发情况向客户做出解释并致歉。

（5）有客户发起对话后，第一时间内向对方问候。（参照格式：您好，我是在线客服，很高兴为您服务）对待客户态度要谦和、热情礼貌，客户态度不好时，必须保持耐心。

（6）当客户提出问题后，要及时给予回复。任何客户的咨询尽量做到在1分钟内回复，若因繁忙或暂时离开而无法做到时，必须开启自动回复。

（7）当客户提出的问题需要花时间确认或查询的时候，需先向客户说明并表示歉意，让客户稍等。

（8）回复客户问题时，不得给客户模糊的解释。杜绝使用“不知道”、“不清楚”等模糊话语来回复客户的问题。

（9）若客户提出的问题不明白或不能确认时，不能随便问答。可请对方联系相关负责人，不得拖拉不处理。如果遇到相关人员不在而自己又无法处理的时候，需详细记录在案并及时通知相关人员。

（10）若遇不能直接回答的问题，应委婉回复。

（11）同时在线咨询客户较多时，应一一为在线客户回复问题，未及时处理的对话要向客户表示歉意并请客户稍候。尽量避免因咨询客户堆积太多而影响服务质量。

（12）与客户交流过程中，注意文明用词，不得出现粗俗脏话等内容。多使用礼貌用语，如“您好”、“对不起”、“非常抱歉”、“不好意思”等。

（13）工作时间严禁利用在线客服系统做任何与工作无关的事（如与非客户聊天等）。

（14）对话结束后，应将客户咨询内容记录下来，以便汇总和查询。

（15）按期填报《在线客服受理记录表》，交营销部领导。

（16）平时需要熟悉旅行社产品、旅行社网站各版块、门市各业务流程。同时应不断提高文字输入速度，作为一名优秀的网络咨询员，打字速度至少应在 80 字 / 分钟以上。

职场操练

1. 浏览各大旅行社网站，看看其在网络咨询服务方面设置了哪些具体版块或窗口，截图后在班级中进行演示。

2. 同学两两一组，分别扮演旅行社网络客服和咨询客户，利用 QQ 即时聊天软件，模拟一段咨询服务过程。

单元05

产品推介

旅游产品推介是旅行社门市服务人员向旅游咨询者推荐介绍相关旅游产品的过程。通过门市服务人员的推介，能够及时帮助旅游咨询者了解所推介的旅行社产品特色和卖点，或者根据咨询者的需求，为其设计和组合旅游产品，从而促成其购买行为。

项目知识准备

一、旅行社产品的概念

旅行社产品是旅行社根据市场的实际需求，为旅游者提供的各类产品的总称。它以固化形态的产品包的形式出现，将旅行社能提供的各项服务和承诺融于其中。在旅行社的各类产品中，旅游线路产品为旅行社产品的基础产品和最主要产品，因而常常将旅行社产品称为旅游线路。

旅行社产品对旅游业的发展和创新起着至关重要的作用。假如没有旅行社产品，人们的旅游将会自主进行，也就是现在的纯粹“自由行”旅游。旅游者要自己购票坐车，自己找饭店，还要自己买门票等，一次旅游活动要和众多的旅游供应商进行交易，并且需要自己来应对旅行过程中的种种风险和意外。这些琐碎的事情和对旅游目的地的陌生会使旅游者很难获得一次满意的旅游经历，这对于旅游体验经历尚处于初、中级阶段的国内游客来说尤显困难。旅行社可以作为旅游供应商和旅游者双方的委托人和代办者，一方面解决旅游者在旅游中的后顾之忧；另一方面旅行社提供的产品比旅游者自行购买同样产品要便宜很多。如果购买旅行社产品，旅游者只需要缴纳一定费用，即可享受专业的旅游服务，省时省心省事。所以旅行社产品是旅游业中不可缺少的产品。

旅行社产品是食、住、行、游、购、娱等诸多因素的有机组合体。旅行社根据市场和旅游者需求开发设计的旅行社产品，可以使旅游者享受更多、更便捷的服务，也为旅游者出游提供了更多的选择。

二、旅行社产品的构成

旅行社产品是一种特殊的产品，它不像汽车、生活用品等以实物形态表现出来的具体的单项产品，而是综合了多种有形实物和无形服务的组合产品，同时还具有易变性、生产消费同时性、综合性、不可转移性和脆弱性等特点。推介旅行社产品对于旅行社计调人员而言，要求具备娴熟的业务知识和能力，掌握比较全面的旅游六要素（食、住、行、游、购、娱）及其他产品要素情况（旅游保险、签证、导游服务等）。

1. 食

旅游过程中“食”是旅游者的基本需求之一，也是旅行社产品中不可缺少的要素。在旅行社产品推介时，应说明用餐标准与数量，如：含几正餐几早餐，几人一桌，几菜几汤几点心。若该产品以旅游目的地的特色饮食为重点推荐，则更应突出介绍行程中安排的地方特色餐厅和菜点。作为常规的跟团旅游，一般都安排统一就餐，但有些产品则不安排就餐，如目前流行的“自由行”产品。这些不安排就餐的旅行社产品在推介时，可以说明旅游目的地的服务设施比较完备，游客自行就餐比较方便，消除旅游咨询的顾虑，并适时地介绍一下当地的美食。

2. 住

旅游行程中休息时间占据 1/3，是旅行社产品中的重要内容。除单项旅行社产品外，在各类旅行社产品的包含要素中，住宿安排基本上是不可缺少的。门市服务人员在进行产品推介时，应说明酒店的名称、档次，若为星级酒店，应说明星级和房间类型；若为农家乐等无星级的住宿安排,则说明服务内容,如：几人间，有无空调、彩电、独立卫生设施等。对于度假型的旅行社产品，应重点突出其住宿安排方面的优势，如五星级、海景房、豪华套间、免费升级、酒店提供免费健身服务、酒店独有海滩、拥有温泉等。

3. 行

现代旅游业的蓬勃发展很大程度上有赖于现代交通工具的便捷与普及。交通的安排是旅行社产品推介的重要组成部分，同时它也是制约着旅行社产品的行程远近、费用高低等的关键内容。旅行社产品报价中旅游交通的费用所占比例很大，尤其是远距离的出境游产品，交通费用往往可达 1/2 强。旅游交通主要包含三部分内容，一是指旅游出发地到目的地及旅游目的地之间游客转移的“大交通”，往往以飞机、火车、轮船、长途汽车为主，具体选择哪种交通工具视产品市场定位和游客需求而定；二是指在旅游目的地内游客转移的“小交通”，多以汽车为主；三是指在旅游景区内搭乘的环保电瓶车、缆车、小火车、游船（艇）、马匹畜力等交通工具。在产品推介时应说明交通工具名称、机场（火车站、码头）位置、起降时间、舱位等级、儿童收费情况、是否有空调、景区内交通工具是否自费等。若为自驾游产品则应标明行程路线，自由行项目需标明是否包含酒店至机场（车站）接送服务。

4. 游

除会展等商务旅游产品外，旅游者的游览、观光、体验、休闲是其出行最主要的旅行动机。我国各地旅游资源丰富，在策划产品时，会根据产品的市场定位和游客的需求，有选择地挑选代表性的旅游资源。因此在产品推介时应说明景点名称、游览所需时间、是否门票自理等，必要时作适当描述，对于观光型的旅行社产品更应着力推介其景区特色和知名景点。

5. 购

旅游购物对于丰富旅游活动内容，满足游客需求，增加旅游收入有着十分重要的作用。但是根据 2013 年 10 月新颁布的《旅游法》规定：旅行社组织、接待旅游者，不得指定具体购物场所，不得安排另行付费旅游项目。但是，经双方协商一致或者旅游者要求，且不影响其他旅游者行程安排的除外。因此，对于旅行社组织的旅游购物点购物项目，今后将不会出现在旅游产品的行程安排之中。

6. 险

通常谈到的旅游保险有两种：一种是旅行社责任险，一种是旅游意外伤害险。根据国家旅游局目前的规定，正规的旅行社必须投保旅行社责任险，游客一旦参加旅行社组织的旅游活动，就可享有该项保险的权益。对于旅游意外险，旅行社只是向游客推荐，并不强制购买。因此在推介旅行社产品时，门市服务人员还需建议游客自行购买旅游意外险。最常见的旅游人身意外伤害保险，保险期限多为几天，所以价格比较低廉，通常保险费 1 元就可对应高达 1 万元的保额。这两年，旅游保险创新品种较多，如包含了攀岩、跳伞等高风险活动的保险以及对飞机延误，行李、护照、财物等被盗的理赔保障等。

7. 签

对于出境游产品，旅行社还需为旅游者代办签证或通行证、入台证等。因此在推荐出境游产品或签证单项服务产品时，门市服务人员应告诉旅游者办理所需的材料［签证申请表、彩色护照照片、护照原件（有效期至少半年以上，并有空白页）、户口簿、个人经济担保、身份证、单位证明等］，以及递交材料的时限。

8. 导

导游服务方面一般不是门市人员推介产品时的重点内容，但对于那些不派领队和全陪导游，由地陪导游直接在旅游目的地接机（车、船）的旅游线路，则需预先向旅游者说明情况。此外对于出境游产品，支付给导游司机的小费一般不包括在团费里面，具体金额需向游客说明。

三、旅行社产品的类型

旅行社产品的类型有多种划分标准。按照旅游目的地，可以分为周边游、国内游、出境游产品；按照产品档次高低可以分为豪华游、标准游和经济游产品；按照旅游者出游动机分为观光型、度假型、商务型和其他专项产品；按照组团方式分为散客拼团型和自组包团型产品。

1. 周边游、国内游、出境游产品

周边游产品一般旅游目的地周边600千米以内区域，旅游交通工具多为大巴，旅游费用一般在1500元以内，游览时间在1～3天，但也有度假型的周边游产品，时间和费用都可能突破上述标准。

国内游产品顾名思义是指以国内各省市为旅游目的地的旅行社产品，又可分为中线产品和长线产品。旅游交通工具基本为火车和飞机，旅游费用一般在5000元以内，游览时间在2～5天，个别西藏、新疆等长线产品，度假型产品的费用和游览时间都会有所提高和增加。

出境游产品的旅游交通工具多为飞机或邮轮，游览时间一般在4天以上，旅游费用基本上在4000元以上。

根据旅游者提出的出游天数和消费标准，门市服务人员基本可以把握可推介的产品类型。

2. 豪华游、标准游和经济游产品

不同档次的产品是由旅游者的消费水平决定的。

豪华游产品的旅游费用较高，住宿条件一般安排四五星级的酒店或邮轮，旅游交通工具多为飞机往返，多为度假游和出境游产品。

标准游产品多为国内常规的观光游览线路，旅游费用适中，住房多安排二三星酒店，用餐多为标准团餐，交通工具多为单飞或双卧，甚至旅游大巴。

经济游产品相对其他两种类型产品价格更加低廉，住宿多为二星以下酒店或旅社，一般为汽车和硬座旅游。考虑到目前旅游者普遍消费水平的提高，此类产品在国内大中城市旅游市场中已不多见。

3. 观光型、度假型、商务型和其他专项产品

观光型产品是旅行社将旅游目的地的自然人文旅游资源作为主要行程安排，组织旅游者进行游览的产品。此类产品一般具有资源知名度高、可进入性大、服务设施多等条件，长期以来一直是国内游和出境游产品的主流，深受广大旅游者的青睐。其优点是能够使旅游者在较短的时间内领略到旅游目的地的主要特色，但由于旅游者参与的项目少，时间紧凑，往往是走马观花，旅游体验度和满意度都不高。观光型产品通常以组团旅游消费为主要形式。

选择度假型产品的旅游者往往希望能从喧闹的城市环境和紧张的工作生活节奏中解脱出来，前往环境优美、安静舒适的度假地短期居住，并进行娱乐、休闲、健身、疗养等消遣活动。度假型产品主要依托海滨、森林、湖畔、草原、温泉、滑雪、乡村等地，且拥有较舒适的住宿条件和环境，行程安排宽松，行程安排时间可以是一两天的周末双休游，也可以长达半月的休假游，行程的距离可以是短途的近郊，也可以是跨洋的海岛，产品的价格可以是千元之内的经济农家乐，也可以是高达几万元的奢华之游。度假型产品以家庭和小团体消费为主，或家庭举家出游，或同事好友共邀前往，故不少自由行产品也多为度假型产品，且产品报价较高，一般高于相同游览时间的跟团游产品。

商务型产品主要面对客户是企事业单位、协会、各类组织、政府机关等，主要包括安排目的地的机票、租车、酒店、会议、翻译、参展等商务活动，而组织安排旅游活动只是辅助内容。商务型产品往往涉及公司单位客户，且费用金额较大，则一般会由旅行社的专业部门负责实施，门市服务人员一般只满足散客的单订机票、酒店、租车等需求，在接待此类大客户时，可以及时将业务移交给专业部门。

4. 散客拼团型和自组包团型产品

散客拼团型产品是门市销售的主要产品，散客是主要的接待对象，一般旅游行程安排和价格都已相对固定，一旦接待散客的报名达到出团人数，即可成团。门市服务人员的主要服务对象就是购买散客拼团型产品的顾客。

自组包团型产品主要面向企事业单位团体销售，由旅行社的客户营销部门主要负责推广销售。但门市服务人员平时也会接待此类顾客，而且目前不少游客出行往往是亲朋好友结伴出行，也会提出独立组团的要求。自组包团型产品往往是一团一价一行程，根据旅游者的个性需求进行产品设计，需要组团社和地接社的计调人员经过一定的询价与报价过程，经团体客户确认，才能最终达成旅游行程安排。

相对散客拼团型产品而言，自组包团型产品的推介服务需要门市接待人员具备更专业的知识、技能和熟悉服务流程。

项目15 散客拼团产品推介

散拼团产品目前还是旅行社门市销售的主要内容，也是门市接待人员根据散客旅游者需求的主要推介内容。一名优秀的门市接待人员能够将旅行社产品的一般特征转化为旅游咨询者所向往、所理解、所需要的个性化特征，恰到好处的推介能使门市接待人员掌握销售的主动权，并能刺激旅游咨询者的购买欲望。

职业场景

一天下午，小王接待了一对情侣，他们打算明年元旦结婚，并计划蜜月旅行，想让门市服务人员帮助选择一条旅游线路。小王询问了客人的一些情况之后，非常热心地给他们推荐介绍了多个出行方案。

职场解析

门市的咨询服务只是接触顾客的第一步，是顾客主动向门市服务人员询问旅行社产品。而产品的推介服务则是门市服务人员主动向顾客推荐介绍产品，是咨询服务的后续，更是决定顾客购买行为的关键步骤。

一、推介服务的预备工作

1. 要成为旅行社产品的专家

首先，要精通本旅行社产品的构成、分类、特点、性能和优势，了解其替代产品和关联产品；其次，与本地同类旅行社产品相比，要清楚自身产品的优势，能够提供有信服力的说明依据；再次，要熟悉本社的各种常规线路报价，做到张口即来，准确无误；最后，对当季的主推产品要了解其旅游行程的安排，可以做到绘声绘色地描述，能激发游客的购买欲望。

2. 要了解本旅行社各产品的业务操作流程

不同的旅行社对名下的各产品都有不同的操作流程和规范，如机票的代理、同行价与直客价的区别、签证材料的收取、收据发票的开具、团费优惠的权限等。

3. 要能从顾客的入店举动、咨询问题等言行举止中分析出顾客的出行意图

平时多学习旅游心理、市场营销、旅游服务、旅游游记小说、景点介绍方面的知识，运用多种学科的知识来武装自己的服务技能。

4. 要掌握一些与旅游有关的政策、法律、法规知识

如：《中华人民共和国公民出境入境管理法》、《旅行社条例》、《旅行社条例实施细则》、《旅游区（点）质量等级的划分与评定》、《合同法》、《消费者权益保护法》、《旅行社质量保证金存取管理办法》、《旅行社国内旅游服务质量要求》、《星级饭店客房用品质量与配备要求》、《旅行社出境旅游服务质量》、《旅游行业对客人服务的基本标准（试行）》以及各地方政府出台的旅行社管理办法和旅游条例等。

二、主动推介的时机

（1）顾客咨询问题之后随即给予推介。

（2）顾客较长时间关注某条宣传材料时。

（3）顾客从青睐的线路产品中抬起头来时。

（4）顾客似乎在某类线路的宣传资料前上下查询比较时。

（5）顾客在左右盼顾门市服务人员时。

（6）顾客开门见山要求给予推介时。

这六种情景下，意味着顾客已经有关注的旅行社产品对象，或者希望能从门市服务人员处得到更加细致和确切的介绍和解答，门市服务人员可以对顾客说诸如此类的服务用语来接触搭话："这条线路现在报名的很多啊"、"这条线路报名马上截止，还有最后两天了"、"现在去济州岛季节正好合适"、"有什么需要我帮助的吗"、"我们去香港澳门的线路很多的，要不要我介绍下"、"这个季节去北方主要看雪景，假如你想度假的话不妨看看海岛的线路"……

三、旅行社产品推介的内容

（1）顾客对产品的所问内容。这是门市服务人员首先需要进行推介的，以满足顾客的"急切"需求。

（2）产品的概况。包括旅游目的地、游览天数、旅游费用等。

（3）产品的"卖点"。包括产品的性价比、畅销程度、行程安排的合理性和优势等。

（4）类比和对比的其他产品。简要说明这类产品，来突出咨询产品的优势；或者顾客咨询的产品并不能满足其需求，借此类产品来引导顾客的理性和良性消费。

（5）其他需要特别说明的问题。如报名缴费截止期、签证材料递交截止期、特殊的行程安排等。

四、产品的推介技巧

1. 预设范围

产品推介前应先根据顾客需求预设一定的产品"范围"，以避免推介的盲目性。在旅游目的地、游览天数、预设费用、出行时间、出游动机 4 个要素之中至少挑选一个作为推介的"范围"，如：国内游、4 天之内、预算 3000 元之内、清明小长假期间、度假游等。

2. 重点突出

将顾客的购买关注点依照重要程度进行排列，如：价格、时间、目的地等，把产品能够给顾客带来的最大关注点放在前面，依次介绍给顾客。

3. 互动沟通

推介活动尽管是门市服务人员占据主动地位，但还是需要不断地与顾客沟通，从顾客的言行举止上得到反馈，及时调整自己推介的方向和内容，使推介的产品步步为营地满足顾客的诸多需求。

4. 降低期望

出门游玩前顾客往往抱有很高的期望值，但目前国内旅游市场的现状决定了在行程安排中难免会有不尽如人意的方面，而且不同的旅游景观对于不同游客的欣赏体验满足度是不一样的。因此，门市服务人员要向顾客强调说明可能出现的行程安排缺陷，尤其是旅游旺季，绝对不能向顾客保证如何如何好之类的大话，应实事求是，让顾客做好充分的思想准备。如：我国港澳地区的星级酒店，除了个别的知名高星级、高价位酒店，哪怕是有些四星酒店的床都可能很窄，房间也很小，与国内的星级酒店有一定的差距。

五、散客拼团产品推介流程

1. 谈话询问，把握意向

这是门市产品推介的最初环节。通过与顾客的谈话交流，并主动询问其出行的关键要素（目的地、时间和预算），以此来了解顾客的出行意向。

2. 分析需求，提供参考

这是最考验门市服务人员工作经验的阶段。在了解顾客的出行意向后，门市服务人员应在心中迅速分析其需求，并与本旅行社的产品进行配对，力求当即做出反应，给顾客提供一个或多个参考方案，然后稍加介绍，供其选择。

3. 解释内容，消除疑义

当你把参考的出行方案给予顾客后，应给他们一定的浏览或了解的时间。在他们表现出疑惑表情或提问时，门市服务人员应及时地进行详细解释，同时抛出本产品的“卖点”，以消除他们心中的疑虑。

4. 把握时机，促成购买

假如顾客流露出进一步了解产品详情的言行举止时，说明门市服务人员的推介有了成效，这时就需要我们继续趁热打铁、解疑答惑，说明该产品正是顾客所需求的，促成其购买行为的发生。

职业操练

1. 浏览春秋旅行社的官网（www.springtour.com），列出其产品的分类、优势和当季的主推产品。

2. 详细阅读春秋旅行社的港澳游产品，罗列其中不同产品的特点和区别，说明其对应的产品类别。

3. 同学两两一组，模拟不同需求（观光、度假、购物、商务、蜜月等）的顾客和门市服务人员之间的港澳游产品推介过程，并写出对话过程。

职业拓展：

不同类别顾客的产品购买倾向及推介技巧

1. 不同性别旅游者产品购买倾向及推介技巧

顾客类型	产品购买倾向	产品推介技巧
男性旅游者	购买理智且具有目的性； 比较自信，不喜欢门市服务人员喋喋不休地介绍，常不主动咨询和寻求帮助； 希望迅速完成交易	发现他们对产品的疑惑时，要及时给予推介帮助。推介时要重点突出，言简意赅

续表

顾客类型	产品购买倾向	产品推介技巧
女性旅游者	比较愿意接受门市服务人员的建议； 咨询提问比较细致； 对产品价格敏感度较高； 挑选产品喜欢比较，十分细致； 购买行为易受外界因素影响	耐心细致地给予推荐介绍，可以提供推荐多个方案，对报价给予必要的解释说明

2. 不同年龄旅游者产品购买倾向及推介技巧

顾客类型	产品购买倾向	产品推介技巧
老年旅游者	更青睐传统旅游线路； 希望得到尊重和帮助； 对产品的行程安排要求宽松； 对价格比较敏感	推荐经典、性价比高、体能消耗不大的产品，态度耐心细致，语速要缓
中年旅游者	购买理智，讲究经济，对出游有预算； 对休闲型产品和知名旅游目的地情有独钟	推介前需了解顾客过去的旅游经历，推介时关注顾客的表情反应和疑问，推介后要主动询问对产品的意见
青年旅游者	对旅游时尚产品反应敏感，喜欢询问新颖的产品； 购买动机易受好友同事介绍的影响； 对产品类别不挑剔，但容易受情侣的影响	在问清预算之后，推荐旅游时尚产品，强调产品的突出卖点，介绍时一些传统文化的行程内容可以省略

3. 不同收入旅游者产品购买倾向及推介技巧

顾客类型	产品购买倾向	产品推介技巧
高收入旅游者	注重旅游线路的品质； 对行程中的食、住、行、游、购、娱各方面的安排都比较在意； 更乐意和与自己收入相当的人去旅游； 出行时间限定范围较小	推荐高端或豪华游产品，说明产品报名的名额有限，强调旅游六要素安排与众不同的方面，主动提供后续服务
低收入旅游者	挑选产品十分慎重，更在意旅游产品的价格； 比较愿意接受门市服务人员的建议，但不太敢主动咨询	推介价位相对较低但旅游性价比较高的产品，主动提供咨询推介服务，避免使用旅游专业术语，多提示旅游出行注意事项

4. 不同家庭情况旅游者产品购买倾向及推介技巧

顾客类型	产品购买倾向	产品推介技巧
年轻单身旅游者	几乎没有经济负担； 时尚的带头人； 浪漫、炫耀、体验、娱乐导向型购买	推介产品能够与其个人旅游偏好相符合，建议其结伴同行，否则会增加旅游费用
丁客夫妻（无子女）旅游者	经济条件比较好； 购买能力强； 热衷休闲浪漫型度假产品	推介豪华型的自由行产品，酒店安排需独具魅力，推介时多关注女士的购买倾向，并适时提及购物方面的行程安排
年轻夫妻+幼童旅游者	行程距离不会太远，交通工具要求舒适，适合儿童的海滨产品是不二之选	推介时强调食、住、行、游方面对携带儿童旅游的便利性，消除父母的顾虑
年轻夫妻+青少年旅游者	注重档次较高的产品及旅程能给子女带来的教育意义； 对文化、体验、游学等产品感兴趣	推介文化品位高、体验感强的产品，如迪斯尼产品、历史文化名城产品
成年子女带年老父母旅游者	较多购买休闲、度假、体力消耗不大的旅游产品； 注重行程安排的舒适	推介时细述舒适宽松的行程安排，赞赏其对父母的孝心

项目16　自组包团产品推介

自组包团产品主要以企事业单位团体采购为主，但是随着当前越来越多的人对个性化旅游产品的追求，不少旅游者会与旅行社商谈自行选定行程安排，进行旅行社产品定制。相比散客拼团产品而言，此类产品涉及的费用较高，所以往往是旅行社的最大赢利点所在，也是门市接待人员提成收入的重要组成部分，因此它的推介服务尤显重要。

职业场景

重阳节临近，某天下午，小王接待了来自 ×× 单位的工会负责人吴女士。×× 单位工会准备在重阳节时组织退休职工周边二日游，想让门市服务人员帮助设计行程安排。小王询问了客人的一些情况后，当即为其提供了两个周边旅游目的地方案，并与吴女士约定第二天上门为其递送详细的行程安排和报价。

职场解析

自组包团旅游是根据旅游者个人或团体的需求，以旅游者为主导进行旅游行程安排设计，独立成团进行的旅游。通俗地说就是根据自己的喜好和需求定制行程的旅行方式。这种模式能够给旅游者带来最个性化的服务。

一、自组包团产品推介流程

自组包团产品的推介过程中，需要旅游者或旅游者代表与门市服务人员商议行程安排，产品的价格需要进行核算。而对于散客拼团产品，则由门市服务人员直接推介，行程安排不做改动，价格也已基本确定。

1. 谈话询问，把握意向

这个环节同样也是门市服务人员进行产品推介的最初环节，但面对有自组包团意向的旅游者或其代表，门市服务人员除了要了解掌握其出行的关键要素（目的地、时间和预算），还要知道其人数、身份、年龄等团队人员信息，因为这些信息会直接影响之后的团费核算。

2. 分析需求，提供方案

门市服务人员应尽可能地利用旅行社现有的线路产品，为顾客提供一个或多个参考方案，并介绍提供这些参考方案的理由，由顾客进行比较和选择。除非顾客提出本旅行社未曾经营过的旅游目的地，门市服务人员应尽量在现有销售的产品中为顾客进行行程安排方面的调整，而且调整内容越少越有利于之后的计调操作和费用核算。假如顾客要求前往本旅行社常规线路之外的旅游目的地时，门市服务人员可以推介其他替代或相关类似产品，也可以向顾客说明选择这条线路的确与众不同，但需要对行程安排和价格仔细安排落实，敬请客人留下联系方式，便于之后沟通。

3. 初定购买，细核报价

由于自组包团产品所涉及的行程安排和人数都是依据顾客的需求特定，因此这个环节与散客拼团产品推介过程有所不同，当旅游者或旅游者代表表示初步的购买意向后，门市服务人员则需敬请顾客等候，行程设计和费用都需由后台计调人员进一步落实和核算。若是中小型旅行社，门市计调人员身兼数职的话，则由接待人员或门市主管直接操作。若计调与核算工作较为简单的话，只需顾客稍候片刻即可；若操作时间较长，则可敬请顾客留下联系方式，承诺待完成后第一时间联系或登门拜访。为了体现本旅行社工作的负责态度，门市接待人员应向顾客解释行程落实和团费核算工作的复杂性。

4. 发布产品，等候确认

当行程设计和费用核算完成后，通过电话、邮件、传真等形式第一时间通知客人，对于大客户、新客户还可登门拜访，听取意见，避免因自身的时间拖延而造成客户的流失。在联系客人的过程中，服务人员应详细解释产品落实安排的情况，突出说明符合顾客需求的要点，给予顾客一定的考虑时间，等候其最后的确认，或再次提出修改意见。

5. 完善细节，确定购买

当顾客表示认可或提出细微的修改后，门市服务人员应协同计调部门进一步完善和细化行程安排，同时应及时提出预付订金、签订合同的要求。

二、提供出行方案的技巧

1. 直截了当

对于冲动型和随意型等顾客，或遇门市顾客接待旺季，可以采取直截了当的推介方法，将最符合顾客需求的一项产品直接推荐给对方。这种办法简单明了，可以快速地促成交易，节省销售的时间，提高工作效率。

2. 择优而行

对于犹豫不决或者爱挑三拣四的顾客，门市服务人员在推荐时可以介绍两项符合他们需求的产品，让其从中二选一，而不是让顾客在买与不买之间进行选择。这样可以降低顾客选择难度，同时又有效地促成交易。

3. 机不可失

对于已经对某项产品有初步意向，但还意图到其他旅行社进行比较的顾客，或者是旅游旺季前夕报名火爆的时候，应及时地建议顾客立即采取订购行动，以抓住即将消失的利益和机会，如仅限今日优惠、报名额度有限等。要使顾客感到现在若不决定，很有可能就名额已满，或价格上涨。

4. 旁敲侧击

顾客假如对于门市服务人员推介的产品存在着疑虑，迟迟不愿做出购买决定时，推介人员应及时地利用图片、宣传资料、详细的行程单、客户反馈等旁证材料，来证明顾客的异议不会成立，从而促使顾客做出购买决定。

5. 额外赠送

门市服务人员通常都会有一些特殊的惠客权限，如最终折扣价、赠送礼品、免费保险、免收签证费、儿童免单、优惠升舱、改海景房等。假如在推介的最后阶段，仍不能使顾客做出购买决定的话，门市服务人员可以通过提供上述优惠条件来吸引顾客，以促使顾客立刻购买。

三、顾客的购买信号

这是指顾客在推介过程中所表现出来的各种成交意向。有利的成交机会，往往稍纵即逝，虽然短暂，但并非无迹可寻。顾客有了购买欲望时往往会发出一些购买信号，有时这种信号是下意识发出的，顾客自己也许并没有强烈地感觉到或不愿意承认自己已经被门市接待人员说服，但他的语言或行为会告诉门市接待人员可以和其做买卖了。对于门市接待人员来说，准确地把握时机是相当重要的。顾客没有发出购买信号就说明你工作还没有做到位，还应该进一步刺激而不宜过早地提出交易。

1. 语言信号

与顾客推介过程中，门市接待人员不要只顾自己滔滔不绝地介绍旅行社产品，要关注顾客语言上的细微反应。当顾客问及旅行社产品相关的一些具体细节问题，并积极地讨论时，说明其很可能有了购买意向，这时门市服务人员一定要特别加以关注。客户提出的问题越多，说明产品销售成功的希望也就越大。顾客表露出来的语言信号包括：

（1）询问具体细节安排。如航班的时间、景点停留的时间、自由活动的时间、客房能够加床、签证要准备什么材料、旅游当地的天气情况、出入境的政策等。假如顾客不想购买的话，不会浪费时间询问这些产品的细节问题。

（2）询问产品价格。通常情况下，假如顾客不想购买的话，也不会浪费时间询问产品价格。询问价格一般有两种情况：

第一种是二次询价，顾客的第一次询价一般发生在入店看到心仪的产品后不久，这不一定是购买信号，只是顾客想确认所报价格是不是在其预算开销范围之内，或者与其他旅行社所报价格进行比较。而当顾客与门市服务人员在进行充分推介交流后发出的第二次询价，就是顾客发出意欲购买信号。

第二种是讨价还价。这是最为明显的购买信号之一，顾客不一定马上做出购买决定，但这个信号告诉门市服务人员，顾客已经准备把本旅行社产品纳入其考虑范围之内。在最后的几家旅行社产品比较之后，假如本旅行社的产品性价比最高的话，顾客肯定会毅然决定购买。

（3）询问产品服务。如能否上门签合同、能否安排市内接送机场服务、能否上门收取签证材料、导游领队的专业服务技能如何等。只有决意购买本旅行社产品的顾客，才会问及这些有关产品的服务细节问题。

（4）征求亲朋好友意见。在产品的推介过程中，顾客向陪同的客人征求意见，或者直接电话询问亲朋好友，解释产品的情况，询问他们的意见，这都说明顾客对本旅行社的产品认可度在增强，一旦得到亲朋好友的求证和认可，产品的成功销售随即而来。在与顾客的谈话过程中，如门市服务人员听出顾客对产品的异议，应及时给予解答，消除疑惑。

（5）询问付款细节。普通散客客户会问：能否使用信用卡？是现付订金还是一次付清？小费怎么付？最迟付款期限是什么时候？对于企事业单位客户，他们会问：能够转账或支票支付？你们的银行账号多少？对于上述问题，门市服务人员可以根据旅行社的财务制度一一解答，与此同时也说明了这笔业务的销售很成功。

2. 行为信号

经过一系列的推介过程之后，潜在的顾客在最终做出购买决策时，往往还会通过一些非语言的行为信号表现出来，若此时门市服务人员能够及时、准确地意识到其潜在的购买信号，抓住时机，有效地促成顾客签订旅游合同，必能达成交易。根据大量的门市服务人员的销售实战经验，潜在顾客在做出最终的购买决策后通常会发出如下几种明显行为信号：

（1）由靠背而坐转而身体前倾。

（2）对推介的兴趣点频频点头认可。

（3）低头若有所思片刻。

（4）再次浏览阅读行程安排。

（5）说出自己掌握有关这类产品的信息。

（6）对门市接待人员的态度明显好转。

（7）询问旁人的意见。

职业操练

1. 从春秋旅行社的产品中挑选一条周边二日游线路，结合“职业场景”中的实例，对旅游线路进行修改，以符合顾客的需求。

2. 模拟“职业场景”实例中门市服务人员与客户之间的产品推介过程进行对话。

3. 按照“提供出行方案的技巧”中的5个技巧，设计5段门市服务人员与客户之间的产品推介过程对话。

拓展阅读

价格商谈原则

1. 价格最后原则

门市服务人员在推介产品的过程中，不可避免地要与顾客谈及价格问题，除非对方已经多方比较过产品和价格，或者是面对价格敏感型顾客，否则的话报价和讨价还价一定是摆在推介的最后，有关产品的价值和服务应是门市服务人员推介的首选。

2. 轻易不降原则

门市销售人员需要清晰地知道，无论你怎样降低价格，顾客也永远认为你在赚钱，而不会赔本。无论你怎样强调打折，没有利润，顾客永远不会相信这是事实。既然顾客摆明了其他旅行社的价格，门市服务人员也应再次强调本旅行社与众不同的档次、实力和服务，提升本旅行社的价值，刺激顾客的购买决定。

3. 加价优惠原则

有时降价未必能够达到促销的效果，轻易地降价反而会给顾客带来“产品价格虚高”“可能还可以再便宜些”“产品品质不高”的错觉。因此门市服务人员不妨反其道而行，采取加价策略，和顾客说：“假如你现在报名参加这条线路的话，那么你只需要再加 ×× 块，我们就为你升为商务舱（海景房、五星酒店、赠送SPA……），否则平时的话，至少需要加 ×× 元。”这样既提升了顾客自身的旅游品质，又避免了旅行社陷入“降低价格——降低服务”的恶性循环，同时顾客心里还会意识到自己用较低的成本换来了更大的优惠。

单元06

手续办理

在完成旅游产品推介后，假如门市服务人员与顾客只达成了产品买卖的口头协议是不够的，双方需要签订书面的旅游合同，并交付相关费用、开具发票，才能正式确立双方的服务与被服务的权利义务，这是维护旅游者和旅行社合法权益的基本保证。因此当顾客决定购买旅行社产品后，门市服务人员应及时为其办理相关手续。

项目17 签订国内旅游合同

国内旅游服务，指旅行社依据《旅行社条例》等法律法规，组织旅游者在中华人民共和国境内（不含香港、澳门、台湾地区）旅游，代订公共交通客票，安排餐饮、住宿、游览等服务活动。依据《旅行社条例》的规定，旅行社提供国内旅游服务，必须与旅游者签订旅游合同。

职业场景

昨天下午，小王接待了一对情侣。他们今天上午又来到了旅行社的门市部，一见到小王，立刻走了上来，说："我们昨晚已经商量好了，就接受你的推荐，去三亚度蜜月，参加你们的11月8号的三亚旅游团。"于是，小王立刻与他们签订了旅游合同。

职场解析

与旅游者或旅游者代表签订旅游合同是门市服务人员的基本工作内容之一，也是其必须掌握的基本技能之一。2010 年 4 月，国家旅游局会同国家工商行政管理总局推出的旅游合同示范文本中就包含了《团队国内旅游合同》，它具有指导性、规范性、公平性和可操作性的特点，对提高旅游行业规范经营的水平，加强旅游市场监督管理具有指导意义。随着《旅游法》的颁布和相关规定要求，有关购物和自费项目的条款将不能出现在合同之中，而与《旅游法》配套的示范合同文本尚未发布。因此它仍是目前各地方旅游管理部门或旅行社制定的国内旅游合同最主要的参照蓝本。

1.《上海市境内旅游合同》示范文本（2013 版）

合同编号：________________

上海市境内旅游合同

（示范文本）

（2013 版）

上海市工商行政管理局
制定
上 海 市 旅 游 局

使 用 说 明

一、本合同为示范文本，供旅游者参加境内旅游（不含赴港、澳、台地区旅游及边境游）与旅行社签订团队境内旅游合同时使用。旅游者应选择具有合法经营旅游业务资格的旅行社。旅行社应具有旅游行政管理部门颁发的《旅行社业务经营许可证》和工商行政管理部门颁发的《营业执照》。

二、旅游前，旅行社应当与旅游者签订书面旅游合同，旅游者在交付费用后，旅行社应开具发票。

三、旅游者应结合自身身体状况选择旅游产品及项目。

四、旅行社委托组团、拼团的，须事先告知旅游者并在本合同中载明。拼团，指旅行社在保证所承诺的服务内容和标准不变的前提下，在签订合同时经旅游者同意，与其他旅行社招徕的旅游者拼成一个团统一安排旅游服务的行为。

五、旅游者与旅行社通过互联网在线旅游网站签订合同的可使用本合同电子版。

六、在填写本合同第二条“行程与标准”和“旅游行程单”时，旅行社应以准确、明晰的语言表述，不得出现“准 × 星级”、“相当于 × 星级”、“豪华”、“仅供参考”、“与 × × 同级”等模糊不确定性用语。

七、旅游者有权自主选择旅游产品和服务，有权拒绝旅行社的强制交易行为。

八、旅行社在签订合同时应注明该旅游项目所包含的景点门票及住宿、餐饮、交通标准、导游服务等相关内容。

九、旅行社制定补充条款对本合同示范文本有关条款的内容进行补充、细化的，补充条款的内容不得减轻或者免除应当由旅行社承担的责任。

十、本合同示范文本是《上海市国内旅游合同示范文本（2009 版）》修改版本，自本版本下发之日起使用，今后凡未制定新的版本前，本版本延续使用。

十一、旅游咨询与投诉机构：

1. 上海市旅游质量监督所

地　　址：中山西路 2525 号

邮　　编：200030

投诉电话：64393615、962020

2. 上海市消费者申（投）诉举报中心

举报投诉电话：12315

3. 上海市文化市场行政执法总队

地　　址：永嘉路 383 号

邮　　编：200040

旅游违法违规举报电话：12318

合同编号：____________

上海市境内旅游合同
（2013版）

甲方（旅游者或旅游团体）：____________

乙方（旅行社）：____________

经营许可证编号：____________

经营范围：____________

为保证旅游服务质量，明确合同当事人的权利义务，根据《中华人民共和国合同法》、《中华人民共和国旅游法》、《旅行社条例》等有关法律法规的规定，双方经过协商一致，达成如下协议：

第一条　合同标的

旅游产品名称____________。

团　　号____________。

组团方式（三选一）

□ 自行组团

□ 委托组团（委托社全称____________）。

□ 拼　团（其他社全称____________）。

出发日期____________，出发地点____________。

途经地点（经停地点）____________。

目的地____________。

结束日期____________，返回地点____________。

第二条　行程与标准（乙方提供旅游行程单，须含下列要素）

景点名称和游览时间____________。

往返交通____________，标准____________。

游览交通____________，标准____________。

旅游者自由活动时间____________，次数____________。

住宿安排（名称）及标准和住宿天数____________。

用餐次数 ____________，标准 ______________________________。

地接社名称 ____________，地址 ____________________________。

地接社联系人 __________________，联系电话 ______________。

导游服务（□全陪；□地陪）。

第三条　旅游者保险

乙方提示甲方购买旅游意外险。经乙方推荐，甲方 ______（应填同意或不同意，打钩无效）委托乙方办理个人投保的旅游意外保险。

保险公司及产品名称：______________________________________。

保险金额：______ 元，保险费：______ 元。

第四条　旅游费用及其支付

甲方应交付旅游费用 ______ 元，大写 ____________ 元。（含导游服务费用 ______ 元/人，合计 ______ 元）。

旅游费用交付期限 ______________________________________。

旅游费用交付方式　□现金；□支票；□信用卡；

□其他 ______________________________。

第五条　双方的权利义务

（一）甲方的权利与义务

1. 甲方应自觉遵守旅游文明行为规范，尊重旅游目的地的风俗习惯、文化传统和宗教禁忌，爱护旅游资源，保护生态环境。甲方在旅游活动中应遵守《中国公民国内旅游文明行为公约》和安全警示规定，遵守团队纪律，配合乙方完成合同约定的旅游行程。

2. 甲方有权知悉其购买的旅游产品和服务的真实情况，有权要求乙方按照约定提供产品和服务，拒绝乙方未经协商一致指定具体购物场所，安排另行付费旅游项目的行为。

3. 甲方有权拒绝乙方未经事先协商一致的转团、拼团行为。

4. 在旅游过程中，甲方应自行保管好随身携带的财物。

5. 在自行安排活动期间，甲方应在自己能够控制风险的范围内活动，选择自己能够控制风险的活动项目，并对自己的安全负责。

6. 行程中发生纠纷，甲方应与乙方平等协商解决，不得损害乙方的合法权益，不得以拒绝上、下机（车、船）等行为拖延行程或者脱团，否则应当就扩大的损失承担赔偿责任。

7. 甲方在签订合同或者填写各种材料时，应当使用有效身份证件，并对填写信息的真实性、有效性负责。限制民事行为能力人单独出行的，须由监护人书面同意。

8. 甲方购买旅游产品、接受旅游服务时，应当如实告知与旅游活动相关的个人健康信息，参加适合自身条件的旅游活动，遵守旅游活动中的安全警示要求，配合有关部门、机构或乙方采取的安全防范和应急处理措施。

9. 甲方不能成行的，可以让具备参加本次旅游条件的第三人代为履行合同，并及时通知乙方。因代为履行合同增加或减少的费用，双方应按实结算。

（二）乙方的权利与义务

1. 乙方不得以不合理的低价组织旅游活动，诱骗旅游者，并通过安排购物或者另行付费旅游项目获取回扣等不正当利益。

2. 乙方提供旅游行程单应与本合同团号一致，经双方签字或者盖章确认后作为本合同的组成部分。

3. 乙方应在出团前，如实告知相关旅游服务项目和标准，提醒甲方遵守旅游文明行为规范，尊重旅游目的地的风俗习惯、文化传统、宗教禁忌。在合同订立时及履行中，乙方应对旅游中可能危及甲方人身、财产安全的情况，作出真实说明和明确警示，并采取防止危害发生的适当措施（可另附安全告知书，由甲方确认签字）。

4. 甲方属老年人等特殊群体凭有效证件可享受旅游景点门票优惠的，双方对该旅游景点门票价格可在补充条款中另行约定。

5. 因航空、轮船、铁路运输等费用遇政策性调价导致合同总价发生变更的，双方应按实结算。

6. 乙方按照合同约定，为旅游团队委派的导游人员，应持有国家规定的导游证。

7. 甲方有下列情形之一的，乙方可以解除合同：

（1）患有传染病等疾病，可能危害其他旅游者健康和安全的；

（2）携带危害公共安全的物品且不同意交有关部门处理的；

（3）从事违法或者违反社会公德的活动的；

（4）从事严重影响其他旅游者权益的活动，且不听劝阻、不能制止的；

（5）法律规定的其他情形。

因前款情形解除合同的，乙方应当按本合同第六条扣除必要的费用后，将余款退还甲方；给乙方造成损失的，甲方应当依法承担赔偿责任。

8. 成团人数与不成团的约定（二选一）

□ 最低成团人数 ______ 人；低于此人数不能成团时，乙方应当提前 7 日通知甲方，本合同解除，向甲方退还已收取的全部费用。

□ 本团成团不受最低人数限制。

第六条　甲方解除合同及承担必要费用

因甲方自身原因导致合同解除，乙方按下列标准扣除必要费用后，将余款退还甲方（二选一）

□（一）双方可以进行约定并从其约定：

1. 在行程前解除合同的，必要的费用扣除标准为：

（1）行程前 ___ 日至 ___ 日，旅游费用 ___%；

（2）行程前 ___ 日至 ___ 日，旅游费用 ___%；

（3）行程开始当日，旅游费用 ___%。

甲方行程前逾期支付旅游费用超过 ___ 日的，或者甲方未按约定时间到达约定集合出发地点，也未能在中途加入旅游团队的，乙方可以视为甲方解除合同，乙方可以按本款约定扣除必要的费用后，将余款退还甲方。

2. 在行程中解除合同的，必要的费用扣除标准为：

旅游费用 –（　　）–（　　）–（　　）–（　　）

□（二）双方没有约定的，按照下列标准扣除必要的费用。

1. 在行程前解除合同的，机（车、船）票费用按实结算后，其余必要的费用扣除标准为：

（1）行程前 7 日至 4 日，旅游费用 10%；

（2）行程前 3 日至 1 日，旅游费用 20%；

（3）行程开始当日，旅游费用 30%。

甲方行程前逾期支付旅游费用超过 ___ 日的，或者甲方未按约定时间到达约定集合出发地点，也未能在中途加入旅游团队的，乙方可以视为甲方解除合同，乙方可以按本款规定扣除必要的费用后，将余款退还甲方。

2. 在行程中解除合同的，必要的费用扣除标准为：

（旅游费用 – 旅游费用 × 行程开始当日扣除比例）÷ 旅游天数 × 已经出游的天数 + 旅游费用 × 行程开始当日扣除比例。

如按上述 1、2 方式支付的必要的费用低于实际发生的费用，按照实际发生的费用扣除，但最高额不应超过旅游费用总额。

行程前解除合同的，乙方扣除必要的费用后，应当在合同解除之日起_____个工作日内向甲方退还剩余旅游费用；

行程中解除合同的，乙方扣除必要的费用后，应当在协助甲方返回出发地或者到达甲方指定的合理地点后____个工作日内向甲方退还剩余旅游费用。

第七条　违约责任

（一）乙方在行程前7日以内（不含第7日，下同）提出解除合同的，向甲方退还全额旅游费用，并按下列标准向甲方支付违约金（二选一）

□ 1. 双方可以进行约定并从其约定。

（1）行程前___日至___日，支付旅游费用总额___%的违约金；

（2）行程前___日至___日，支付旅游费用总额___%的违约金；

（3）行程开始当日，支付旅游费用总额___%的违约金。

□ 2. 双方没有约定的，按照下列标准承担违约责任。

（1）行程前7日至4日，支付旅游费用10%的违约金；

（2）行程前3日至1日，支付旅游费用总额15%的违约金；

（3）行程开始当日，支付旅游费用20%的违约金。

如上述违约金不足以赔偿甲方的实际损失，乙方应当按实际损失对甲方予以赔偿。

乙方应当在取消出团通知到达日起___个工作日内，向甲方退还全额旅游费用并支付违约金。

（二）甲方逾期支付旅游费用的，应当每日按照逾期支付部分旅游费用的___%，向乙方支付违约金。

（三）甲方提供的个人信息及相关材料不真实而造成损失，由其自行承担；如给乙方造成损失的，甲方还应当承担赔偿责任。

（四）甲方因不听从乙方的劝告、提示而影响团队行程，给乙方造成损失的，应当承担相应的赔偿责任。

（五）乙方未按合同约定标准提供交通、住宿、餐饮等服务，或者未经甲方同意调整旅游行程，给甲方造成损失的，责任由乙方承担。

（六）乙方未经甲方同意，擅自将旅游者转团、拼团的，甲方在行程前（不含当日）得知的，有权解除合同，乙方全额退还已交旅游费用，并按旅游费用的15%支付违约金；甲方在行程开始当日或者行程开始后得知的，乙方应当按旅游费用的25%支付违约金。如违约金不足以赔偿甲方的实际损失，乙方应当按实际损失对旅游者予以赔偿。

（七）乙方未经与甲方协商一致或者未经甲方要求，指定具体购物场所或安排另行付费旅游项目的，甲方有权在旅游行程结束后三十日内，要求乙方为其办理退货并先行垫付退货货款，或者退还另行付费旅游项目的费用。

（八）乙方具备履行条件，经甲方要求仍拒绝履行合同，造成甲方人身损害、滞留等严重后果的，甲方除要求乙方承担相应的赔偿责任外，还可以要求乙方支付旅游费用 ___ 倍（一倍以上三倍以下）的赔偿金。

（九）其他违约责任：____。

第八条　争议解决方式

双方发生争议的，可协商解决，也可在旅游合同结束之日起90天内向旅游质监机构申请调解，也可向消费者协会等有关部门或者机构申请调解，或提请上海仲裁委员会仲裁（不愿意仲裁而选择向法院提起诉讼的，请双方在签署合同时将此仲裁条款划去）。

第九条　附则

本合同自双方签字或盖章之日起生效，本合同附有行程单、安全告知书和补充条款均为合同的附件，与本合同具有同等的法律效力。

补充条款

甲方签字（盖章）：__________	乙方签字（盖章）：__________
住　　所：__________	营业场所：__________
甲方代表：__________	乙方代表（经办人）：__________
联系电话：__________	联系电话：__________
邮　　编：__________	邮　　编：__________
日　　期：__________	日　　期：__________

二、签订国内旅游合同时的注意事项

旅行社在与顾客签订旅游合同时，为了维护双方的权益和规避风险，应注意以下几个方面：

1. 对参团旅游者的要求

要写清参团人数，在旅游报名表中应如实填写身体状况，并由客人亲笔签名。为了防范旅游风险，老年人参团时，最好要求客人提供医院体检证明。儿童（18岁以下未成年）报名签合同，需在监护人的监督下签订合同，并提交家长书面同意出行书，不能单独与未成年人签订旅游合同。

2. 旅游行程安排单的解释

旅游行程安排单一般由旅行社计调人员或专门的产品策划部门人员制定，在与顾客签订合同之前预先准备打印好，有些大型旅行社的门市服务人员则可以通过旅行社的管理软件中相关模块直接打印而成。

2009年5月1日，《旅行社条例》开始实施，法规对于旅游合同中涉及相关行程安排信息——“吃、住、行、游、购、娱”做出了不少具体规定，这就要求门市服务人员在与顾客签订合同时，不能只提供“旅游行程安排单”了事，必要时还需有针对性地一一加以解释说明和确认。

（1）旅游行程中餐饮服务安排及其标准。旅行社一般不负责大交通旅途过程中的用餐，尤其是火车、飞机以及邮轮上的用餐，所以门市服务人员应说明整个旅游过程中旅行社要负责几餐，几顿正餐几顿早餐，每餐几个菜，几荤几素，几凉几热，主食是什么，有多少，几人一桌，正餐的标准金额，如不足10人一桌，菜品数量依人数酌情增加或减少等内容。

（2）旅游行程中住宿安排及其标准。过去允许有“准二星、准三星”或者“按照二星或三星标准建设的宾馆”等模糊说法，但新《条例》不但要求注明星级，还要求明确旅途中所住酒店的名称。因此，在行程中，旅行社对于不挂星的饭店最好向顾客说明是否为标准间，有无空调或暖气，有无24小时供应热水，有无一次性洗漱用品等详细信息；对于相对简陋的农家乐、渔家乐等住宿条件，应说明是几人间，有无热水，有无室内卫生间，能否洗澡，是否有电视、电话；若是市区的便捷酒店，是否是无窗房等详细信息。单房差的解决办法要写清（如拼房，住三人间，补单房差及金额等）。

（3）旅游行程中交通安排及其标准。旅途中的每一段行程，行程安排中都明确约定交通工具的种类、档次或具备的功能。对汽车团应说明有无空调、多少座等内容，注意避免出现“豪华车”等字样，以免引起不必要的麻烦；对于火车团，则应该说明是硬座还是软座，卧铺是硬卧还是软卧；对于乘坐飞机的应该说明是经济舱还是公务舱，能否升舱，能否退改签票；乘坐游轮（邮轮）应该说明是几等舱、几层，内舱还是外舱。没有拿到大交通的票之前，在合同中不要约定车次、卧铺的位置及时间，可含糊一些。

（4）统一安排的游览项目的具体内容及时间。对于游览的景点，要说明共有几个，名称是什么，是需要门票还是免费开放，有些景点除大门门票外还会有小门票（如登塔费、内部展览参观费等），旅行社一般只提供景点大门票，小门票则由游客自费。另一方面，关于游览项目方面的合同约定就是游览时间，新《条例》要求合同中必须规定每个景点的大致游览时间，这也是门市服务人员需向顾客说明的内容。

（5）旅行社安排的购物次数、停留时间及购物场所的名称。该《条例》的相关规定已经与《旅游法》发生了冲突，因此应以《旅游法》的规定为准，旅行社组织、接待旅游者，不得指定具体购物场所，不得安排另行付费旅游项目。

3. 安全提示

在签订合同的同时，还需要给客人提供两份参团须知或安全告知书之类的文书（具体如下所示），并由客人阅读后亲笔签名，一份交给客人，一份旅行社留档，与合同订在一起。

参团须知·安全告知书

尊敬的客人：

欢迎您参加北京中国国旅旅行团！为了确保您旅行安全和顺畅，我社就旅行中应注意的问题与安全事项向您提示与告知，请您务必仔细阅读。预祝您旅行愉快！

一、签订旅游合同注意事项

1. 请如实认真填写合同中的身体健康状况一栏。

2. 旅游出行前建议购买旅游者人身意外伤害保险。

3. 认真填写报名表，确认姓名和证件号码无误，如因自身原因造成机票或其他失误，一切损失自行承担，旅行社不承担责任。

4. 参加出境旅游，根据出境目的地和客人资料情况，旅行社会要求您在出发前交纳一定数额的出境游保证金，在如期回国后，保证金如数退还；如您发生滞留或未如期回国，则保证金不予退还。请您按期定额交纳并履行相应手续，否则，旅行社将会按照合同通用条款第八条（3）款处理。（注：保证金与使馆要求的财产证明无关，与是否获得签证无关）

二、出团前准备事项

1. 根据当地气候准备应时衣物用品

（1）不同的景点气候多变，老年人易受凉感冒，所以衣服要带够，以便随时增减。穿旅游鞋，请酌情带防晒霜、太阳帽、晴雨伞、墨镜、雨鞋等；上年纪的人带上手杖；山区不宜打伞，请自备雨衣。安排好所需的行李，行李包中如果有易碎的东西请妥善保管。

（2）某些项目只有穿长袖衣裤才适合，因此女游客不要仅带裙子，长袖衣裤都必不可少。

（3）到野生动物保护区游览，应穿中性颜色的衣服，如棕色、米色和土黄色；鲜艳的颜色会令动物不安。同时，尽量穿长袖衣裤，以防被蚊虫叮咬。

（4）因乘坐火车时需经常上下铺，尤其老年人会经常起夜，因此长时间乘坐火车时应准备一双拖鞋。

（5）参加火车团或用不习惯酒店备的一次性洗漱用品的请自备好洗漱用品。

2. 提前检查身体，自备药品

（1）临行前应确保身体健康。如有体质较弱或者曾患病者必须坚持治疗，防止旧病复发。平时需要用药治疗者，出游时切不可遗忘服药。

（2）为防止水土不服或意外，还要带些急救用品及常用药品，如绷带、创可贴、伤湿止痛膏、感冒药、晕车药、止泻药、消炎药、风油精、健胃药、抗过敏药等。有晕车史的要在乘车、乘船前半小时服药。

（3）参加高原、野外、长途旅游，旅行社不建议年龄较大或有高血压、心脏病、糖尿病、身体残疾等不适宜旅游的客人参团旅游，如执意参加必须提前征得医生同意，备好药品，并征得家属子女同意，如因自身原因发生意外，责任自负。

3. 安排好家中相应事宜

（1）如果出游时家中没有留人，请安排好您家的物品投送（如牛奶、报纸、邮件等）；将家中贵重的东西放入保险箱或其他安全的地方；关上自来水龙头、煤气开关，拔下家用电器的电源插头；如有宠物、托付他人代为照看；检查所有门窗的锁，拜托可靠的朋友或邻居不定时察看，自己一定要随身携带家门钥匙并妥善放置，避免旅途中丢失。

（2）把旅行路线留给自己的家人或与你联系的人。检查是否带好了与家庭、单位和亲朋好友联系用的电话号码。

4. 出团时请带好相关证件，如老年证、身份证、军官证、学生证、残疾证、户口簿等，提前向导游出示证件以便导游购买优惠门票，如购买门票后再向导游出示，则无法享受优惠门票。

三、出游中注意事项

1. 认真阅读出团通知，记好旅行社通知的集合时间地点，要在规定的时间内到达指定的地点集合。带好自己的车票、机票、船票。安排好从家中到车站、机场、码头的路线和交通工具；乘飞机请务必带好身份证原件，儿童带好户口簿原件；如因自身原因造成无法登机或延误，一切损失由客人自行承担。

2. 证件机票安全

（1）护照是您在国外唯一有效的身份证明，丢失护照将有很大麻烦。护照须由自己保管（有时由领队保管）。丢失护照将影响您随团继续旅行，可由旅行社导游协助补办护照手续，但所发生费用和机票变更费用需由您自己承担。

（2）机票一旦丢失需自费补票。请注意在每次使用机票换登机牌时，查验清楚只撕了当次飞行段的机票联，如多撕或错撕，机票将无法在下一飞行段使用。

（3）证件和贵重物品，如护照、身份证、机票、现金、支票、邀请函原件和复印件等，请务必随身携带，一定不要放在托运的行李中。

（4）参团机票为团队票，团队票执行航空公司三不准的要求，即："不能改、不能转、不能退"。如您因自身原因取消行程所产生的机票及其他损失，由您自身承担，旅行社不予退还。

3. 在交通工具上注意事项

（1）按照国际惯例，团队办理登机手续，是按客人姓氏的英文字母顺序发给登机牌。因此，如需调整座位，应在飞机起飞且平稳后商量调换，切不可挡住通道，影响其他客人行走。

（2）飞机上用餐时应将座椅靠背调直，以免影响他人。飞机上用餐每人一份，饮料免费，可按需要向服务人员索取。若需服务可按呼叫按钮，不可大呼小叫。飞机上应轻声交谈，以免影响他人休息。

（3）出外旅游携带的行李要求轻便，旅行箱、包要坚固耐用，应尽量避免携带贵重物品，行李如需托运，切勿将现金及贵重物品放在托运行李中。大件行李在办理登机手续时交航空公司托运，托运的行李一定要包装结实并上锁。

（4）请将随身行李放置在行李舱内。放不下的请安置在自己座位下。

（5）搭乘飞机时扣好安全带，不要在飞机上使用手提移动电话等相关电子品，不要在飞机上随意走动。

（6）在车厢内行走，随时扶好把手，不要将手扶在门框上，以免行车时或突发紧急制动造成伤害；在火车上打水不宜过满，3/4 处为宜，以免烫伤；不要在车厢内吸烟，行李要保管好，夜间防止被盗；睡觉时车窗要关闭，以免受凉。

（7）在交通工具上禁止携带易燃易爆、管制刀具等危险物品。乘机、坐车、上船要注意扶梯，在台阶处站稳，乘车时注意颠簸路段及司机急刹车以免扭伤或摔伤身体，途中严禁追跑打闹。勿在车辆行驶过程中任意更换座位，头、脚勿伸出窗外，上下车时请注意来车方向以免发生危险。

（8）乘车晕车者请提前跟导游打招呼，请将前方座位主动留给老、幼、晕车客人乘坐。

（9）班机（火车）抵达目的地后，请您不要急于下飞机（火车）而遗忘物品，注意检查随身行李和物品。

（10）旅行社接团人员会到机场、车站迎接各位，注意看管好自己的手提行李，请尽量和团队在一起，避免走失。

（11）旅行社不保证火车的铺位位置，如您对位置有特别要求，请自行调换解决。

4. 酒店注意事项

（1）入住酒店时请保管好房卡，检查房间内设施（卫浴设备、遥控器、烟缸、毛巾浴巾等）是否有损坏并及时告知酒店，以免退房时发生不必要的麻烦。染发的客人请自备一条毛巾、枕巾或是等发干了再入睡，以免染到酒店枕头上。

（2）在使用房间内物品时，看清是否是免费使用的，如使用非免费物品请看清标价。

（3）出入酒店房间请随手关门并把门窗锁好，不要随便开门或让陌生人进入房间以免上当受骗。

（4）勿将衣物披在灯上或在床上抽烟。相应证件、护照、现金等应寄存在酒店保险箱内，或随身携带。切勿放在酒店房间内，寄存行李或旅行车内。

（5）沐浴时地面、浴缸容易打滑，一定要先把防滑垫放好以防滑倒摔伤。

（6）自由活动期间最好结伴而行，去什么地方最好事先与领队和导游打招呼，并带上酒店名片以免迷路。如发生意外，一定先与全陪和导游联系。

（7）每次退房前，请检查您所携带的行李物品，特别注意您的证件和贵重物品。房间内配备的浴巾、毛巾、手巾、烟缸等物品均不可携带。

5. 景区注意事项

（1）抵达景区游览前，谨记导游交代的集中地点、时间、所乘游览车号，万一走失请于集中地点等候导游返回寻找。

（2）团体旅行时不可擅自脱队，单独离队，如果要脱离团队请征得全陪、导游同意，并随身携带当地所住宿饭店地址、全陪电话及导游电话，以免发生意外。参加团队旅游，要听从领队或导游的指挥安排，不随意活动，以免发生离群、掉队、迷路等事件。要随时注意团队的去向，以免掉队。旅行期间，团友应互敬互谅，配合领队和导游工作，如有违法或者违规行为，领队和导游有权制止或采取相应措施。

（3）行程中或自由活动时尽量不参加危险活动项目，如攀岩、高速摩托艇、水上飞机、高速游轮等项目。如执意要参加，要听从该处工作人员的安排，落实各项安全措施，切忌麻痹大意。带儿童的游客，参加此类活动应照顾好自己的孩子，不要让他们独自活动。身体状况不佳者请勿参加。患有心脏病、肺病、哮喘病、高血压、恐高症者切忌从事水上、高空活动。如有意外发生，我社不承担责任。

（4）因无法预测水下状况，海啸、台风、海蜇、鲨鱼、溺水等意外的发生，旅行社不组织游客参加游泳、潜水等水上或下水项目，如游客执意下水也需根据自身情况仔细斟酌后再下水，不熟悉水性者，切勿独自下水，儿童一定要有家长陪同一起游玩。如有意外发生，我社不承担责任。

（5）搭乘快艇，漂流木筏，参加水上活动，请按规定穿着救生衣，并遵照工作人员的指导进行。如有晕水、晕船者请勿游玩水上项目。

（6）游客在乘坐缆车或其他高空项目时，一定要注意安全，系好安全带。

（7）游客在旅游行程中如出现乏力、多汗、头晕、眼花、心悸等症状时，应及时休息，不可勉强坚持。患有心血管病的老年人，更要加强自我监护。老人易疲劳且不易恢复，旅游中要有充足的休息和睡眠。若感到体力不支，可休息几天或中止旅行。在长时间步行游览时应随时坐下小憩并且随时与全陪、导游联系以便在第一时间得到救护。

（8）在走山路时靠内侧行走，要注意脚下，切记“走路不看景，看景不走路”，紧跟导游避开危险路线，照相时不要拥挤，以免发生意外。

（9）不同的景点气候多变，要随时增减衣服，携带上雨具。行走出汗时不要马上脱衣敞怀。昼夜温差大的地区，睡前要盖好被毯。

（10）出游时，老人最好有亲朋好友陪伴，以免生病或发生意外时无人照顾。为防止老年人跌跤发生伤害，最好佐以手杖；在乘车时，最好选择中间位置及舒适座位，以防晕车引起恶心、呕吐等。自觉维护景区内卫生，不乱扔废物，不在禁烟区抽烟，不要投食喂动物，不往河道湖泊里扔垃圾。

（11）到少数民族地区请注意民族禁忌，尊重当地民俗。

（12）我社郑重提醒旅游者谨慎参加赛车、骑马、攀岩、滑翔、探险、漂流、潜水、游泳、滑雪、滑冰、滑板、跳伞、热气球、蹦极、冲浪等高风险自选活动，若由此造成的人身伤亡或财产损失，我社不负责赔偿。

（13）在自由行过程中您自愿参加的一切活动项目，请充分了解活动的内容并严格遵守活动项目的安全规定。建议您主动购买相关保险。我社对您在此过程中发生的意外不承担任何责任。

（14）参加西藏等高原类旅行，请您在出发前将自己的身体健康状况如实告知，严重心脏病、高血压、肺和血液系统疾病患者不宜进藏或上雪山。我社建议您前往高原前最好去正规医院进行体检，对自己的身体健康状况负责，如隐瞒身体情况发生的问题我社不承担任何责任。请旅游者带上必要的应急药品和其他物品，不宜剧烈运动，不宜饮酒，多食蔬菜、水果，以防发生高原反应。

（15）参加海边旅游，请您不要在非游泳区游泳，不要在水中过分嬉戏，防止呛水。水性一般的人最好不要在外海游泳，海和游泳池不同，海有涨落潮之分，一旦涨潮，您离海边距离变远，体力消耗过大极其危险。忌剧烈运动后游泳，忌长时间曝晒游泳，忌游泳后马上进食，忌游泳时间过久，忌高血压患者游泳，忌心脏病者游泳，忌患中耳炎、急性眼结膜炎者游泳。

6. 饮食注意事项

（1）旅游中不光顾路边无牌照摊档，不吃不洁和生冷食品，防止病毒性肝炎、痢疾、伤寒等肠道传染病经口进入。在外面私自食用不洁食品和海鲜引起的肠胃病，旅行社不承担责任。

（2）重视饮食卫生，严防“病从口入”。对各地的风味小吃、土特产食品应以品尝为主，一次不宜吃得太多，更不能暴饮暴食，以免引起消化不良等。

（3）多吃些新鲜蔬菜和水果，少食油腻和辛辣生冷食物，最好少饮或不饮酒。

（4）饮食有特殊要求的提前和导游打招呼，以便导游更好地给您安排饮食。

（5）海边吃海鲜应选择新鲜的海鲜，吃海鲜不宜饮啤酒，不宜与某些水果同吃，且吃海鲜后不要马上去游泳。如果旅游者自行购买海鲜发生问题（非旅行社安排的用餐），我社不承担任何责任。

7. 购物注意事项

（1）切勿在公共场所露财，购物时勿当众清数钞票。

（2）购买商品时请向商店索取完整的发票和购买证明。

（3）在小摊位购买物品时，看好后再与商贩讨价，如无意购买切勿与商贩多做讨价，以免发生争吵。

以上内容请仔细阅读后签字确认，谢谢您的合作！（本告知书作为旅游合同附件一式两份，双方各持一份）

本人已阅读上述参团须知及安全提示，并对自己的人身及财物安全负责。

______________（客人签字）　　　　旅行社（签章）：

日 期：年　月　日　　　　　　　日 期：年　月　日

4. 费用支付

旅游费用的特别约定可写明团费内是否包含旅游意外保险，如是特殊人群另外增加的费用，不能写在合同里，不得单独提出。团费的支付方式及时间应注明团款金额，支付方式（支票、现金、汇款等）。企事业团体旅游时会采用分期付款方式，因此还需约定好收尾款时间。

5. 全陪派遣问题

当成团人数低于一定人数时（一般为 15 人），旅行社为了节约成本，降低报价，会不派全陪导游陪同去往旅游目的地，或者是自组成团的企事业团体为节约费用，也会提出旅行社不必派全陪导游陪同。旅行社将游客送上飞机，抵达目的地后，由旅游目的地的地接社工作人员接机、接待。这种情况需预先向顾客说明。

6. 旅游保险问题

旅行社责任险是对因旅行社责任引起的游客人身伤亡，财产遭受的损失及由此发生的相关费用的赔偿。在实际发生意外时，"责任险"保障的主要是旅行社对游客出游期间依法应承担的各种民事赔偿责任，而这种责任由法院或相关仲裁机构裁决。这意味着意外发生后，旅行社是不包揽一切的，它只承担自己的责任。由于游客自身原因或其他原因出险由游客自行负责，旅行社只提供道义上的协助。因此游客出游时应根据个人意愿和需要自行投保个人险种。

旅行社只能向游客介绍旅游意外险，而不能强制旅游者购买。"旅游意外险"的投保人和受益人均是游客，旅行社只是代游客办理投保手续。一旦发生意外，游客的权益会受到更加全面的保障。门市服务人员与顾客签订合同过程中，有必要向顾客推荐相关的旅游意外保险产品，应向顾客说明，旅游意外险一般都价格便宜，保障额度较高，花很少的钱就可以获得旅程中安心的保障，旅游途中产生的意外医疗费用也可以报销，何乐而不为呢？

职业操练

1. 浏览春秋旅行社的官网（www.springtour.com），挑选一份适合蜜月旅行的三亚旅游产品，制订一份旅游行程单。

2. 结合教材相关内容，针对上题中的旅游行程安排，拟订一份有针对性的三亚蜜月旅行"安全告知书"。

3. 同学两两一组，模拟完成国内旅游合同签订过程，并写出对话过程。

项目18 签订出境旅游合同

出境旅游服务，指出境社依据《旅行社条例》等法律法规，组织旅游者出国及赴港、澳地区等旅游目的地旅游，代办旅游签证／签注，代订公共交通客票，安排餐饮、住宿、游览等服务活动。

职业场景

寒假临近，王老师一家打算挑选一个东南亚的海岛旅游度假。他们来到旅行社门市部，在浏览了东南亚的一些旅游产品后，决定前往马来西亚的沙巴岛。在小王的推介下，他们选中了“★双岛奇缘★沙巴 5 日 4 晚超值游”产品，并当即签订了旅游合同。

职场解析

如今，出境旅游已经成为一种时尚，当人们有意放松心情或举家游乐时，越来越多的顾客将目光投向境外游。正因如此，中国已然成为亚洲增长最快、规模最大的客源输出国。生活水平的提高、出境旅游门槛的降低、观念的转变和人民币的升值等，是推动国人出境旅游的主要因素。2010 年 4 月国家旅游局会同国家工商行政管理总局推出了出境游的旅游合同示范文本——《团队出境旅游合同》。与国内旅游合同一样，由于《旅游法》的实施，出境旅游活动中，旅行社不得指定具体购物场所，不得安排另行付费旅游项目。这在签订合同时，需特别留意相关的行程安排条款。

由于台湾在我国出境游目的地中的特殊地位和入台旅游的特殊操作流程，故台湾旅游不适合使用上述的《团队出境旅游合同》。

一、《上海市出境旅游合同》示范文本（2013 版）

合同编号：________________

上海市出境旅游合同

（示范文本）

（2013 版）

上海市工商行政管理局

制定

上 海 市 旅 游 局

使 用 说 明

一、本合同为示范文本，供旅游者参加出境旅游（不含赴台湾地区旅游）与旅行社签订团队出境旅游合同时使用。旅游者应选择具有合法经营出境旅游业务资格的旅行社。旅行社应具有旅游行政管理部门颁发的《旅行社业务经营许可证》和工商行政管理部门颁发的《营业执照》。

二、旅游前，旅行社应当与旅游者签订书面旅游合同，旅游者在交纳费用后，旅行社应开具发票。

三、旅游者应结合自身身体状况选择旅游产品及项目。

四、旅行社委托组团、拼团的，须事先告知旅游者并在本合同中载明。拼团，指出境社在保证所承诺的服务内容和标准不变的前提下，在签订合同时经旅游者同意，与其他出境社招徕的旅游者拼成一个团统一安排旅游服务的行为。

五、旅游者与旅行社通过互联网在线旅游网站签订合同的可使用本合同电子版。

六、在填写本合同第二条“行程与标准”和“旅游行程单”时，旅行社应以准确、明晰的语言表述，不得出现“准 × 星级”、“相当于 × 星级”、“豪华”、“仅供参考”、“与 × × 同级”等模糊不确定性用语。

七、旅游者有权自主选择旅游产品和服务，有权拒绝旅行社的强制交易行为。

八、旅行社在签订合同时应注明该旅游项目所包含的景点门票及住宿、餐饮、交通标准、导游服务等相关内容。

九、旅行社制定补充条款对本合同示范文本有关条款的内容进行补充、细化的，补充条款的内容不得减轻或者免除应当由旅行社承担的责任。

十、本合同示范文本是《上海市出境旅游合同示范文本（2004 版）》修改版本，自本版本下发之日起使用，今后凡未制定新的版本前，本版本延续使用。

十一、旅游咨询与投诉机构：

1. 上海市旅游质量监督所

地　　址：中山西路2525号

邮　　编：200030

投诉电话：64393615、962020

2. 上海市消费者申（投）诉举报中心

举报投诉电话：12315

3. 上海市文化市场行政执法总队

地　　址：永嘉路383号

邮　　编：200040

旅游违法违规举报电话：12318

合同编号：____________

上海市出境旅游合同

（2013 版）

甲方（旅游者或旅游团体）：____________

乙方（旅行社）：____________

经营许可证编号：____________

经营范围：____________

根据《中华人民共和国合同法》、《中华人民共和国旅游法》、《旅行社条例》及其他有关法律法规的规定，双方在平等自愿、协商一致的基础上，签订本合同。

第一条　合同标的

旅游产品名称____________。

团　　号____________。

组团方式（三选一）

□ 自行组团

□ 委托组团（委托社全称____________）。

□ 拼　团（其他社全称____________）。

出发日期____________，出发地点____________。

途经地点（经停地点）____________。

目的地____________。

结束日期____________，返回地点____________。

第二条　行程与标准（乙方提供旅游行程单，须含下列要素）

景点名称和游览时间____________。

往返交通____________，标准____________。

游览交通____________，标准____________。

旅游者自由活动时间____________，次数____________。

住宿安排（名称）及标准和住宿天数____________。

用餐次数 ____________，标准 ______________________________。

地接社名称 ____________，地址 ______________________________。

地接社联系人 __________________，联系电话 ______________。

第三条　旅游者保险

乙方提示甲方购买旅游意外险。经乙方推荐，甲方 ______（应填同意或不同意，打钩无效）委托乙方办理个人投保的旅游意外保险。

保险公司及产品名称：____。

保险金额：______ 元，保险费：______ 元。

第四条　旅游费用及其支付

甲方应交纳旅游费用 ______ 元，大写 ____________ 元。（含领队、导游服务费用 ______ 元/人，合计 ______ 元）。

旅游费用交付期限 ____。

旅游费用交付方式　□现金；□支票；□信用卡；

□其他 ______________________________________。

第五条　双方的权利义务

（一）甲方的权利与义务

1. 甲方应自觉遵守旅游文明行为规范，尊重旅游目的地的风俗习惯、文化传统和宗教禁忌，爱护旅游资源，保护生态环境。甲方在旅游活动中应遵守《中国公民出国（境）旅游文明行为指南》和安全警示规定，遵守团队纪律，配合乙方完成合同约定的旅游行程。

2. 甲方有权知悉其购买的旅游产品和服务的真实情况，有权要求乙方按照约定提供产品和服务，拒绝乙方未经协商一致指定具体购物场所，安排另行付费旅游项目的行为。

3. 甲方有权拒绝乙方未经事先协商一致的转团、拼团行为。

4. 在旅游过程中，甲方应自行保管好随身携带的财物。

5. 在自行安排活动期间，甲方应在自己能够控制风险的范围内活动，选择自己能够控制风险的活动项目，并对自己的安全负责。

6. 行程中发生纠纷，甲方应与乙方平等协商解决，不得损害乙方的合法权益，不得以拒绝上、下机（车、船、邮轮）等行为拖延行程或者脱团，否则应当就扩大的损失承担赔偿责任。

7. 甲方在签订合同或者填写各种材料时，应当使用有效身份证件，并对填写信息的真实性、有效性负责。限制民事行为能力人单独出行的，须由监护人书面同意。

8. 甲方购买旅游产品、接受旅游服务时，应当如实告知与旅游活动相关的个人健康信息，参加适合自身条件的旅游活动，遵守旅游活动中的安全警示要求，配合有关部门、机构或乙方采取的安全防范和应急处理措施。

9. 甲方向乙方提交的出入境证件应当符合相关规定。甲方不得在境外非法滞留，不得擅自分团、脱团。

10. 甲方不能成行的，可以让具备参加本次旅游条件的第三人代为履行合同，并及时通知乙方。因代为履行合同增加或减少的费用，双方应按实结算。

（二）乙方的权利与义务

1. 乙方不得以不合理的低价组织旅游活动，诱骗旅游者，并通过安排购物或者另行付费旅游项目获取回扣等不正当利益。

2. 乙方提供旅游行程单应与本合同团号一致，经双方签字或者盖章确认后作为本合同的组成部分。

3. 乙方应在出团前，以说明会等形式如实告知相关旅游服务项目和标准，提醒甲方遵守旅游文明行为规范，尊重旅游目的地的风俗习惯、文化传统、宗教禁忌。在合同订立时及履行中，乙方应对旅游中可能危及甲方人身、财产安全的情况，作出真实说明和明确警示，并采取防止危害发生的适当措施（可另附安全告知书，由甲方确认签字）。

4. 乙方应妥善保管甲方提交的各种证件，依法对甲方信息保密。

5. 因航空、轮船、铁路运输等费用遇政策性调价导致合同总价发生变更的，双方应按实结算。

6. 乙方为甲方安排符合法律法规规定的领队人员。

7. 甲方有下列情形之一的，乙方可以解除合同：

（1）患有传染病等疾病，可能危害其他旅游者健康和安全的；

（2）携带危害公共安全的物品且不同意交有关部门处理的；

（3）从事违法或者违反社会公德的活动的；

（4）从事严重影响其他旅游者权益的活动，且不听劝阻、不能制止的；

（5）法律规定的其他情形。

因前款情形解除合同的，乙方应当按本合同第六条扣除必要的费用后，将余款退还甲方；给乙方造成损失的，甲方应当依法承担赔偿责任。

8. 成团人数与不成团的约定（二选一）

☐ 最低成团人数 ______ 人；低于此人数不能成团时，乙方应当提前 30

日通知甲方，本合同解除，向甲方退还已收取的全部费用。

□ 本团成团不受最低人数限制。

第六条　甲方解除合同及承担必要费用

因甲方自身原因导致合同解除，乙方按下列标准扣除必要费用后，将余款退还甲方（二选一）

□（一）双方可以进行约定并从其约定：

1. 在行程前解除合同的，必要的费用扣除标准为：

（1）行程前 ___ 日至 ___ 日，旅游费用 ___%；

（2）行程前 ___ 日至 ___ 日，旅游费用 ___%；

（3）行程开始当日，旅游费用 ___%。

甲方行程前逾期支付旅游费用超过 ___ 日的，或者甲方未按约定时间到达约定集合出发地点，也未能在中途加入旅游团队的，乙方可以视为甲方解除合同，乙方可以按本款规定扣除必要的费用后，将余款退还甲方。

2. 在行程中解除合同的，必要的费用扣除标准为：

旅游费用－（　　）－（　　）－（　　）－（　　）

□（二）双方没有约定的，按照下列标准扣除必要的费用。

1. 在行程前解除合同的，机（车、船）票费用按实结算后，其余必要的费用扣除标准为：

（1）行程前 30 日至 15 日，旅游费用 5%；

（2）行程前 14 日至 7 日，旅游费用 10%；

（3）行程前 6 日至 4 日，旅游费用 15%；

（4）行程前 3 日至 1 日，旅游费用 25%；

（5）行程开始当日，旅游费用 30%。

甲方行程前逾期支付旅游费用超过 ___ 日的，或者甲方未按约定时间到达约定集合出发地点，也未能在中途加入旅游团队的，乙方可以视为甲方解除合同，乙方可以按本款规定扣除必要的费用后，将余款退还甲方。

2. 在行程中解除合同的，必要的费用扣除标准为：

（旅游费用－旅游费用 × 行程开始当日扣除比例）÷ 旅游天数 × 已经出游的天数＋旅游费用 × 行程开始当日扣除比例。

如按上述 1、2 方式支付的必要费用低于实际发生的费用，按照实际发生的费用扣除，但最高额不应超过旅游费用总额。

行程前解除合同的，乙方扣除必要费用后，应当在合同解除之日起

______ 个工作日内向甲方退还剩余旅游费用；

行程中解除合同的，乙方扣除必要费用后，应当在协助甲方返回出发地或者到达甲方指定的合理地点后 ____ 个工作日内向甲方退还剩余旅游费用。

第七条 违约责任

（一）乙方在行程前30日以内（不含第30日，下同）提出解除合同的，向甲方退还全额旅游费用（不得扣除签证 / 签注等费用），并按下列标准向甲方支付违约金（二选一）

☐ 1. 双方可以进行约定并从其约定。

（1）行程前 ___ 日至 ___ 日，支付旅游费用总额 ___% 的违约金；

（2）行程前 ___ 日至 ___ 日，支付旅游费用总额 ___% 的违约金；

（3）行程开始当日，支付旅游费用总额 ___% 的违约金。

☐ 2. 双方没有约定的，按照下列标准承担违约责任。

（1）行程前30日至15日，支付旅游费用2%的违约金；

（2）行程前14日至7日，支付旅游费用5%的违约金；

（3）行程前6日至4日，支付旅游费用10%的违约金；

（4）行程前3日至1日，支付旅游费用总额15%的违约金；

（5）行程开始当日，支付旅游费用20%的违约金。

如上述违约金不足以赔偿甲方的实际损失，乙方应当按实际损失对甲方予以赔偿。

乙方应当在取消出团通知到达日起 ___ 个工作日内，向甲方退还全额旅游费用并支付违约金。

（二）甲方逾期支付旅游费用的，应当每日按照逾期支付的旅游费用的 ___%，向乙方支付违约金。

（三）甲方提供的个人信息及相关材料不真实而造成损失，由其自行承担；如给乙方造成损失的，甲方还应当承担赔偿责任。

（四）甲方因不听从乙方的劝告、提示而影响团队行程，给乙方造成损失的，应当承担相应的赔偿责任。

（五）乙方未按合同约定标准提供交通、住宿、餐饮等服务，或者未经甲方同意调整旅游行程，给甲方造成损失的，责任由乙方承担。

（六）乙方未经甲方同意，擅自将旅游者转团、拼团的，甲方在行程前（不含当日）得知的，有权解除合同，乙方全额退还已交旅游费用，并按旅游费用的15%支付违约金；甲方在行程开始当日或者行程开始后得知的，乙方应当按旅游费用的25%支付违约金。如违约金不足以赔偿甲方的实际损失，乙方应当按实际损失对旅游者予以赔偿。

（七）乙方未经与甲方协商一致或者未经甲方要求，指定具体购物场所或安排另行付费旅游项目的，甲方有权在旅游行程结束后30日内，要求乙方为其办理退货并先行垫付退货货款，或者退还另行付费旅游项目的费用。

（八）乙方具备履行条件，经甲方要求仍拒绝履行合同，造成甲方人身损害、滞留等严重后果的，甲方除要求乙方承担相应的赔偿责任外，还可以要求乙方支付旅游费用 ___ 倍（一倍以上三倍以下）的赔偿金。

（九）其他违约责任：____。

第八条　争议解决方式

双方发生争议的，可协商解决，也可在旅游合同结束之日起90天内向旅游质监机构申请调解，也可向消费者协会等有关部门或者机构申请调解，或提请上海仲裁委员会仲裁（不愿意仲裁而选择向法院提起诉讼的，请双方在签署合同时将此仲裁条款划去）。

第九条　附则

本合同自双方签字或盖章之日起生效，本合同附有行程单、安全告知书和补充条款均为合同的附件，与本合同具有同等的法律效力。

补充条款

甲方签字（盖章）：____________　　乙方签字（盖章）：____________

住　　所：____________　　营业场所：____________

甲方代表：____________　　乙方代表（经办人）：____________

联系电话：____________　　联系电话：____________

邮　　编：____________　　邮　　编：____________

日　　期：____________　　日　　期：____________

二、签订出境旅游合同时的注意事项

在签订出境旅游合同的过程中，与签订国内旅游合同一样，门市服务人员也需要向顾客解释和介绍旅游六要素的内容。除此之外，还需在护照与签证、港澳通行证与签注、保证金、小费等方面额外关照和说明。

1. 护照

护照（passport）是一个国家的公民出入本国国境和到国外旅行或居留时，由本国发给的一种证明该公民国籍和身份的合法证件。我国的护照分为外交护照、公务护照和普通护照。在旅行社办理各类出境旅游业务所使用的多为因私普通护照。

顾客在出境旅游之前一般需自行申领护照，但对于未申领护照的顾客，作为门市服务人员可以提供有偿的协助办理服务，尤其是对于那些年老体弱、申领护照有困难的顾客。具体的服务程序如下图所示：

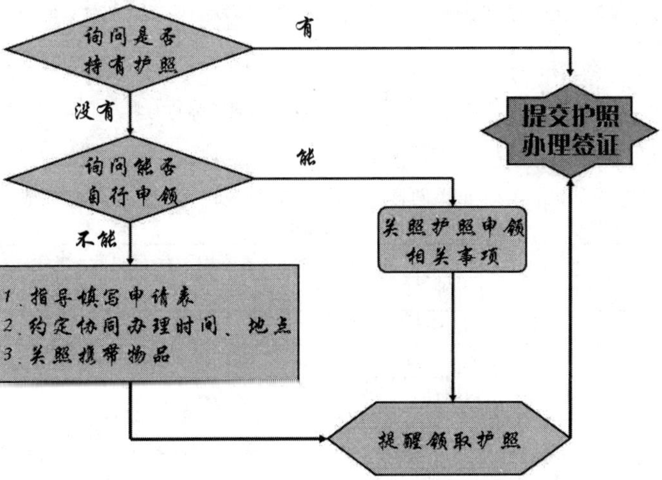

申领护照时需要携带的材料有照片（建议顾客到出入境管理处现场拍摄）、身份证和户口簿原件及复印件、工本费用（上海为 200 元 / 本），特定身份人员需提交单位意见。申领时还需填写《中国公民因私出国（境）申请表》，如下所示：

中国公民因私出国（境）申请表

申请编号条形码

以下内容由申请人填写（请用正楷字及蓝黑色或黑色墨水水笔填写）：

<table>
<tr><td>身份证号码</td><td colspan="5"></td><td rowspan="8">贴照片处
近期正面免冠半身
白色背景彩色照片
照片大小：48 × 33mm
头部大小：21 ～ 24mm
头部长度：28 ～ 33mm</td></tr>
<tr><td>姓</td><td></td><td>名</td><td></td><td>性别</td><td>□男 □女</td></tr>
<tr><td>拼音姓</td><td></td><td>拼音名</td><td></td><td>民族</td><td></td></tr>
<tr><td>出生日期</td><td colspan="2">年 月 日</td><td>出生地</td><td colspan="2"></td></tr>
<tr><td>政治面貌</td><td colspan="2"></td><td>文化程度</td><td colspan="2"></td></tr>
<tr><td>联系手机</td><td colspan="2"></td><td>联系电话</td><td colspan="2"></td></tr>
<tr><td>户口所在地址</td><td colspan="2"></td><td>所属派出所</td><td colspan="2"></td></tr>
<tr><td>家庭现住址</td><td colspan="2"></td><td>邮政编码</td><td colspan="2"></td></tr>
<tr><td>本人身份</td><td colspan="6">□国家工作人员 □国有大中型企业中层以上管理人员 □金融、保险系统人员
□国有控股、参股企业中的国有股权代表 □军人 □其他人员</td></tr>
<tr><td>服务处所</td><td colspan="2"></td><td>职务职称</td><td colspan="3"></td></tr>
<tr><td>服务处所地址</td><td colspan="2"></td><td>联系电话</td><td colspan="3"></td></tr>
<tr><td>前往国家</td><td colspan="3">（港澳台不在此列，应办通行证前往）</td><td colspan="3">属第（ ）次申请因私护照</td></tr>
<tr><td>出国事由</td><td colspan="6">□定居 □探亲 □商务 □劳务 □留学 □旅游 □其他</td></tr>
<tr><td>申请证件种类类别</td><td colspan="6">□普通护照首次申领□普通护照补发□普通护照换发□普通护照失效重新申领 □普通护照变更加注
普通护照变更加注类别：
（□曾用名 □繁体汉字姓名 □外文姓名 □非标准汉语拼音姓名 □近期照片 □其他事项）
普通护照变更加注内容：（ ）
普通护照换发原因：（□签证页即将用完 □有效期不足六个月 □其他情况）
普通护照补发原因：（□遗失 □损毁 □被盗）</td></tr>
<tr><td>原护照号码</td><td colspan="2"></td><td colspan="4">签发地 有效期至 年 月 日</td></tr>
<tr><td rowspan="3">家庭主要成员</td><td>称谓</td><td>姓名</td><td>年龄</td><td>工作单位、职务</td><td colspan="2">家庭地址</td></tr>
<tr><td></td><td></td><td></td><td></td><td colspan="2"></td></tr>
<tr><td></td><td></td><td></td><td></td><td colspan="2"></td></tr>
<tr><td>取证方式</td><td colspan="6">□委托速递（先到速递窗口付费）
到公安机关领取：
□本部发证点（浦东民生路 1500 号） □徐汇发证点（番禺路 865 号）
□长宁发证点（古北路 788 号） □虹口发证点（闵行路 260 号）
□浦东发证点（张江路 39 号） □普陀发证点（大渡河路 1913 号）</td></tr>
<tr><td colspan="3">特 别 声 明</td><td colspan="4">说 明</td></tr>
<tr><td colspan="3" rowspan="3">1. 本申请所填写内容正确无误，所提交的身份证明文件和照片真实有效。如有虚假将承担法律责任。
2. 本人知道，凡属于登记备案的国家工作人员申办因私普通护照，必须由单位出具意见。否则，一切后果由本人承担。
3. 不满 16 周岁的申请人，办理申请时，须由监护人陪同申请。</td><td colspan="4">1. 申请人阅读特别声明确认无误后，由本人签名，不得代签。</td></tr>
<tr><td colspan="3" rowspan="2">2. 签名应写在签名栏内，笔画不得超出或压住边框。
3. 不满 16 周岁的申请人，无须签名。</td><td>签 名 栏

</td></tr>
<tr><td>年 月 日</td></tr>
</table>

续表

<table>
<tr><td>特定身份申请人单位意见栏</td><td>1. 单位全称：________________
2. 申请人 ________（填写姓名）
系单位的：________（填写职务或身份）
（1）在职和退（离）休的市管干部 □
（2）各级机关包括工、青、妇等人民团体和各民主党派机关中处级领导干部 □
（3）其他需要报送备案的人员，如涉及国家政治、经济、安全、商业秘密的，金融、财税、科研、教学等机关、国有企事业单位的重点岗位工作人员 □
（4）参照以上规定的在沪中央直属单位、外省市自治区驻沪单位的工作人员 □
3. 申请人所填各项内容 □是 / □否属实
4. 单位 □批准 / □不批准该人申请

负责人签名：________
公 章
组织、人事部门联系人姓名：________
联系电话：________ 年 月 日</td></tr>
<tr><td colspan="2">以下栏目由公安出入境管理机关填写</td></tr>
<tr><td>受理栏</td><td>1. 首次申领 □
2. 过期申领并加注 □
3. 护照换发 □
4. 护照补发 □
5. 护照变更加注 □
6. 其他：
受理民警签名： 受理日期： 月 日</td></tr>
<tr><td>审核栏</td><td>审核民警签名： 审核日期： 月 日</td></tr>
<tr><td>审批栏</td><td>审批签发机构意见：
□同意 / □不同意签发护照
审批人签名： 审批日期： 月 日</td></tr>
<tr><td>备注栏</td><td>信息录入人： 日期：
照片录入人： 日期：
校 对 人： 日期：</td></tr>
</table>

此表不收费

2. 签证

签证（visa），是一个国家的主权机关在本国或外国公民所持的护照或其他旅行证件上的签注、盖印，以表示允许其出入本国国境或者经过国境的手续，也可以说是颁发给他们的一项签注式的证明。概括地说，签证是一个国家的出入境管理机构（例如移民局或其驻外使领馆），对外国公民表示批准入境所签发的一种文件。

护照是持有者的国籍和身份证明，签证则是主权国家准许外国公民或者本国公民出入境或者经过国境的许可证明。

旅游签证是签证的一种，一般是为了方便游客和开发旅游资源而设立的一种快速办理签证方式，相应地，受限制也大，一般来说有效期和停留期都较短，且只能够用来从事旅游相关的活动。

对于办理出境旅游业务的顾客，旅行社门市服务人员主要为其办理的就是旅游签证，签证的费用一般包含在团费之内。团体旅游签证是旅游签证中的一种，其特点是整个团队的签证贴附在一张纸上，而不会在护照上有签证记录，所有团队成员必须随团集体出入国境。总体而言，前往东南亚国家旅游办理旅游签证所需的材料和手续都比较简便，而前往日韩、欧美国家旅游办理旅游签证所需的材料和手续则比较烦琐，签证费用也较高，如申根签证为60欧元。下表为前往欧洲旅游所需材料列表：

欧洲旅游签证所需资料一览表

请务必按照要求提供材料（原件和复印件），用A4纸清楚地复印每份资料，不得裁剪！

资料名称	原件	复印件	内容说明
1. 护照	原件		有效期须6个月以上，客人必须在末页亲笔签名，如有旧护照务必提供。
2. 照片	6张		近半年二寸纯白底彩照，尺寸3.5 cm×4.5cm。
3. 身份证		2份	清晰的正、反面复印件（建议客人提供第二代身份证）。
4. 户口簿		1份	清晰的全家人户口簿复印件（包括本人、配偶、子女及父母）。 1. 已婚人员请提供首页、户主页、本人及配偶、儿女的户口簿； 2. 未婚人员请提供首页、户主页、本人及父母的户口簿； 3. 离婚或丧偶人员即可免去配偶户口簿；但要提供离婚证或配偶死亡证； 4. 集体户口簿的也必须提供集体户口首页； 5. 另特殊行业人员，如军人和警官，请提供军人证和警官证复印件； 6. 特殊户籍人员，如港台及海外居民，无户口簿。

续表

资料名称	原件	复印件	内容说明
5. 结婚证	原件	1 份	夫妻同行、用到配偶资产须提供结婚证原件或有携带子女的父母。
6. 名片	2 张		名片中所提供地址、电话、姓名必须正确真实，可以联系到本人。
7. 单位执照		1 份	1. 企业单位：营业执照副本复印件，加盖公司公章； 2. 事业单位：组织机构代码证复印件，加盖公司公章。
8. 单位信笺	4 张		1. 提供空白信纸要求：必须有抬头（单位名称）、公章（盖在右下角）、负责人手写签名； 2. 该信笺系我社为游客作英文请假信之用，具体内容必须包括：申请人的出生日期、护照号码、月薪、具体职务，在本公司的工作年限（在公司至少待一年）。
9. 退休证	原件	1 份	退休人员提供退休证，无须提供名片、营业执照和单位信笺纸。
10. 银行存折（签证关键）	原件	1 份	活期存折必须要有一年以上且有多次稳定的交易记录，一定要有本人名下 1 万元以上存款的活期，所有存折余额的总额不少于 5 万元； 最后一笔记录需要有送签当月的记录，如无，请打本到送签当月； 若活期余额不足 5 万元，可用定期存折补足（至少 3 个月前开户）； 切勿在近 3 个月内突然存入大额款项； 银行活期对账单可当存折使用，但一定要有打印户名、账号和银行公章； 无论是定期或活期存折和存款越多越好！
11. 房产证		1 份	有房产证的客人须提供房产证复印件。
12. 汽车行驶证		1 份	有汽车的客人须提供。
13. 其他资产	原件	1 份	有股票、基金、信用卡、国库券、股权证等的客人请提供（不当存折使用）。 要求：有户名和银行或证券公司等相关部门盖章！
14. 个人资料表	1 份		所有内容必须逐项如实、详细填写。
15. 拒签解释信	1 份		如客人曾有欧洲国家拒签记录，请提供手写解释信一份。
特别客人说明			
1. 夫妻同行	请提供结婚证复印件及原件。		
2. 暂住者	有效的暂住证原件（半年前开始生效的，不足半年者请提供旧暂住证）或暂住证明原件。		
3. 退休人员	退休证原件或退休证明原件（不用提供单位信笺和单位执照副本）。		

续表

资料名称	原件	复印件	内容说明
4. 家庭主妇及无业、待业人员	当地居委会出具证明其身份的原件，要求内容有申请人的正确姓名、性别、身份证号码、家庭住址及经手人的签名及公章。		
5. 18 周岁以下小孩	A. 出生证原件（如遗失请提供注明有父母姓名和关系户口簿原件，独生子女证原件或当地派出所开具的证明原件）； B. 学生证复印件，请尽量提供； C. 中英文对照的公证书原件（如：××× 为申请人的父亲，××× 为申请人的母亲，证明其与父母的关系，一个签证需要一份公证书），即出生公证或亲属公证（父母同行只需此项公证书即可）； D. 无父母陪同或父母只有一方同行的请提供中英文对照的出生公证原件 + 委托公证书原件（委托公证：说明一方允许并同意另一方带领其子女出国旅游的字样即可）； E. 如是父母双方有一方过世，请提供死亡证明 + 出生公证书原件； F. 如是父母双方离婚，单独一方带领出国也必须提供中英文对照的出生公证 + 委托公证书原件； G. 目前欧洲申根各领馆及英国领馆、瑞士领馆都要求公证书原件； H. 申请申根签证的客人，所有公证必须经过外办认证； I. 申请瑞士签证的客人，一定要提供出生医学证明原件。		
6. 18 周岁以上小孩	A. 18 周岁以上子女无本名下财产，申请欧洲签证必须按照 18 周岁以下小孩的要求提供所有资料公证及外办认证； B. 18 周岁以上子女本人名下有足够财产的，申请欧洲签证则无须提供公证。		

备注：

1. 以上资料如有请尽量一次性全部提供（资料越多越好），提供的资料必须真实、详细、正确，否则可能影响获得签证。
2. 除护照、存折、户口簿、结婚证等原件外，递交领馆所有资料公证书原件、银行存款证明书原件、对账单原件以及因签证所开具的所有证明的原件等，领馆均不予退回，领馆要求需增补的资料由我社另行通知。
3. 据领馆规定，拒签仍需交纳签证费：申根 1000 元，瑞士 600 元，英国 1500 元。
4. 欧盟领馆规定，在送签和回国消签时有可能抽查部分客人前往面试，如有抽到，请客人配合前往领馆面试，并自行承担前往领馆所在地交通食宿等费用。
5. 欧洲签证系团签，出签后必须于指定时间随团出行，如延期，仍需重新按上表准备签证材料，再办理签证。
6. 获签后出团前应交纳担保金（金额因人而异，至少人民币 × 万元），如期随团返国后务必速交回护照及回程登机卡原件送使馆核销后返还，然后全额退回担保金。

3. 港澳通行证与签注

它是由中华人民共和国公安部出入境管理局签发给中国内地居民因私往来香港或澳门地区旅游、探亲、从事商务、培训、就业、留学等非公务活动的旅行证件。来港澳前，必须取得内地公安部门签发有关来港澳目的签注（如团队旅游、个人旅游、商务或其他签注等）。对于参加港澳游的顾客，假如从未申请过港澳通行证，旅行社门市服务人员可以协助其办理相关手续。对已持有港澳通行证，且有效期在6个月以上的顾客，则只需为其办理继续签注手续即可。

首次办理港澳通行证，须本人至户籍所在地的出入境管理处提交申请，申请表如下所示。申请材料有：居民身份证和户口簿的原件及复印件（用A4纸复印，可复印在同一张纸上），2寸淡底色彩照2张（也可现场拍照，费用自付），同时分别申请赴香港、澳门的签注。只去香港则申请香港签注，只去澳门则申请澳门签注，如果香港、澳门都去，则两地签注都要申请。办理时限自受理之日起10个工作日内办结。《往来港澳通行证》每本100元；一次往来签注，每个20元；二次往来签注，每个40元。

往来港澳通行证申请表

申请编号：

此表请用蓝色、黑色或水笔填写 （此表免费领取）

身份证号码				贴照片处 近期正面免冠 彩色照片 照片大小：48 × 33mm 头部宽度： 21 ～ 24mm 头部长度： 28 ～ 33mm
姓		名		
拼音姓		拼音名		
性 别	出生地	出生日期	年 月 日	
家庭地址		民 族		
联系电话		邮政编码		
工作单位				
联系电话	手机		职 务	
户口所在地址				

户口所在地属：(　　　　　)公安分（县）局(　　　　　)派出所

原通行证号码：W　　　有效期至：　年　月　日　签发地：

取证地点			
	☐委托速递（先到速递窗口付费） 到公安机关领取：☐本部发证点（浦东民生路 1500 号）		
	☐徐汇发证点（番禺路 865 号） ☐虹口发证点（闵行路 260 号） ☐普陀发证点（大渡河路 1913 号）	☐浦东惠南发证点（惠南镇城南路 1366 号） ☐黄浦发证点（蒙自路 701 号） ☐闸北发证点（天目中路 578 号二楼）	☐长宁发证点（古北路 788 号） ☐浦东张江发证点（张江路 39 号） ☐嘉定发证点（永盛路 1190 号）

签注种类		个人旅游（G）	商务 (S)	探亲（T）	团队旅游（L）	其他（Q）	逗留 (D)
前往地	香港	3 个月一次 ☐ 3 个月二次 ☐ 1 年一次 ☐ 1 年二次 ☐ 每次逗留不超过 7 天	3 个月一次 ☐ 3 个月多次 ☐ 1 年多次 ☐ 每次逗留不超过 7 天	3 个月一次 ☐ 每次逗留不超过 14 天 3 个月多次 ☐ 一年多次 ☐ 每次逗留不超过自首次进入之日起 90 天	3 个月一次 ☐ 3 个月二次 ☐ 1 年一次 ☐ 1 年二次 ☐ 每次逗留不超过 7 天，须随团出入境	3 个月一次 ☐ 3 个月二次 ☐ 1 年一次 ☐ 1 年二次 ☐ 每次逗留不超过 14 天	多次有效，出境有效期根据香港有关部门批准的期限签发 ☐
	澳门	3 个月一次 ☐ 1 年一次 ☐ 每次逗留不超过 7 天	3 个月一次 ☐ 3 个月多次 ☐ 每次逗留不超过 7 天	3 个月一次 ☐ 每次逗留不超过 14 天 3 个月多次 ☐ 每次逗留不超过自首次进入之日起 90 天	3 个月一次 ☐ 1 年一次 ☐ 每次逗留不超过 7 天，须随团出入境	3 个月一次 ☐ 3 个月二次 ☐ 1 年一次 ☐ 1 年二次 ☐ 每次逗留不超过 14 天	多次有效，出境有效期根据澳门有关部门批准的期限签发 ☐

下栏由申请赴港澳探亲的填写：

港澳亲属	姓 名		性别		出生日期		赴港一年多次探亲未成年子女	子女姓名		性别	
	与申请人关系		证件号码					出生日期		证件号码	

我谨声明我已如实和完整地填写了上述内容并对此负责。

申请人签名：　　　　日期：

下栏由特定身份申请人工作单位填写：

特定身份申请人系：1. 在职和退（离）休的市管干部 ☐

2. 各级机关包括工、青、妇等人民团体和各民主党派机关中处级领导干部 ☐

3. 其他需要报送备案的人员，如涉及国家政治、经济、安全、商业秘密的，金融、财税、科研、教学等机关、国有企事业单位的重点岗位工作人员 ☐

4. 参照以上规定的沪中央直属单位、外省市自治区驻沪单位的工作人员 ☐

续表

<table>
<tr><td colspan="3">单位意见：同意申请人在 _____ 年 ___ 月 ___ 日之前，办理 _________（出境事由）____（次数）赴香港
同意申请人在 _____ 年 ___ 月 ___ 日之前，办理 _________（出境事由）____（次数）赴澳门

单位（或上级主管单位）负责人签名：　　单位（或上级主管单位）盖章：

签字日期：　　联系电话：</td></tr>
<tr><td colspan="3">以下栏目由出入境管理部门填写</td></tr>
<tr><td>受 理
意见栏</td><td colspan="2">港 G1 □　　港
港 G2 □　　其他：
澳 G1 □　　澳

受理人：　　受理日期：</td></tr>
<tr><td>审 核
意见栏</td><td colspan="2">
审核人：　　审核日期：</td></tr>
<tr><td>审 批
意见栏</td><td colspan="2">审批签发机构意见：
□同意 / □不同意签发通行证
审批人：　　审批日期：</td></tr>
<tr><td>备注栏</td><td>信息补录人：　　日期：
照片扫描人：　　日期：
一次校对人：　　日期：
二次校对人：　　日期：</td><td></td></tr>
</table>

上海市出入境管理局

假如已经持有港澳通行证的顾客，只需为其办理续签手续。旅行社代办人需携带身份证和其有效的往来港澳通行证即可办理，1 个工作日内办结，一次往来签注，每个 20 元；二次往来签注，每个 40 元。

往来港澳通行证有效期不足 6 个月（部分城市是 3 个月）的或无足够空白签注页的不能办理，须按首次申请手续办理新的往来港澳通行证，同时申请签注。

赴港澳的签注种类共分 4 种：L 签注（即团队旅游签注，必须随旅行团进出）；G 签注（即个人旅游签注，不受跟团旅游限制，可赴港澳自由行）；S 签注（即商务签注）；T 签注（即探亲签注）。

赴港澳旅游通常选择 L 签注或 G 签注即可。G 签注为个人旅游签：分为 3 个月或 1 年，一次、两次或多次进入有效，每次可逗留 7 天，申请地域限制在香港入境处公布的广东省及 28 个城市（即上海、北京、南京、苏州、无锡、杭州、宁波、台州、福州、厦门、泉州、天津、重庆、成都、济南、沈阳、大连、南昌、长沙、南宁、海口、贵阳、昆明、石家庄、郑州、长春、合肥和武汉）的居民，可以申请自由行到港澳，多次进入签注暂时仅签发给深圳户口居民。开通港澳自由行的城市可申请 G 签注，未开通的城市则申请 L 签注。

4. 保证金

所谓出境游保证金，是指国内组团旅行社在组织旅游者出境旅游时，为了防止旅游者滞留不归行为，要求旅游者在出团前向组团旅行社交纳一定数量的现金作为担保。旅游者交纳的这些现金即为出境游保证金，只要游客遵守合同条款，在回国后几天内，旅行社必然会将保证金如数返还给游客。《中国公民出国旅游管理办法》规定，严禁旅游者在境外滞留不归。这是法律赋予旅游者的法定义务。只要旅游者和组团旅行社签订出境旅游合同，旅游者就必须履行如期回国的义务。这既是旅游者必须对国家承担的义务，也是必须对组团旅行社承担的义务。参照《担保法》相关规定，组团旅行社向旅游者收取保证金的行为完全合法，其行为应当受到我国法律的保护。

目前，除了前往港澳和东南亚一些国家以外，前往日韩、欧美等国都需要向旅行社缴纳一定金额的保证金，且前往不同国家、不同旅行社、不同资信度的顾客收取的额度（人民币 3 万～ 20 万不等）各有不同。游客参加旅行团，委托旅行社向旅游目的地国家驻华使领馆申请团体旅游签证，组团社对送签的游客必须承担领事馆所赋予的相关责任，地接社需向领事馆和移民局承担担保责任。如果旅行团在境外发生有人滞留当地不归或其他违法行为，领事馆将停止组团社的向该国申请办理团体签证的权利，会根据情节轻重对我国组团社采取相应的处罚措施，一般为暂停或者永久停止该组团社办理签证手续等措施；地接社也将被停止接待中国公民赴该国旅游团的权利，并被处以罚金，甚至会取消其接待我国公民旅游的资格。所以作为制约的行为，组团旅行社会按照不同程度向客人收取履约保证金。

5. 小费规定

对于出境的跟团游（自由行一般不收），国内组团旅行社领队一般会按"国际惯例"在出发的机场向游客当场收取境外服务人员（司机和导游）的"小费"，合同或行程中会标有每天的具体费用，且不包括在团费中。一般来说，东南亚、日韩游每天约为人民币 50 元，欧洲每天约为 8 欧元，美国每天约为 8 美金，澳洲每天约为 8 澳币，港澳台每天约为人民币 50 ～ 60 元。

职业操练

1. 同学两两一组，模拟完成出境旅游合同签订过程，并写出对话过程。
2. 收集本省（直辖市、自治区）的护照和港澳通行证申领政策。
3. 收集本省（直辖市、自治区）的各国签证费用。

项目19 签订赴台旅游合同

赴台旅游服务，指赴台游旅行社依据《旅行社条例》《大陆居民赴台湾地区旅游管理办法》等法律法规，组织旅游者到台湾地区旅游，代办旅游签注，代订公共交通客票，安排餐饮、住宿、游览等服务活动。

职业场景

宝岛台湾一直是老李夫妇心仪已久的旅游目的地，他们打算利用中秋小长假，去台湾旅游。走进旅行社的门市部，他们发现赴台旅游线路有很多，在小王的推介下，他们选中了"悠活假期纯台北 4 日 3 晚全景文化游"产品，并当即签订了旅游合同。

职场解析

自开放大陆居民赴台旅游以来，赴台旅游的热度一直不减，并持续升温，大陆游客已经占据赴台旅游游客总量的 1/3 强。

过去大陆居民前往台湾旅游必须转道香港、澳门等地间接入台观光。自 2008 年 7 月 4 日起，大陆居民赴台团队游正式启动。之后几年，大陆分三批渐次扩大开放区域，至 2010 年 7 月实现所有省、自治区和直辖市开放赴台旅游。2011 年 6 月 28 日，大陆居民赴台个人游宣布启动，第一批试点城市为北京市、上海市及福建省厦门市。7 月 29 日，福建居民赴金门、马祖、澎湖个人游也正式启动。第二批赴台个人游试点城市中，分两阶段正式实施。天津、重庆、南京、杭州、广州、成都等六城市于 2012 年 4 月 28 日正式启动，济南、西安、福州、深圳等四地也于 2012 年年底启动实施。至今，大陆已有 4 个直辖市、2 个经济特区、7 个省会城市居民开放赴台个人游。

由于台湾在我国出境游目的地中的特殊地位、入台旅游政策的逐步开放和其特殊操作流程，因此旅行社在组织赴台旅游过程中，没有采用与港澳游适用的《团队出境旅游合同》，而是采用专门的《大陆居民赴台湾地区旅游合同》。与国内旅游合同一样，由于《旅游法》的实施，赴台旅游活动中，旅行社不得指定具体购物场所，不得安排另行付费旅游项目。在签订合同时，需特别留意相关的行程安排条款。

一、《大陆居民赴台湾地区旅游合同》示范文本

GF—2010—2402

大陆居民赴台湾地区旅游合同

（示范文本）

国 家 旅 游 局

制定

国家工商行政管理总局

使 用 说 明

1. 本合同为示范文本，供大陆地区指定的经营大陆居民赴台湾地区旅游业务的旅行社（以下简称“赴台游旅行社”）与大陆旅游者（以下简称“旅游者”）之间签订赴台湾地区旅游合同时使用。

2. 双方当事人应当结合具体情况选择本合同协议条款中所提供的选择项，空格处应当以文字形式填写完整。

3. 双方当事人可以书面形式对本示范文本内容进行变更或者补充。变更或者补充的内容，不得减轻或者免除应当由赴台游旅行社承担的责任。

4. 本示范文本由国家旅游局和国家工商行政管理总局共同制定、解释，在大陆范围内推行使用。

大陆居民赴台湾地区旅游合同

合同编号：________

旅游者：________等____人（名单可附页，需赴台游旅行社和旅游者代表签字盖章确认）；

赴台游旅行社全称：__________________；

旅行社业务经营许可证编号：__________________。

第一章　定义和概念

第一条　本合同词语定义

1. 赴台游旅行社，指取得《旅行社业务经营许可证》和《企业法人营业执照》，并经国家旅游局会同有关部门指定的具有组织大陆居民赴台湾地区旅游（以下简称“赴台旅游”）业务资格的旅行社，其名单由海峡两岸旅游交流协会公布。

2. 旅游者，指与赴台游旅行社签订赴台旅游合同，参加赴台旅游活动的大陆居民或者团体。

3. 赴台旅游服务，指赴台游旅行社依据《旅行社条例》《大陆居民赴台湾地区旅游管理办法》等法律法规，组织旅游者到台湾地区旅游，代办旅游签注，代订公共交通客票，安排餐饮、住宿、游览等服务活动。

4. 旅游费用，指旅游者支付给赴台游旅行社、用于购买赴台旅游服务的费用。

旅游费用包括：

（1）签注费用（旅游者自办的除外）；

（2）交通费（含境外机场税）；

（3）住宿费；

（4）餐费（不含酒水费）；

（5）赴台游旅行社统一安排的景区景点第一道门票费；

（6）行程中安排的其他项目费用；

（7）台湾地区导游服务费和赴台游旅行社，台湾地区接待旅行社（简称

“地接社”）其他服务费用。

旅游费用不包括：

（1）旅游证件的费用和办理离团的费用；

（2）旅游者投保的个人旅游保险费用；

（3）合同未约定由赴台游旅行社支付的费用，包括但不限于行程以外非合同约定活动项目所需的费用、自行安排活动期间发生的费用；

（4）台湾地区小费；

（5）行程中发生的旅游者个人费用，包括但不限于交通工具上的非免费餐饮费、行李超重费，住宿期间的洗衣、电话、饮料及酒类费用，个人伤病医疗费，寻找个人遗失物品的费用，个人原因造成的赔偿费用。

5. 购物场所，指行程中安排的专门或者主要以购物为活动内容的场所。

6. 自由活动，指《旅游行程计划说明书》中安排的自由活动。

7. 自行安排活动期间，指《旅游行程计划说明书》中安排的自由活动期间，旅游者不参加旅游行程活动期间，每日行程开始前、结束后旅游者离开住宿设施的个人活动期间，旅游者经领队或者导游同意暂时离团的个人活动期间。

8. 旅行社责任保险，指以旅行社因其组织的旅游活动对旅游者和受其委派为旅游者提供服务的人员依法应当承担的赔偿责任为保险标的的保险。

9. 旅游者投保的个人旅游保险，指旅游者自己购买或者通过旅行社、航空机票代理点、景区等保险代理机构购买的以旅游期间自身的生命、身体、财产或者有关利益为保险标的的短期保险，包括但不限于航空意外险、旅游意外险、紧急救援保险、特殊项目意外险。

10. 离团，指团队旅游者在台湾地区经领队同意不随团队完成约定行程的行为。

11. 脱团，指团队旅游者在台湾地区未经领队同意脱离旅游团队，不随团队完成约定行程的行为。

12. 转团，指赴台游旅行社将旅游者转至其他赴台游旅行社所组赴台旅游团队的行为（赴台旅游不得转团）。

13. 不可抗力，指不能预见、不能避免并不能克服的客观情况，包括但不限于因自然原因和社会原因引起的，如自然灾害、战争、恐怖活动、动乱、骚乱、罢工、突发公共卫生事件、政府行为。

14. 意外事件，指因当事人故意或者过失以外的偶然因素引发的事件，包括但不限于重大礼宾活动导致的交通堵塞、列车航班晚点、景点临时不开放。

15. 业务损失费，指赴台游旅行社因旅游者行前退团而产生的经济损失。包括乘坐飞机（车、船）等交通工具的费用（含预订金）、旅游签注费、饭店住宿费用（含预订金）、旅游观光汽车的人均车租等已发生的实际费用。

16. 黄金周，指通过调休将春节、“十一”等3天法定节日与前后公休日相连形成通常为7天的公众节假日。

第二章　合同的签订

第二条　旅游行程计划说明书

赴台游旅行社应当提供带团号的《旅游行程计划说明书》（以下简称《计划书》），经双方签字或者盖章确认后作为本合同的组成部分。《计划书》应当对如下内容作出明确的说明：

1. 旅游行程的出发地、途经地、目的地，线路行程时间（按自然日计算，含乘飞机、车、船等在途时间，不足24小时以一日计）；

2. 台湾地区地接社的名称、地址、联系人和联系电话；

3. 交通服务安排及其标准（明确交通工具及档次等级、出发时间段以及是否需中转等信息）；

4. 住宿服务安排及其标准（明确住宿饭店的名称、地址、档次等级及是否有空调、热水等相关服务设施）；

5. 用餐服务（早餐和正餐）安排及其标准（明确用餐次数、地点、标准）；

6. 赴台游旅行社统一安排的游览项目的具体内容及时间（明确旅游线路内容包括景区点及游览项目名称等、景区点停留的最少时间）；

7. 自由活动的时间和次数；

8. 购物安排（赴台游旅行社安排的购物次数不超过行程日数的一半，并同时列明购物场所名称、停留的最多时间及主要商品等内容）；

9. 行程安排的娱乐活动（明确娱乐活动的时间、地点和项目内容）；

《计划书》用语须准确清晰，在表明服务标准用语中不应当出现“准×星级”“豪华”“仅供参考”“以××为准”“与××同级”等不确定用语。

第三条　签订合同

旅游者应当认真阅读本合同条款、《计划书》，在旅游者理解本合同条款及有关附件后，赴台游旅行社和旅游者应当签订书面合同。

第四条 旅游广告及宣传品

赴台游旅行社的旅游广告及宣传品应当遵循诚实信用原则，其内容符合《中华人民共和国合同法》要约规定的，视为本合同的组成部分，对赴台游旅行社和旅游者双方具有约束力。

第五条　合同效力

本合同一式两份，双方各持一份，具有同等法律效力，自双方当事人签字或者盖章之日起生效。

第三章　合同双方的权利义务

第六条　赴台游旅行社的权利

1. 根据旅游者的身体健康状况及相关条件决定是否接纳旅游者报名参团；

2. 核实旅游者提供的相关信息资料；

3. 按照合同约定向旅游者收取全额旅游费用；

4. 旅游团队遇紧急情况时，可以采取紧急避险措施并要求旅游者配合；

5. 拒绝旅游者提出的超出合同约定的不合理要求。

第七条　赴台游旅行社的义务

1. 按照合同和《计划书》约定的内容和标准为旅游者提供服务；

2. 在出团前召开说明会，把根据《计划书》细化的《行程表》和《行程须知》发给旅游者，如实告知旅游的具体行程安排和有关具体事项，具体事项包括但不限于台湾地区的重要规定和风俗习惯、安全避险措施、台湾地区收取小费的惯例及支付标准、货币兑换事项、应急联络方式（台湾地区的应急联系人及联系方式）；

3. 为旅游团队安排符合《大陆居民赴台湾地区旅游管理办法》、《大陆居民赴台湾地区旅游领队人员管理办法》规定的领队人员；

4. 妥善保管旅游者提交的各种证件；

5. 为旅游者发放用固定格式书写，由旅游者填写的载明个人信息的安全保障卡（包括旅游者的姓名、血型、应急联络方式等）；

6. 对可能危及旅游者人身、财产安全的事项和须注意的问题，向旅游者做出真实的说明和明确的警示，并采取合理必要措施防止危害发生。旅游者人身、财产权益受到损害时，采取合理必要的保护和救助措施，避免旅游者人身、财产权益损失扩大；

7. 按照相关法规、规章的规定投保旅行社责任保险；

8. 提示旅游者购买个人旅游保险；

9. 按照合同约定安排购物，不强迫或者变相强迫旅游者购物；

10. 旅游者在《计划书》安排的购物场所所购物品系假冒伪劣商品提出索赔的，积极协助旅游者进行索赔，自索赔之日起超过90日，旅游者无法从购物点获得赔偿的，先行赔付；

11. 向旅游者提供合法的旅游费用发票；

12. 依法对旅游者个人信息保密；

13. 积极协调处理旅游者在旅游行程中的投诉，出现纠纷时，采取适当措施防止损失扩大。

第八条　旅游者的权利

1. 要求赴台游旅行社按照合同和《计划书》及依据《计划书》细化的《行程表》兑现旅游行程服务；

2. 拒绝转团；

3. 在支付旅游费用时要求赴台游旅行社开具发票；

4. 拒绝赴台游旅行社在合同约定以外的购物安排；

5. 在合法权益受到损害时向旅游、工商等部门投诉或者要求赴台游旅行社协助索赔；

6.《中华人民共和国消费者权益保护法》和有关法律法规赋予消费者的其他权利。

第九条　旅游者的义务

1. 如实填写《赴台旅游报名表》、签注资料和游客安全保障卡的各项内容，并对所填的内容承担责任，如实告知赴台游旅行社工作人员询问的与旅游活动相关的个人健康信息，所提供的联系方式须是经常使用或者能够及时联系到的；

2. 向赴台游旅行社提交的通行证有效期在半年以上，自办签注者应当确保所持签注在出游期间有效；

3. 按照合同约定支付旅游费用；

4. 按照合同约定随团完成旅游行程，配合领队人员的统一管理，发生突发事件时，采取措施防止损失扩大；

5. 遵守有关法律法规和台湾地区有关规定，不携带违禁物品出入境，不滞留不归；

6. 遵守台湾地区的公共秩序，尊重当地的风俗习惯，尊重旅游服务人员的人格，举止文明，不在景观、建筑上乱刻乱画，不随地吐痰和乱扔垃圾，不参与色情、赌博和涉毒活动；

7. 妥善保管自己的行李物品，尤其是贵重物品；

8. 行程中发生纠纷，本着平等协商的原则解决，采取适当措施防止损失扩大，不采取拒绝登机（车、船）等行为拖延行程或者脱团；

9. 在自行安排活动期间，应当在自己能够控制风险的范围内选择活动项目，并对自己的安全负责；

10. 在合法权益受到损害要求赴台游旅行社协助索赔时，提供合法有效的凭据。

第四章　合同的变更

第十条　合同内容的变更

1. 赴台游旅行社与旅游者双方协商一致，可以变更本合同约定的内容，但应当以书面形式由双方签字确认。由此增加的旅游费用及给对方造成的损失，由变更提出方承担；由此减少的旅游费用，赴台游旅行社应当退还旅游者。

2. 因不可抗力或者意外事件导致无法履行或者继续履行合同的，赴台游旅行社可以在征得旅游团队 50% 以上成员同意后，对相应内容予以变更，因情况紧急无法征求意见或者经征求意见无法得到 50% 以上成员同意时，赴台游旅行社可以决定内容的变更，但应当就作出的决定提供必要的证明。

3. 在行前遇到不可抗力或者意外事件的，双方经协商可以取消行程或者延期出行。取消行程的，赴台游旅行社向旅游者全额退还旅游费用（已发生的签注费用可以扣除）。已发生旅游费用的，应当由双方协商后合理分担。

4. 在行程中遇到不可抗力导致无法继续履行合同的，赴台游旅行社按本条第 2 款的约定实施变更后，将未发生的旅游费用退还旅游者，增加的旅游费用，应当由双方协商后合理分担。

5. 在行程中遇到意外事件导致无法继续履行合同的，赴台游旅行社按本条第 2 款的约定实施变更后，将未发生的旅游费用退还旅游者，因此增加的旅游费用由提出变更的一方承担（但因紧急避险所致的，由受益方承担）。

第十一条　转团

依据《海峡两岸旅游合作规范》规定，大陆居民赴台湾地区旅游低于成团人数不能成团时，不得转团。赴台游旅行社可以与旅游者协商延期出行或者改变为赴台旅游之外的旅游线路。

赴台游旅行社转团的，由海峡两岸旅游交流协会按《大陆居民赴台湾地区旅游管理办法》、《海峡两岸关于大陆居民赴台湾旅游协议》、《海峡两岸旅游合作规范》等规定处理。

第五章　合同的解除

第十二条　不同意延期出团和改变旅游线路的合同解除

在低于成团人数不能成团时，旅游者既不同意延期出团也不同意改变线路的，视为赴台游旅行社解除合同，按本合同第十三条、第十五条第1款相关约定处理。

第十三条　行程前的合同解除

旅游者和赴台游旅行社在行程前可以书面形式提出解除合同。在出发前30日（按出发日减去解除合同通知到达日的自然日之差计算，下同）以上（不含第30日）提出解除合同的，双方互不承担违约责任。赴台游旅行社提出解除合同的，全额退还旅游费用（不得扣除签注费用）；旅游者提出解除合同的，如已办签注的，应当扣除签注费用。赴台游旅行社应当在解除合同的通知到达日起5个工作日内，向旅游者退还旅游费用。

旅游者或者赴台游旅行社在出发前30日以内（含第30日，下同）提出解除合同的，由提出解除合同的一方承担违约责任。

第十四条　行程中的合同解除

1. 旅游者未按约定时间到达约定集合出发地点，也未能在出发中途加入旅游团队的，视为旅游者解除合同，按照本合同第十六条第1款相关约定处理。

2. 旅游者在行程中脱团的，赴台游旅行社可以解除合同，旅游者不得要求赴台游旅行社退还旅游费用，如给赴台游旅行社造成经济损失的，应当承担相应赔偿责任。

第六章　违约责任

第十五条　赴台游旅行社的违约责任

1. 赴台游旅行社在出发前30日内（含第30日，下同）提出解除合同的，向旅游者退还全额旅游费用（不得扣除签注费），并按下列标准向旅游者支付违约金：

出发前30日至15日，支付旅游费用总额2%的违约金；

出发前14日至7日，支付旅游费用总额5%的违约金；

出发前6日至4日，支付旅游费用总额10%的违约金；

出发前3日至1日，支付旅游费用总额15%的违约金；

出发当日，支付旅游费用总额20%的违约金。

如上述违约金不足以赔偿旅游者的实际损失，赴台游旅行社应当按实际损失对旅游者予以赔偿。

赴台游旅行社应当在取消出团通知到达日起5个工作日内，向旅游者退还全额旅游费用并支付违约金。

2. 赴台游旅行社未按合同约定提供服务，或者未经旅游者同意调整旅游行程（本合同第十条第2款规定的情况除外），造成项目减少、旅游时间缩短或者标准降低的，应当采取措施予以补救，未采取补救措施或者已采取补救措施但不足以弥补旅游者损失的，应当承担相应的赔偿责任。

3. 赴台游旅行社领队或者台湾地区导游擅自增加购物次数的，每次按旅游费用总额的10%向旅游者支付违约金；强迫或者变相强迫旅游者购物的，每次按旅游费用总额的20%向旅游者支付违约金。

4. 赴台游旅行社违反合同约定在台湾地区中止对旅游者提供住宿、用餐、交通等旅游服务的，应当负担旅游者在被中止旅游服务期间所订的同等级别的住宿、用餐、交通等必要费用，并向旅游者支付旅游费用总额30%的违约金。如果因此给旅游者造成其他人身、财产损害的，赴台游旅行社还应当承担损害赔偿责任。

5. 与旅游者出现纠纷时，赴台游旅行社应当积极采取措施防止损失扩大，否则应当就扩大的损失承担责任。

第十六条　旅游者的违约责任

1. 旅游者在出发前30日内（含第30日，下同）提出解除合同的，应当按下列标准向赴台游旅行社支付业务损失费：

出发前30日至15日，按旅游费用总额的5%；

出发前14日至7日，按旅游费用总额的15%；

出发前6日至4日，按旅游费用总额的70%；

出发前3日至1日，按旅游费用总额的85%；

出发当日，按旅游费用总额的90%。

如按上述比例支付的业务损失费不足以赔偿赴台游旅行社的实际损失，旅游者应当按实际损失对赴台游旅行社予以赔偿，但最高额不应当超过旅游费用总额。

赴台游旅行社在扣除上述业务损失费后，应当在旅游者退团通知到达日起5个工作日内向旅游者退还剩余旅游费用。

2. 旅游者不听从赴台游旅行社及其领队的劝告影响团队行程，给赴台游旅行社造成损失的，应当承担相应的赔偿责任。

3. 旅游者超出本合同约定的内容进行个人活动所造成的损失，由其自行承担。

4. 由于旅游者的过错，使赴台游旅行社遭受损害的，应当由旅游者赔偿损失。

5. 与赴台游旅行社出现纠纷时，旅游者应当积极采取措施防止损失扩大，否则应当就扩大的损失承担责任。

第十七条　其他责任

1. 因旅游者提供材料存在问题或者自身其他原因被拒签、缓签、拒绝入境和出境的，相关责任和费用由旅游者自行承担，赴台游旅行社将未发生的费用退还旅游者。如给赴台游旅行社造成损失的，旅游者还应当承担赔偿责任。

2. 由于第三方侵害等不可归责于赴台游旅行社的原因导致旅游者人身、财产权益受到损害的，赴台游旅行社不承担赔偿责任。但因赴台游旅行社不履行协助义务致使旅游者人身、财产权益损失扩大的，应当就扩大的损失承担赔偿责任。

3. 旅游者在自行安排活动期间人身、财产权益受到损害的，赴台游旅行社在事前已尽到必要警示说明义务且事后已尽到必要协助义务的，赴台游旅行社不承担赔偿责任。

第七章　协议条款

第十八条　旅游时间

出发时间：________，结束时间：________；共 ___ 天 ___ 夜。

第十九条　旅游费用及支付

（旅游费用以人民币为计算单位）

成人：______ 元 / 人；儿童（不满 12 岁的）：______ 元 / 人；

合计：______ 元（其中签注费用 ______ 元 / 人）。

旅游费用支付的方式和时间：____________。

第二十条　个人旅游保险

旅游者 ______（同意或者不同意，打钩无效）委托赴台游旅行社办理旅游者投保的个人旅游保险。

保险产品名称：__________________

保 险 人：__________________

保险金额：__________________ 元人民币

保 险 费：__________________ 元人民币

第二十一条　成团人数与不成团的约定

最低成团人数：______ 人；低于此人数不能成团时，赴台游旅行社应当在出发前 ______ 日通知旅游者。

如不能成团，旅游者是否同意按下列方式解决：

1. ______（同意或者不同意，打钩无效）延期出团；

2. ______（同意或者不同意，打钩无效）改变其他线路出团。

第二十二条　黄金周特别约定

黄金周旅游高峰期间，旅游者和赴台游旅行社对行前退团及取消出团的提前告知时间、相关责任约定如下：

提前告知时间	旅游者行前退团应当支付赴台游旅行社的业务损失费占旅游费用总额的百分比	赴台游旅行社取消出团应当支付旅游者的违约金占旅游费用总额的百分比
出发前　日至　日		
出发前　日至　日		
出发前　日至　日		
出发前　日至　日		
出发前　日至　日		

第二十三条　争议的解决方式

本合同履行过程中发生争议，由双方协商解决；亦可向合同签订地的旅游质监执法机构、消费者协会等有关部门或者机构申请调解解决。协商或者调解不成的，按下列第 ______ 种方式解决：

1. 提交 ____________ 仲裁委员会仲裁；

2. 依法向人民法院起诉。

第二十四条 其他约定事项

未尽事宜，经旅游者和赴台游旅行社双方协商一致，可以列入补充条款。（如合同空间不够，可以附纸张贴于空白处，在连接处需双方盖章。）

____

____

____

旅游者代表签字（盖章）：______

证件号码：____________________

住　　址：____________________

联系电话：____________________

传　　真：____________________

邮　　编：____________________

电子信箱：____________________

签约日期：

______ 年 ___ 月 ___ 日

赴台游旅行社盖章：___________

签约代表签字（盖章）：________

营业地址：____________________

联系电话：____________________

传　　真：____________________

邮　　编：____________________

电子信箱：____________________

签约日期：

______ 年 ___ 月 ___ 日

签约地点：____________________

赴台游旅行社监督、投诉电话：____________

______ 省 ______ 市旅游质监执法机构：

投诉电话：____________

电子邮箱：____________

地　　址：____________

邮　　编：____________

附件 1：赴台旅游报名表

旅游线路及编号 ______ 旅游者出团时间意向 ______

<table>
<tr><td>姓名</td><td></td><td>性别</td><td></td><td>民族</td><td></td><td>出生日期</td><td></td></tr>
<tr><td>身份证号码</td><td colspan="3"></td><td colspan="2">联系电话</td><td colspan="2"></td></tr>
<tr><td>身体状况</td><td colspan="7">（需注明身体情况是否适宜出游、有无突发病史、有无药物过敏史；是否身体残疾，是否为妊娠中妇女，是否为精神疾病等健康受损情形，赴台游旅行社在接受旅游者报名后在合理范围内给予特别关照，所需费用由双方协商确定。）</td></tr>
<tr><td colspan="8">旅游者全部同行人名单及分房要求（所列同行人均视为旅游者要求必须同时安排出团）：
______ 与 ______ 同住，______ 与 ______ 同住，______ 与 ______ 同住，
______ 与 ______ 同住，______ 与 ______ 同住，______ 与 ______ 同住，
__________ 为单男 / 单女需要安排与他人同住，__________ 不占床位，
____________________________ 全程要求入住单间（应当补交房费差额）。</td></tr>
<tr><td colspan="8">其他补充约定：

旅游者确认签名（盖章）：　　　　年　月　日</td></tr>
<tr><td>备注</td><td colspan="7">（年龄低于 18 周岁，需要提交家长书面同意出行书）</td></tr>
<tr><td colspan="8">以下各栏由赴台游旅行社工作人员填写</td></tr>
<tr><td colspan="2">服务网点名称</td><td colspan="2"></td><td colspan="2">赴台游旅行社经办人</td><td colspan="2"></td></tr>
</table>

附件2：带团号的《旅游行程计划说明书》

旅游者:(代表人签字)

赴台游旅行社:(盖章)

经办人:(签字)

年　月　日

二、《大陆居民赴台湾地区个人旅游注意事项》的相关要求

（1）赴台游组团社在接受赴台个人游游客咨询时，应提供真实可靠的赴台旅游服务信息，介绍台湾地区的基本情况、相关规定和风俗习惯，提示游客在人身和财物安全防范及文明旅游等方面的注意事项。

（2）赴台游组团社应建立赴台个人游业务专门台账，落实领导，明确责任。

（3）大陆居民赴台湾地区个人旅游，必须按照《中华人民共和国海关对进出境旅客行李物品的监管办法》及有关规定，办理随身携带的行李物品通关手续。

（4）大陆居民赴台湾地区个人旅游，应当妥善保管个人的旅行证件，一旦发生遗失或被盗抢等意外，应立即通过台方旅游热线电话报告台湾海峡两岸观光旅游协会。

（5）大陆居民赴台湾地区个人旅游，应当遵守台湾地区的相关规定，尊重当地的风俗习惯，注意言谈举止文明。

（6）大陆居民赴台湾地区个人旅游，应注意自我安全保护，严格遵守游览地的安全管理要求，服从管理。遇到自然灾害和其他突发事件时，应在尽可能采取措施自救的前提下，及时通过台方旅游热线电话寻求营救保护，服从台湾有关方面的处置指挥，并经由台湾海峡两岸观光旅游协会进行沟通协调。

三、《往来台湾通行证》的申领和签注

顾客在赴台旅游之前一般需自行申领《往来台湾通行证》，但对于未申领《往来台湾通行证》的顾客，作为门市服务人员可以提供有偿的协助办理服务，同时办理首次签注手续。若顾客已经持有《往来台湾通行证》，只需单独签注，则一般由旅行社代为服务。

《往来台湾通行证》申领时需要提交填写完整并贴有申请人近期正面免冠彩色（背景为白色）2 寸照片（48mm × 33mm）的《往来台湾通行证申请表》（表格如下所示）、居民户口簿（或户籍证明原件）和居民身份证（或临时居民身份证）的复印件，并交验原件。

往来台湾通行证申请表

申请编号条形码

身份证号码					相片
姓		名		曾用名	
拼音姓		拼音名		性别	
出生地		出生日期	年 月 日		
民 族		文化程度		婚姻状况	□未婚 □已婚 □离异 □丧偶
户口所在地址				户口所在地派出所	
现住址				联系电话	
				邮政编码	
工作单位				职 务	
申请类别	□首 次 □证件遗失	□证件期满 □证件损毁	□内页用完 □其他（ ）	□单独签注	
签注申请事由	□定居（定居、返台） □探亲（探亲、团聚、探病） □居留（居留、返乡、探亲） □组团旅游 □个人旅游 □其他（访友、接受和处理财产、处理婚丧事宜、诉讼） □应邀（持国务院台办“赴台批件”赴台） □非公职应邀（持国务院台办经济局“立项批复”赴台进行经贸、交流活动） □乘务 （请参照入台许可证明填写本栏）				
取证方式	□委托速递（先到速递窗口付费） 到公安机关领取：□本部发证点（浦东民生路1500号）				
	□徐汇发证点（番禺路865号） □虹口发证点（闵行路260号） □普陀发证点（大渡河路1913号）	□浦东惠南发证点（惠南镇城南路1366号） □黄浦发证点（蒙自路701号） □闸北发证点（天目中路578号二楼）	□长宁发证点（古北路788号） □浦东张江发证点（张江路39号） □嘉定发证点（永盛路1190号）		
此栏由16周岁以下申请人的监护人填写					
与申请人的关系	□父亲	□母亲	□其他监护人		
监护人身份证件号码					
申请人声明：我保证所提交、填报的资料准确无误，并愿承担法律责任。 申请（监护）人签名 年 月 日					
下栏由特定身份申请人工作单位填写（持国台办签发的“赴台批件”的，免交单位意见）：					

续表

特定身份申请人系：1. 在职和退（离）休的市管干部 □

2. 各级机关包括工、青、妇等人民团体和各民主党派机关中处级领导干部 □

3. 其他需要报送备案的人员，如涉及国家政治、经济、安全、商业秘密的，金融、财税、科研、教学等机关、国有企业事业单位的重点岗位工作人员 □

4. 参照以上规定的沪中央直属单位、外省市自治区驻沪单位的工作人员 □

单位意见：同意申请人在 ______ 年 ____ 月 ____ 日之前，办理 _______（出境事由）赴台湾

单位（或上级主管单位）负责人签名：　　　　单位（或上级主管单位）盖章：

签字日期：　　　　　　联系电话：

以下栏目由出入境管理部门填写		
受理意见栏	受理人：　　年　月　日	
审核意见栏	审核人：　　年　月　日	
审批意见栏	审批签发机构意见： □同意 / □不同意签发通行证 审批人：　　年　月　日	
备注栏	信息补录人：　　日期： 照片扫描人：　　日期： 一次校对人：　　日期： 二次校对人：　　日期：	

上海市出入境管理局

首次申请、过期申领、换发、补发证件的，申请人须亲自办理。证件有效期内再次申请签注和未满 16 周岁或 70 周岁以上的申请人，可委托代办（代办人须提交身份证）。

个人游申请人在办妥通行证及签注后，通过有组团游资质的旅行社代为申请赴台许可。 个人游签发 6 个月一次有效“G”签注。组团旅游签发 3 个月一次有效“L”签注。

《往来台湾通行证》的申领工作需要 10 个工作日，再次申请签注 7 个工作日。《往来台湾通行证》的申领费用为 30 元 / 证；签注、加注、延期 20 元 / 项次；多次签注 100 元。

职业操练

1. 同学两两一组，模拟完成赴台旅游合同签订过程，并写出对话过程。
2. 收集本省（直辖市、自治区）的《往来台湾通行证》申领政策。

项目20 签订单项委托合同

单项委托服务是指旅行社向个人或团体客户提供经营服务范围内各种按单项计价的可供选择的服务。

职业场景

临近春节，前来咨询长假期间出游的顾客络绎不绝。某位顾客走到了小王柜台前，提出了他的要求：打算正月初二乘火车出发，带父母家人（共 4 位成人 1 位小孩）去香港自由行，火车票由他自行购买，港澳通行证也自行办理，但希望旅行社帮助预订 3 晚的酒店住宿服务。在小王的推介下，他选中了位于铜锣湾附近的 ×× 酒店，于是小王与其当即签订了单项委托合同。

职场解析

旅行社提供的单项委托服务主要有:（1）抵离接送;（2）行李提取和托运;

（3）代订饭店；（4）代租各类车辆；（5）代订、代购、代确认交通票据；（6）代办入境、出境、过境临时居住和旅游签证；（7）代办会务组织；（8）提供目的地导游服务；（9）代办各类门票、演出票、赛事票等票务服务。

目前国家旅游局尚未颁布有关旅行社单项委托服务的统一示范合同文本，只有部分省市旅游主管部门出台颁布了相关示范文本。以下为《杭州市单项委托服务合同》示范文本。

杭州市单项委托合同

（示范文本）

合同编号：________

甲方（委托人）		身份证号	
电话		住址	

乙方（受托人）			
工商执照注册号		业务经营许可证号	
公司负责人		经营范围	
电子信箱		住所地	
开户银行		账号	
电话		邮编	

备注：杭州市旅游服务质量监督投诉电话：96123

根据《中华人民共和国合同法》《旅行社条例》及有关法律法规的规定，甲乙双方在平等、自愿、协商一致的基础上，就下列委托事项达成如下协议：

第一条　委托授权范围

甲方委托乙方办理本次外出旅行的有关事项，由乙方为甲方代理预订交通、住宿，代办签证、签注等单项服务。

第二条　预订旅行项目、费用及支付方式

1. 分项预订

（1）代订机票：

出发地：________，目的地：________，出发、返回日期：________；

去程航班号：______________，回程航班号：______________；

机票价格：______元/张，共______张，合计金额：______元。

（2）代订酒店：

酒店所在城市：___________，标准：___________，数量：_____间；

入住时间：_____年_____月_____日，退房时间：_____年_____月_____日，共_____晚；

客房单价：_____元/间，合计金额：_____元。

（3）代办签证或者签注：

甲方委托乙方办理赴 ___________ 签证或者签注（签证种类：旅游签证、商务签证、求学签证、工作签证、其他签证名称 ），乙方接受委托。

代办签证或者签注费用：_____ 元（包括签证或者签注费、代办费、邮寄费）。

（4）其他委托项目：____

2. 合并项预定

旅行款总金额：_____ 元，包括：□国际（国内）间的机票（含燃油机场税）、□住宿费、□签证或者签注费（不含酒店内各种酒类、饮料、洗衣、通信等费用）。

3. 以上费用以人民币作为结算币种，在签订本合同之当日一次性付清。

第三条　其他旅行者姓名、身份证号码

（名单可附页，需甲方代表和乙方签名、盖章确认）

委托人姓名：__________，身份证号码：_____________________

委托人姓名：__________，身份证号码：_____________________

委托人姓名：__________，身份证号码：_____________________

第四条　温馨提醒

为保证旅途安全，请甲方在出行前做一次必要的身体检查，如存在下列健康问题的病患者，请勿出行：

（1）传染性疾病患者，如传染性肝炎、活动期肺结核、伤寒等传染病人；

（2）心血管疾病患者，如严重高血压、心功能不全、心肌缺氧、心肌梗死等病人；

（3）脑血管疾病患者，如脑栓塞、脑出血、脑肿瘤等病人；

（4）呼吸系统疾病患者，如肺气肿、肺心病等病人；

（5）精神病患者，如癫痫及各种精神病人；

（6）严重贫血病患者，如血红蛋白量水平在50克/升以下的病人；

（7）大中型手术的恢复期病患者；

（8）孕妇及行动不便者。

第五条　职责

1. 甲方职责

（1）甲方应当确保所提供的证件及资料真实有效，联系电话或者传真须是经常使用或者能及时联系到的，否则，由甲方自负其责。

（2）甲方应当按约支付乙方代办委托事务的费用及报酬。

（3）甲方应当及时受领乙方办理委托事项的结果。

（4）因不可归责于乙方的事由，委托合同解除或者委托事务不能完成的，甲方应当向乙方支付相应的报酬。

2. 乙方职责

（1）乙方应勤勉地为甲方处理委托事务。

（2）乙方需要转委托的，须事先经过甲方同意。

（3）乙方经甲方同意转委托的，仅就自己选任受托人的选任和指示承担责任。

（4）乙方应当按照甲方指示处理委托事务，并按照甲方要求报告委托事务的处理情况。

第六条　违约责任

1. 甲方违约责任

（1）甲方在出发前 5 日（120 小时）内取消机票或者酒店用房的，机票已开出的按机票的实际损失计算，酒店按房价的 ______% 计算损失，并应按合同总价 ______% 向乙方支付违约金，赔偿乙方实现合同可获得的履行利益。

（2）甲方未按合同约定或者未经乙方同意，临时要求改变机票、酒店等行程的，费用自理，并不得要求退回已支付旅行费用。

（3）乙方在扣除上述业务损失费及违约金后，应当在甲方退订通知到达日起 5 个工作日内向甲方退还剩余旅行费用。

2. 乙方违约责任

（1）乙方未按合同约定为甲方提供代订机票、代订酒店等单项服务的，退还甲方已支付的旅行费用，并应按合同总价 ______% 向甲方支付违约金。

（2）乙方未经甲方同意擅自改变机票及住宿酒店，并降低机票舱位、住宿酒店标准的，应当按合同总价 ______% 向甲方支付违约金，并退还降低标准的差额。

（3）乙方应当在取消受托业务通知到达日起 5 个工作日内，向甲方退还全额或者部分旅行费用，并支付上述违约金。

3. 特别约定

（1）在春节、“十一”国庆节等黄金周旅游高峰期、法定的节假日及其他部分地方性重大节日期间，甲方无论何时解除本合同，须向乙方支付全部机票或者酒店等费用总额的100%的违约金。

（2）如甲方委托乙方代购的是团队包机票，不能改、不能转、不能退。

第七条　终止合同

1. 本合同生效后，甲乙双方任何一方要求终止合同的，应提前5日（120小时）通知对方。

2. 违约方在上述时间内通知对方，应向守约方支付合同总价 _____% 的违约金（但不得低于合同总价10%）。

3. 一方直接经济损失超过对方支付的违约金时，直接经济损失与违约金的差额部分由对方据实赔偿。

第八条　定金条款

在春节、“十一”国庆节黄金周旅游高峰期、法定的节假日及其他部分地方性重大节日期间，甲方须支付定金 _____ 元作为履约担保，甲方按约履行后，定金可抵作旅行费用。如甲方违约，无权要求返还定金；乙方违约，应当双倍返还定金。

第九条　关于代办签证或者签注的约定

1. 签证或者签注

（1）甲方委托乙方代办签证或者签注，甲方应当将个人签证或者签注资料完整、准确地提供给乙方，以便乙方交给目的地国家使（领）馆或者有关机关作签证或者签注之用。能否给予签证或者签注，是使（领）馆或者有关机关的权利，使（领）馆或者有关机关对甲方材料进行审核后未签发签证或者签注的，甲方所缴纳的签证或者签注费用不予退还。

（2）乙方为甲方代办取得的签证或者签注，是甲方离开本国以及进入目的地国家或者地区的前提条件。乙方按照约定项目提供服务，乙方只负责审验甲方提供的资料并提交给相应签证国使（领）馆或者有关机关，如非乙方操作原因甲方被拒绝离境或者入境，乙方对此将不承担任何责任，所产生的损失由甲方自负。

（3）甲方获得签证或者签注后，如滞留不归、延期归国或者在目的地国家或者地区发生违反当地法律、法规的情况，须承担给乙方带来的经济损失和名誉损失。

2. 送交方式

交付办理签证或者签注材料及领取签证或者签注，甲方选择下列第______种方式：

（1）甲方亲自送交及领取。

（2）甲方委托他人代为递交及领取，受委托人须向乙方提交甲方亲笔签名的《授权委托书》。

（3）甲方通过“特快专递”邮件形式递交及领取。如甲方以该种方式收取签证或者签注，则该签证或者签注在交付邮递部门的工作人员后而发生延误、丢失、毁损、灭失等风险，均由甲方自行承担责任。

第十条　保险购买

乙方推荐甲方购买旅游意外险、财产遗失等保险，甲方可自行购买或者委托乙方购买。

第十一条　特别说明

1. 代订机票上所示的时间如与航空公司最终通知搭乘飞机时间不一致的，以航空公司最终通知时间为准。

2. 根据行业惯例，酒店的入住时间是当天中午12点整至第二天中午12点整（如果是代订日第二天凌晨入住的，也算一天；次日12点以后退房的，须支付续住费用）。

第十二条　免责条款

1. 甲乙双方因不可抗力（包括但不限于因自然原因和社会原因引起的，如自然灾害、战争、恐怖活动、动乱、骚乱、罢工、突发公共卫生事件、政府行为）不能履行合同的，且双方又未能达成变更合同内容的，双方均可通知对方解除合同，解约方无须承担违约责任。

2. 对由于列车、航班等公共交通工具延误或者取消，以及第三方侵害等不可归责于乙方的原因导致甲方人身、财产权益受到损害的，乙方不承担责任，但应当积极协助解决甲方与责任方之间的纠纷。

第十三条　其他约定事项

1. 甲方决定委托项目及其服务提供者，乙方可以根据甲方咨询提供参考性意见。

2. 乙方接受甲方委托，凭其指示代为办理本合同约定的委托事项，甲方如对已代办服务项目有任何要求，直接与代办的服务项目提供商联系处理。

3. 甲方未按约定的时间提供证件及资料，或者提供的证件及资料不真实，造成乙方无法为甲方提供约定服务的，乙方不承担赔偿责任，甲方应当承担乙方已支付的直接费用。

4. 甲方在接受委托项目服务商服务期间遭受人身、财产损失的，由甲方与提供服务商自行解决，乙方予以协助处理，但乙方不承担赔偿责任。

5. 甲方应特别注意旅途目的地的法律法规及风俗禁忌，慎重选择带有危险性的旅游产品。

6. 甲方代理其他旅行者签约的，甲方有义务将本合同约定事项向其代理的旅行者作出必要说明（特别是本合同“温馨提醒”“免责条款”部分），如甲方未履行上述义务导致其代理的旅行者与乙方发生纠纷、乙方被追究民事责任，乙方在承担民事责任后有权利向甲方追偿。

第十四条　法律适用

1. 本合同系委托合同，在履行过程中如发生争议，优先适用《中华人民共和国合同法》分则中“委托合同”章节的规定。

2. 乙方以甲方名义与第三人签订合同，或乙方以自己的名义与第三人签订合同，并明确告知了乙方受委托代理关系，该合同直接约束甲方与第三人。

第十五条　争议解决

本合同履行过程中如发生争议，由双方协商解决，或者向有管辖权的旅游质量监督管理所、消费者协会等有关部门投诉；协商或者投诉解决不成的，向合同签订地人民法院起诉，或者按照另行达成的仲裁协议、仲裁条款申请仲裁。

第十六条　附则

1. 本合同自甲乙双方签名或者盖章之日起生效，合同一式二份，甲乙双方各执一份，具有同等效力。

2. 本合同有效期限，自签订之日起至本事务完成时止。

甲方代表（签名）：　　　　乙方（盖章）：
　　　　　　　　　　　　　合同经办人（签名）：

签约日期：　　　　　　　　签约日期：

签约地点：________________________

职业操练

同学两两一组，模拟完成单项委托合同签订过程，并写出对话过程。

项目21 收取费用开具票据

签订好旅游合同后，门市服务人员的后续工作就是向顾客收取相关费用，并为其开具发票；假如顾客是预付定金的话，则开具收据，待付清全部费用后再开具全额发票。

职业场景

经过了3个多月的门市前台接待岗位实习，小王已能轻车就熟地完成前台咨询、推介和签约等工作。为了进一步培养和锻炼小王，师傅赵老师又安排其轮岗至收银岗位。临近旅游旺季，门市销售非常红火，顾客纷纷签约后，由接待人员领至收银处，办理相关缴费业务。收银岗位人手不多，小王一会儿收取现金，一会儿刷银行卡，一会儿开具发票，忙得不亦乐乎。

职场解析

旅行社的收银岗位是一项细致复杂的工作，时间性和业务性要求很高，收银工作的好坏直接关系到能否保证旅行社的经济效益，能否准确反映旅行社经营业务活动的状况，同时也反映了旅行社的服务水平和经营管理效率。因此要求收银员具备较强的财务制度观念和较高的职业道德水平，收银人员除了需要掌握熟练的收银工作技巧和操作程序，还要具备友善和蔼的服务态度，养成细致耐心的工作习惯。

一、收银员工作纪律规范

1. 严格履行交接手续

交接班时要与关系责任人当面清点发票、款项、钥匙。需要办理交接表手续时，需按要求准确填写并签字。

2. 专人负责，严禁空岗

收银工作必须由指定的专人负责，不得交给与收银工作无正式责任关系的其他人代管。严禁收银员在工作时间内擅自离开工作岗位。

3. 账款每笔相符

规范的收银工作不得出现丝毫差错。每笔收银账目与收入款项必须相符，错账、长短款必须立即查明原因。

4. 先收后付，禁止交叉

收银员的收款程序应为先接受顾客交付的款项或平整单据，待结算完毕后将需要付给顾客的所有手续材料一次付清，不得先付出后收取。收银员不得同时处理两笔账务，以免混淆不同的账务给顾客与自己带来不必要的麻烦。

5. 严格汇报总结制度

出现错误及时汇报，迅速处理，认真总结，并制定出补救或改正措施，以防后患。

6. 公私分明，廉洁守法

个人钱财不得与公款混放，收银多款不得私吞，不得私借、贪污收银款项，不涂改、销毁收银凭证。

7. 临危不惧，以稳治乱

遇意外事件（特别是恶性犯罪行为）应尽量做到自身冷静、迅速报警、争取援助，与坏人周旋、斗智斗勇，以确保收银款项与凭证完整无缺。

8. 环境简洁，防止火灾

收银环境尽量简洁，收银员不得将与收银工作无关的物品带入或存放于收银环境内。收银员应随时注意打扫收银环境，不得随意丢弃废纸废物，严禁将纸质物品放在电器上，以消除火灾隐患。当发现顾客在附近吸烟时，收银员有责任及时劝阻，或告知其到允许吸烟的地方吸烟。顾客当场熄灭香烟时要注意烟灰、烟蒂的处理方式，以防乱丢引发火灾。

9. 规范服务，礼貌待客

收银员应依照工作程序和要求提供服务，对待结账或询问的顾客都要主动热情、礼貌待客、微笑服务，必要时应提供帮助。任何时候都不得敷衍，命令顾客。

二、收银员语言服务规范

收银员也是门市服务接待的一员，亲切规范的服务用语同样也非常重要。收银员在接待顾客的全过程中，语言要热情、亲切、礼貌、和蔼，灵活运用好“您、请、欢迎、对不起、没关系、谢谢、再见”等十四字文明礼貌用语。

1. 招呼用语

顾客前来付款时，尽管由签约接待人员陪同前往，收银员仍需向顾客问好打招呼，对顾客可以统称用“您”，也可针对不同顾客的年龄、性别使用各种尊称用语，打招呼的时机和方式也要恰当。

2. 交易用语

向顾客打好招呼，只是服务过程的良好开端。要使消费者更加满意，还必须掌握好交易用语。交易用语是收银员在收银过程中使用的专业语言，是服务的关键环节。收银员要注意语言艺术、说话技巧，不能使用夸张语言、讽刺挖苦语言以及各种不关心语言等。

3. 致谢致歉用语

在服务过程中，对顾客前来付款和在付款过程中给予的合作、支持要表示感谢；对于收银操作过程中的手续延迟给顾客带来不便、操作失误等要表示歉意，可以说“对不起，让您久等了”、“麻烦您签个字”、“请您核对下”、“请原谅”等。通过这些致谢致歉语言，使顾客感到亲切。

4. 道别用语

接待顾客要有始有终，从打招呼到收钱，形成了收银服务中的热情场面。在收银结束后，收银员应主动热情道别，如“欢迎您再来”、“谢谢，您慢走”等。这不仅仅是礼貌性的表示，更重要的是给顾客送去了交易后的愉快，也给他们留下深刻的印象，为以后的服务奠定了基础。

总之，服务语言是非常丰富的，用好语言接待好每一位顾客，使顾客满意，是服务规范所要求的，也是一种柜台本领。

三、收银员工作流程及要点

工作流程	主要内容	服务要点
准备阶段	1. 工作用品准备	（1）查锁：检查收银台锁有无他人动过的迹象。如有被破坏痕迹不得乱动，要注意保护现场，立即汇报。 （2）备零钱：每天开业前收银员应备足当天所需现金或零钱。在营业时间内不应出现找不开钱的情况。 （3）备单据：开业前收银员应将本班次所需的单据如发票、收据等准备充足。

续表

<table>
<tr><th>工作流程</th><th>主要内容</th><th colspan="2">服务要点</th></tr>
<tr><td rowspan="2">准备阶段</td><td>1. 工作用品准备</td><td colspan="2">（4）备收银用具：开业前收银员应将当日收银所需用具准备妥当。包括印盒添印油、更换当天收讫章日期、备好顾客用笔、海绵壶充水，检查打印机内打印纸的余量等。
（5）检查收银设备：检查收银机、POS 机、计算机、网线、电话、电线等的通电和运行是否正常。
（6）检查环境：包括照明灯光、环境卫生等。</td></tr>
<tr><td>2. 仪表仪容仪态准备</td><td colspan="2">（1）制服：按季节着规定的制服，始终保持整洁，无污渍、缺扣、脱线，行走和站立时扣子应扣起，保持平整。
（2）标准坐姿：上身自然挺直，挺胸，双膝自然并拢，双肩自然平正放松，两臂自然弯曲，双手放在双腿上或收银台面上，掌心向下。脊背轻靠椅背。精神饱满，表情自然，面带微笑，双目平视。</td></tr>
<tr><td>等候阶段</td><td colspan="3">在无宾客临柜时，可以小范围地清洁卫生，整理收银用品，核对账目，并随时做好恭候宾客光临的准备。</td></tr>
<tr><td rowspan="4">接待阶段</td><td>1. 顾客临柜服务（无宾客等待交易情况）</td><td colspan="2">宾客临柜，立刻停止手中与接待无关的工作，主动与宾客目光相遇，微笑并问好。
·主动：5 米之内关注，3 米之内主动眼神接触，1 米之内主动招呼。
·目光：目光要始终关注宾客，表情自然，眼神温和，给人亲近感。
·微笑：始终向与你目光相遇的宾客微笑，表达主动服务的意愿。
·起身：顾客离收银台 3 米后，起身，1 米之内向宾客问候。
·问好：可根据时间、节日问候，如“先生 / 小姐，早上 / 下午 / 晚上好”、“节日快乐”等</td></tr>
<tr><td>2. 收银受理服务</td><td colspan="2">首先从顾客或其他接待人员手中礼貌地双手接过旅游产品付款单、旅游合同财务联或销售财务联等收款单据，核算收款总金额，口头与顾客或接待人员核实收款金额和收款项目，并征询支付方式、折扣优惠等内容，对收款项目与金额不符或疑问的情况，及时提出，请示主管。</td></tr>
<tr><td rowspan="2">3. 钱卡处理服务</td><td>现金</td><td>银行卡</td></tr>
<tr><td>双手接收顾客现金后，立即进行点钞工作，并进行人工和点钞机二次点钞，点钞完毕立刻唱收金额：“一共收您×××元。”点钞同时要注意辨识钞票的真伪，可通过手摸、眼看、耳听和检测的简易方法来识别。</td><td>各类银行卡只限本人使用不得出借转让；信用卡具有透支功能，且有使用有效期，借记卡不能透支；消费时大多通过银行卡网络联机（POS 机）使用，且需输入密码并核对签名；压卡机一般在 POS 机具出现故障、通信线路故障或持卡人的信用卡磁道损坏等情况下，无法进行联机交易时，使用压卡机完成交易，目前已很少使用。</td></tr>
</table>

续表

<table>
<tr><th>工作流程</th><th>主要内容</th><th colspan="2">服务要点</th></tr>
<tr><td rowspan="3">接待阶段</td><td rowspan="2">3. 钱卡处理服务</td><td>眼看：用眼睛仔细地观察票面外观颜色，固定人像水印、安全线、胶印缩微文字、红色和蓝色纤维、隐形面额数字、光变油墨面额数字、阴阳互补对印图案、横竖双号等。
手摸：依靠手指触摸的感觉来分辨人民币的真伪。
耳听：通过抖动使钞票发出声响，根据声音来辨别人民币真伪。
检测：借助一些简单工具和专用仪器进行钞票真伪识别的方法。</td><td>双手接过银行卡后，应先查验银行卡。卡片正面凸印的内容和图案是否完整无缺，无涂改或打孔、剪角、损坏现象及卡面的凸印号码没有被涂改的痕迹等；如出现以上异常情况，应立即拒绝受理。
银行卡片背面签名栏上须有持卡人预先签名，如无签名可以拒收。签名栏上签名如是中文，应与卡片正面凸印的持卡人汉语拼音名相符。如明显不符，应立即拒绝受理。
刷卡交易成功后，POS 机会打印出一式三联的交易凭证：第一联是商户存根联（收银保管，与结算单装订在一起，必须有客人签名）；第二联是银行存根联（收银保管，粘贴在报表中）；第三联是持卡人联（完成刷卡后交还给客人保管）。每笔经持卡人签名的 POS 交易凭证应视作现金保管。POS 交易凭证有效保管期为二年，以备银行调单之用。
需顾客签名的交易条应双手递给顾客，并礼貌地说："麻烦您核对签名。"签名笔一般可以在柜台显眼位置摆置一支。顾客核对签名后收银人员应核对签名，POS 凭证上的签名和卡片上的预先签名必须保持一致。</td></tr>
<tr><td>发现可疑钞票时，一定婉言敬请顾客调换。</td><td>交易金额正确与否关系到本公司资金安全，完整到账，如核对结果有误，须立即做撤销交易，然后重新刷卡。</td></tr>
<tr><td>4. 开具发票服务</td><td colspan="2">随着我国发票税务制度的进一步规范，目前旅游业的手写和定额发票使用已经越来越少了，基本都开始使用通用机打发票。通用机打发票内容大致有发票代码、发票号码、开票日期、行业分类、税控码、付款单位（个人）名称、收款方编码、收款方名称、收款项目（明细）、收款金额、开票人等内容。收银员日常开具发票时一般只需输入付款单位（个人）名称、收款项目（明细）、收款金额等内容即可，其他项目开票软件均会自动输入。
开票信息输入前需询问顾客："请问发票的抬头开个人还是单位？"个人的话，直接输入顾客的姓名，单位则需详细询问顾客单位的名称，都应避免抬头名称的错误，必要时请顾客手写在纸条上，"麻烦您写下您的姓名（单位名称）"。
操作开票机器的收银人员应具备较快的文字输入技能，以确保迅速准确地为顾客开票服务。上述内容在输入核对无误后，即可打印。</td></tr>
</table>

续表

工作流程	主要内容	服务要点
接待阶段	4. 开具发票服务	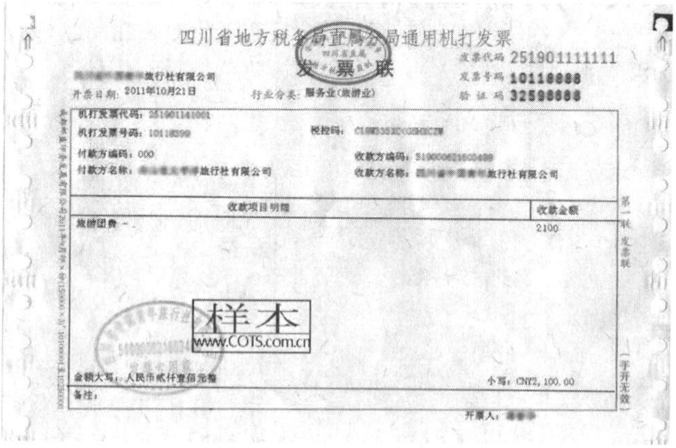 四川省地方税务局直属分局通用机打发票 发票联 发票代码 251901111111 发票号码 10118888 验证码 32598888 旅行社有限公司 开票日期：2011年10月21日 行业分类：服务业(旅游业) 付款方编码：000 付款方名称：旅行社有限公司 收款方名称：旅行社有限公司 收款项目明细 收款金额 旅游团费 2100 金额大写：人民币贰仟壹佰元整 小写：CNY2,100.00 备注： 开票人： 第一联 发票联 （手开无效） 样本 www.COTS.com.cn
	5. 钱单找回服务	在完成现金找零、银行卡刷卡、顾客签名、开具发票之后，收银员需要礼貌递送将找零、银行卡、POS 交易凭证、发票等双手递还给顾客，并提醒顾客核对保存，“这是您的……请您核对下，注意收好保留着”。
	6. 送客离柜服务	（1）若之后还有顾客等候服务，可以直接礼貌地向宾客道谢或道别，并邀请下一位顾客上前办理付款。 （2）若没有其他顾客等待服务，则需起身道谢或道别，微笑目送宾客离去（视线范围 3 ～ 5 米）。 （3）送客用语主要有：“谢谢！”“请慢走！”“欢迎下次光临！”“再见！”
后续阶段	宾客离柜后，应视情况及时整理收银台面、钱款、POS 交易凭证等，做好接待下一位宾客的准备。时间许可的情况下，可以及时填写“一日营业款收支汇总表”。	

职业操练

1. 利用点钞机进行点钞练习。
2. 观察某收银柜台的收银工作，记录下银行卡收银的服务过程。
3. 收集一些服务业的发票，进行比较分析，记录主要的打印内容。
4. 同学两两一组，模拟完成现金和银行卡的收银工作过程，并写出对话过程。

单元07

行前通知

行前通知服务的主要工作是将具体的出行时间安排、往返交通工具班次时间、集合地点、目的地情况、安全注意事项等具体出行内容告知顾客。行前通知的服务环节在不同的旅游产品操作时，各有不同之处，甚至在有些旅行社里会由计调部门的相关人员负责。

项目22　国内游行前通知

尽管在国家旅游局颁布的《团队国内旅游合同》示范文本中没有严格地规定国内旅游出行前旅行社必须进行行前通知，但是为了保证旅游者对行程安排的充分知情权，示范文本中还是规定了旅行社要“在出团前如实告知具体行程安排和有关具体事项，具体事项包括但不限于所到旅游目的地的重要规定、风俗习惯、安全避险措施、应急联络方式”，“对可能危及旅游者人身、财产安全的事项和须注意的问题，向旅游者做出真实的说明和明确的警示”。

职业场景

完成了一个月的门市收银岗位的实习，从这个月起小王又被调入了门市的客服岗位，和部门的同事共同负责旅行社所有团队的行前通知工作。这周起他首先跟随王师傅负责国内团队的行前通知工作。正好前些天王夫妇报名参加的海南旅游团队行程安排已经全部落实完毕，王师傅便让小王去负责这个团队的行前通知工作。

职场解析

一、不同团控状态下行前通知的区别

国内游行前通知服务环节通常分三种情形：

一种情况是针对自组成团产品，或已经达到成团人数的散客拼团产品，而且具体的出行时间和往返交通班次时间都已确定的情况下，门市服务人员会在顾客签订合同时或签订完毕后，当场向顾客进行行前通知。

另一种情况是针对尚未达到成团人数的散客拼团产品，门市服务人员会在成团和落实具体行程安排后，将相关的行前通知具体内容通过各种途径告知顾客。

第三种情况是组团成功，但个别行程安排尚未落实确定，如由于飞机火车等交通工具的票务因素，没有确定具体的班次，门市服务人员会在所有的行程安排确定后，再将相关的行前通知具体内容通过各种途径告知顾客。

由于上述情况的存在，因此在旅游合同中一般都标明了有关成团人数、不成团、拼团和转团方面的约定。

当旅游目的地出现一些不可抗力因素，如自然灾害、当地罢工或局势动荡，预计会对游客的出行造成影响时，门市服务人员还会按照计调人员的指示，发出临时行前通知，告知可能出现的出行意外情况，甚至通知延期发团。

二、行前通知的形式

行前通知的形式主要分两种：

一种情况是在顾客签订旅游合同的同时，当场向顾客进行行前通知。行前通知的具体内容包含在旅游行程安排单中，或者单独打印“××团队行前通知书”或“××团队旅游出行注意事项”等书面材料交予顾客，对其中的关键内容门市接待人员再进行口头重点强调。

另一种情况是在顾客签订旅游合同之后，等计调和票务人员将具体行程安排全部落实完成，再由门市人员通过电话、电子邮件、信件寄送或邀请旅游者上门领取等形式进行行前通知。而对于重要顾客或单位公司集体顾客，一般由专门的客服或销售接待人员前往顾客所在地，携带“××团队行前通知书”或“××团队旅游出行注意事项”等书面材料，亲自登门进行行前通知。

三、行前通知的内容

对于自组成团产品，在组团同时旅行社计调人员就基本完成了具体行程安排的落实工作。而对于散客拼团产品，在旅游者完成旅游合同签订之后，相关旅游产品的具体行程安排落实工作就会转入旅行社的后台计调操作。在计调人员完成相关行程安排的落实之后，旅行社才会安排服务人员将具体的行程安排通知顾客。

国内游行前通知的主要内容包括：

（1）旅行团具体出发时间及集合地点。

（2）出发交通工具的航班或车次、起飞或发车时间，需提前抵达的时间。

（3）介绍全陪导游员的相关信息：姓名、性别、联系方式等，对于特殊或重要团队，可以介绍得更加具体全面些，凸显在导游选派方面的针对性和专业性。

（4）具体详尽的行程安排，包括旅游的食、住、行、游、购、娱六要素等。假如具体详尽的行程安排已附在旅游合同的“旅游行程安排单”中，则在行前通知时可以省略，或挑选其中重要或特色内容进行说明。

（5）前往旅游目的地天气、特产、风俗习惯等基本情况。

（6）对可能危及旅游者人身、财产安全的事项和须注意的问题，向旅游者做出真实的说明和明确的警示。

（7）发放旅行纪念品（如太阳帽、旅行包等）和安全保障卡，并请旅游者亲笔填写其中个人信息（包括旅游者的姓名、血型、应急联络方式等）。国家旅游局制定有《游客安全保障卡》参考式样，如下所示：

（正面 90mm×110mm）

外出旅游，随身携带

游客安全保障卡
Tourist Information Card

（请游客自行填写并根据身体实际选择打钩。
本卡篇幅有限，游客可另纸说明，并随身携带）

国家旅游局制

NTA

姓和名 Family name and Given Name:
________ — ________
护照号码 Passport Number:
□□□□□□□□□□□□□□□□□□
身份证号码 ID card number:
□□□□□□□□□□□□□□□□□□
国籍 Nationality: ________
急救情况下联系人姓名、手机号码、备用电话号码 Emergency contact: ________
____

（背面 90mm×110mm）

血型 Blood type：A□B□O□AB□其他________
过敏史 Allergy history:
抗生素类药物 antibiofic□　磺胺类药物 sulfu□
破伤风抗毒素 tetanaus antitoxin□
麻醉用药 stupefacient□　镇静安眠药 phenobarbital□
其他________
既往疾病 Formerly medical history:
恶性肿瘤 tumor□　糖尿病 diabetes□
心血管病 cardiovascular disease□
高血压 high blood pressure□
癫痫 epilepsy□　精神疾病 psychopathy□
其他________

可以使用的商业保险 Commercial insurance company name: ________
____
____
特别说明：________
____
____
____
____
________持卡人签字：

（8）告知本旅行社的紧急联系人和联系电话，旅游目的地的地接旅行社名称、紧急联系人和联系电话。

（9）解答参团者的各种疑问。

四、行前通知单样稿

不同国内旅游产品及不同旅行社制定的行前通知单的式样、内容各有不同，但大多包含上述基本内容，如下所示为某旅行社的“国内旅游通知单”格式样稿：

××旅行社国内旅游通知单及注意事项

尊敬的游客：

非常感谢您对我们旅游公司的厚爱，现将您参加本次旅游出发前的一些必要说明告知您，请您仔细阅读：

欢迎您参加我社组织的＿＿＿＿＿（旅游产品名称），请您于＿＿＿年＿＿月＿＿日在下述地点集合，集体办理乘机（车）手续。

■ ＿＿＿机场＿＿号航站楼国内出发厅＿＿＿号门或＿＿＿（标志物）处；

■ ＿＿＿火车站＿＿＿入口或＿＿＿（标志物）处；

■ 其他集合地点：＿＿＿路＿＿＿号＿＿＿（标志物）处。

我们全体团员和导游将搭乘航班（车次）＿＿＿前往旅游目的地首站。

友情提示：搭乘国内航班（火车）请您务必提前＿＿＿分钟抵达集合地点，过时不候，后果自负！

一、具体行程安排

第 1 天：＿＿

餐食安排：早：＿＿＿ 中：＿＿＿ 晚：＿＿＿　住宿安排：＿＿＿

第 2 天：＿＿

餐食安排：早：＿＿＿ 中：＿＿＿ 晚：＿＿＿　住宿安排：＿＿＿

……

二、注意事项

第一点：旅游出发前的准备

根据当地气候准备应时衣物！此次旅游地平均气温：＿℃～＿℃。

（1）不同的景区气候多变，老年人体温调节能力弱，要带够衣服，随时增减。

旅游期间要穿旅游鞋，不可穿皮鞋；带防晒用品：防晒霜、太阳帽、晴雨伞、墨镜、雨鞋等；根据需要带上手杖；山区游览最好自备雨衣。安排好所需的行李，最好准备一套适合旅行的服装；行李包中如果有易碎的东西放在衣服中，注意其安全。

（2）女游客不要仅带裙子，最好备上一条长裤参加活动。

（3）到野生动物保护区游览，应穿如棕色、米色和土黄色等中性颜色的长袖衣裤。这样不仅安全，还可预防被蚊虫叮咬。

（4）乘坐火车、住宿酒店时需经常上下铺或者起夜，因此最好带上一双拖鞋。

（5）乘坐火车团或用不惯酒店准备的一次性洗漱用品的旅游者，请自备好洗漱用品。

（6）提前检查身体，准备常用药品。在临行前的体检必不可少，一些人参加旅行前要征得医生同意，方可动身。尤其是老年人往往患有多种慢性病，平时需要用药治疗者，出游时切不可遗忘带药、服药，否则，可能导致旧病复发、病情加重或恶化。老年人旅游时应有家人或亲朋好友相伴。

（7）为防止水土不服，还要带些急救用品及常用药品，如绷带、创可贴、伤湿止痛膏、感冒药、晕车药、止泻药、消炎药、风油精、健胃药、抗过敏药等。有晕车史的要在乘车、乘船前30分钟服药。

（8）参加高原、野外、长途旅游，旅行社不建议年龄较大或有高血压、心脏病、糖尿病、身体残疾等不适宜此种旅游的旅游者参团旅游，如执意参加必须提前征得医生同意，备好药品，并征得亲属、子女同意。如因自身原因发生意外旅行社不承担任何责任。

（9）如果出游时家中没有留人，停止一切对你家的物品投送（如牛奶、报纸、邮件等）；将家中贵重的物品放入保险箱或其他安全的地方；关上自来水龙头、煤气开关；拔下家用电器的电源插头；如有宠物，托付一个亲近的好友代为看管；检查所有门窗的锁，拜托可靠的朋友或邻居不定时察看，自己一定要随身带好家门钥匙。把旅行路线留给自己的家人或您易取得联系的人。检查是否带好了与家庭、单位和亲朋好友联系用的电话号码。自己也要将自己的手机、手机电池、充电器带好。

（10）认真填写旅行社提供的《旅游者安全保障卡》，如出现突发情况，以便旅行社采取及时、合理的解决方案。旅行社强烈建议旅游者出行前购买《旅游人身意外伤害保险》。认真填写《旅游报名表》，确认姓名和证件号码无误，如因旅游者自身原因造成机票或其他交通工具有误，一切损失由旅游者自行承担，与旅行社无关。出团时请带好证件，如老年证、身份证、军官证、学生证、残疾证、户口簿等有效身份证件，提前向导游出示证件以便导游购买优惠门票。如购买门票后再向导游出示，旅游者不能享受优惠价格。

第二点：旅游行程须知

认真阅读《出团通知》，记好旅行社通知的集合时间地点。要在规定的时间到达指定的地点集合。带好自己的车票、机票、船票；安排好从家中到车站、机场、码头的路线和交通工具；带好相关的旅游证件。乘坐飞机请务必带好身份证等原件，儿童带好户口簿原件；如因自身原因造成无法登机或延误当日的车次以及航班时间的一切损失由旅游者自行承担，与旅行社无关。

1. 饮食

在旅游期间，旅游者要十分注意饮食卫生，避免中毒，预防胃肠道疾病的发生。

（1）在旅游期间购买食物需注意商品质量，不要购买“三无”（无生产厂家、生产日期、厂家地址）的商品，发现食物不卫生或有异味等变质情况，切勿食用。

（2）不要光顾路边无牌照摊档，不吃不洁和生冷食品，切勿吃生食、生海鲜、已剥皮的水果，不要喝生水，防止病毒性肝炎、痢疾、伤寒等肠道传染病经口进入。在外面私自食用不洁食品和海鲜引起的肠胃病旅行社不承担责任。

（3）出门旅游，应随身携带矿泉水及干粮等，以备不时之需，注意请勿喝生水和不洁净的水。

（4）不要接受和食用陌生人送的香烟、食物和饮品，防止他人暗算。

（5）旅游期间要合理饮食，不要暴饮暴食和贪零食。多吃些新鲜蔬菜和水果，少食油腻和辛辣生冷食物，最好少饮或不饮酒。重视饮食卫生，严防“病从口入”。对各地的风味小吃、名优土特产食品应以品尝为主，一次不宜吃得太多，以免引起消化不良等疾病。

（6）饮食方面有特殊要求的，请提前跟导游打招呼，以便导游更好地给您安排饮食。

（7）为防止在旅途中水土不服，旅游者应自备一些常用药品，以备不时之需，切勿随意服用他人所提供的药品。

（8）喜欢喝酒的旅游者在旅途中应注意控制自己的酒量，饮酒时最好不超过本人酒量的1/3。若出现酗酒闹事，扰乱社会秩序，侵犯他人或造成第三方财物损失的一切责任由肇事者承担。

（9）旅途中易感到口淡无味，可以带些榨菜、什锦酱菜及酸味的蜜饯，这样可以缓解口淡，促进食欲。充足的饮水也是旅途中不可缺少的，以茶水和一些鲜果汁饮料为好，不仅可以增加营养，而且能减轻旅途疲劳。

2. 住宿

（1）旅游者入住酒店后，应了解酒店安全须知，熟悉酒店的安全出路、安全路梯的位置及安全转移的路线。

（2）入住酒店时请保管好房卡，检查房间内设施（卫浴设备、遥控器、烟缸、毛巾浴巾等）是否有损坏、缺少，并及时告知酒店，以免退房时发生纠纷。染发的旅游者请自备一条毛巾、枕巾或是等头发干了再入睡，避免染到酒店的枕头上。

（3）在使用房间内物品时，看清是否是免费使用的，如使用非免费物品请看清标价。部分酒店内的电话及部分电视频道需另行付费使用，请询问清楚后使用，以免结账时发生误会。

（4）贵重物品应存放于酒店总台保险柜，或随身携带，不要放在房间内。

（5）不要将自己住宿的酒店、房间随便告诉陌生人，不要让陌生人或自称酒店的维修人员随便进入房间，出入房间要锁好房门，睡觉前注意房门窗是否关好，保险锁是否锁上，物品最好放于身边，不要放在靠窗的地方。

（6）勿将衣物披在灯上或在床上抽烟。

（7）使用酒店的娱乐设施时应注意安全。使用前先做好检查,查看是否有损坏。

（8）沐浴时地面、浴缸容易打滑，一定要先把防滑垫放好以防滑倒摔伤；将浴帘下端置于浴缸内防止淋浴时水溅到地面上。

（9）入住酒店需要外出时，应告知随团领队或导游，最好分组结伴而行。在酒店总台领一张饭店卡，卡上有饭店地址、电话，如果你迷路时，可以按卡片上地址询问或搭乘出租车，您就会安全顺利地回到住地。如发生意外，一定先与导游联系，决不要单独行事，否则后果自负。

（10）如遇紧急情况，千万不要慌张。发生火警时不要搭乘电梯或随意跳楼；镇定地判断火情，主动地实行自救。若身上着火，可就地打滚或用重衣服压盖，必须穿过有浓烟的走廊、通道时，用浸湿的衣服披裹身体，捂着口鼻贴近地顺墙爬行，大火封门无法逃生时，用浸湿的衣服披裹身体，被褥堵门或泼水降温的办法等待救援或摇动鲜艳的衣服呼唤救援人员。

（11）每次退房前，请检查您所携带的行李物品，特别是随身携带的证件和贵重物品。房间内配备的浴巾、毛巾、手巾、烟缸等物品均不可携带出酒店。

3. 乘坐交通工具

（1）乘坐飞机旅游时，应带好自己的有效身份证（小孩带好户口簿原件，满16岁未办理身份证的游客需持派出所证明原件），并注意保存好。导游发给旅游者机票和登机牌时，应该核对自己机票上的名字、往返时间、抵离目的地、航班号是否准确、往返机票是否是在一张上，请注意保存好机票和火车票，如果导游要统一管理机票应配合导游工作把票交回。按照国际惯例，团队办理登机手续时，是按旅游者姓氏的英文字母顺序发给登机牌。因此，如需调整座位，应在飞机起飞且平稳后与其他乘客商量调换。切不可挡住通道，影响其他乘客行走。

（2）飞机上用餐时应将座椅靠背调直，以免影响他人。飞机上用餐每人一份，饮料免费，可按需要向服务人员索取。服务人员不在身边时，若需服务可按呼叫按钮，不可大呼小叫。飞机上应轻声交谈，以免影响他人休息。

（3）出外旅游携带的行李要求轻便，旅行箱、包要坚固耐用，应尽量避免携带贵重物品，若无需要，应把一切贵重物品放在家中。旅游者的行李如需托运，切勿将现金及贵重物品放在托运行李中。大件行李在办理登机手续时交航空公司托运，托运的行李一定要包装结实并上锁，行李重量以不超过20千克为准，若超重请您自付超重费。

（4）请将随身行李放置在行李舱内。放不下的请安置在自己座位下。

（5）搭乘飞机时扣好安全带，不要在飞机上使用移动电话等相关电子用品，不要在飞机上随意走动。

（6）在旅游车内行走，随时扶好把手，不要将手扶在门框上，以免行车时或突发紧急制动造成伤害；在火车上打水不宜过满，3/4处为宜，以免烫伤；不要在车厢内吸烟，行李要保管好，夜间防止被盗；睡觉时车窗要关闭，以免受凉。

（7）在交通工具上禁止携带易燃易爆、管制刀具等危险物品。乘机、坐车、上船要注意扶梯，在台阶处站稳，乘车时注意颠簸路段及司机急刹车以免扭伤或摔伤身体，途中车上严禁追跑打闹，以免发生危险。勿在车辆行驶过程中任意更换座位，头、脚勿伸出窗外，上下车时请注意来车方向以免发生危险。

（8）如需在旅途中使用的证件、护照、现金等应寄存在酒店保险箱内，或随身携带。切勿放在酒店房间内，寄存行李或旅行车内，切勿交至他人保管。

（9）乘车时如有身体不适或晕车者，请提前跟导游打招呼，请将前方座位主动留给老、幼、晕车旅游者乘坐。

（10）班机（火车）抵达目的地后，请您不要急于下飞机（火车）而遗忘物品，注意检查随身行李和物品。

（11）旅行社接团人员会到机场、车站迎接旅游团。旅游者注意看管好自己的手提行李，尽量和团队在一起，避免走失。

（12）注意乘坐旅游车时别倚窗。乘车时切勿将臂部倚靠在车窗玻璃上，以免受寒。尤其是患有颈椎病或类似疾病的老年朋友更要注意，要与窗子保持一定的距离，并保护好肩、臂部，以防风寒。

4. 游览

（1）听取当地导游有关安全的提示和忠告。抵达景区游览前，谨记导游交代的集合地点、时间及所乘游览巴士车号，万一脱团请于集合地点等候导游返回寻找。

（2）团体旅行时不可擅自脱队、单独离队，如果要脱离团队请征得全陪导游同意，并随身携带当地所住宿饭店地址、全陪电话及地方导游电话，以免发生意外。参加团队旅游，要听从领队或导游的指挥安排，不随意活动，随时注意团队的去向，以免发生离群、掉队、迷路等事件。团队旅游务必遵守时间，记住汽车号码、导游同领队的姓名和手机号以便联系。旅行期间，团友应互敬互谅，配合领队和导游工作，如有违法或者违规行为，领队和导游有权制止或采取相应措施。

（3）行程中或自由活动时尽量不参加危险和刺激性活动项目，如攀岩、高速摩托艇、水上飞机、高速游轮、自驾越野车、草地摩托等活动项目。如执意要参加，旅游者要听从该处工作人员的安排，并穿好救生衣，落实各项安全措施，切忌麻痹大意。携带儿童的旅游者，参加此类活动时应照顾好自己的孩子，不要让他们独自活动。身体状况不佳者请勿参加。患有心脏病、肺病、哮喘病、高血压、恐高症者切忌从事冰上、雪上、水上、高空活动。如有意外发生，旅行社不承担责任。

（4）因无法预测水下状况，会有海啸、台风、海蜇、鲨鱼、溺水等意外的发生，旅行社不允许旅游者参加游泳、潜水等水上或下水项目，如旅游者执意下水也需根据自身情况仔细斟酌后再下水，不熟悉水性者，切勿独自下水。儿童一定要有家长陪同一起游玩。如有意外发生，旅行社不承担责任。

（5）搭乘快艇游览或漂流等水上活动，请按规定穿救生衣，并遵从工作人员的指导。如有晕水、晕船者请勿游玩水上项目。不得单独前往深水域或危险河道。

（6）旅游者在乘坐缆车或其他高空项目时，应服从景区工作人员安排，一定要注意安全，系好安全带。遇超载、超员或其他异常时，千万不要乘坐，以免发生危险。

（7）旅游者在旅游行程中如出现乏力、多汗、头晕、眼花、心悸等症状时，应及时休息，不可勉强坚持。患有血管病的老年人，更要加强自我监护。老人易疲劳且不易恢复，旅游中要有充足的休息和睡眠。若感到体力不支，可休息几天或中止旅行。在长时间步行游览时应随时坐下小憩并且随时与全陪、导游联系，以便在第一时间得到救护。

（8）在走山路时要靠内侧行走，要注意脚下不可拥挤，切记“走路不看景，看景不走路”，紧跟导游避开危险路线，照相时不要拥挤，以免发生意外。

（9）不同的景点气候多变，老人体温调节功能较差，易受凉感冒，要随时增减衣服，避免过度激烈运动，还应带上雨具。行走出汗时不要马上脱衣敞怀。

（10）强化安全意识，防止意外伤害。比如：老年人腿脚不便，步态不稳，易发生伤害事故。出游时，老人最好有亲朋好友陪伴，否则，生病或发生意外，无人照顾，后患无穷。为防止老年人跌跤发生伤害，最好佐以手杖；在乘车时，最好选择中间位置及舒适座位，以防晕车，引起恶心、呕吐等。

（11）自觉维护公共及景区内卫生，不乱扔废物，不在禁烟区抽烟，不要投食喂动物，不往河道湖泊里扔垃圾。

（12）到少数民族地区请注意少数民族的禁忌，尊重当地民俗。

（13）如参加导游推荐的自费游览项目（行程以外的），要与导游签订协议，因为此活动不在旅游意外险的受险范围之内。

（14）游览期间，旅游者不要单独行动，如果迷失方向，原则上应在原地等候导游的到来。自由活动期间旅游者不要走得太远。带小孩的旅游者请照顾好自己的小孩，不能让小孩单独行动，要注意安全。

（15）旅游者必须严格遵守国家的法律法规，尊重旅途所经国家和地区当地的法律、法规及民族民俗习惯。

5. 购物

游客在购物时，主要应防止被诈骗、盗窃和抢劫事故发生。特别注意：

（1）不要轻信流动人员的商品推销。不要随商品销售人同到偏僻地方购物或取物。

（2）在小摊位购买物品时，看好后再与商贩讨价，如无意购买切勿与商贩多做讨价，以免发生争吵。

（3）要细心辨别商品的真假，不要急于付款购物。

（4）注意保管随身的钱物。切勿在公共场所露财，购物时也勿当众清数钞票。

（5）购物要索要发票或购买证明，如有发票都会有一个妥善的处理结果。

6. 娱乐

（1）不要单独活动，不要前往管理混乱的娱乐场所。听一听当地导游的意见。

（2）在热闹拥挤的娱乐场所，要注意保管好自己的随身物品。

（3）参加高风险娱乐项目，要注意遵守相关的规定，保证人身安全。

（4）旅游者在旅途中发生人身或财产意外事故时，按有关法律法规的规定由相关部门进行处理，旅行社提供必要的协助，但不要影响其他旅游者的行程和导游在团队的正常工作。

7. 其他提示

（1）请切勿随身携带大额现金。

（2）在偏僻的地区，避免挂戴昂贵饰品、携带贵重物品。

（3）请注意言行，不要乱说有关炸弹、恐怖主义的话题。

（4）携带拉杆箱的旅游者请务必配备锁，防止被窃，请客人在托运的行李中不要夹带现金和贵重物品。

（5）请尊重当地习俗，遵守各种场所的安全注意事项。

（6）若旅游中途脱团，必须事先向导游说明，脱团后的一切责任及后果由旅游者自行承担，并不得影响团体的正常活动安排。由于脱团而未享受旅游合同安排的服务，此费用旅行社不作退还（旅行社安排的团体旅游并非极具严格而死板的，导游会在讲解完后，适当规定时间，旅游者在此段时间内自由游览某一景点，若在旅游过程中有私事一同办理，可在自由活动时间或在当天旅游结束后，和导游打好招呼再行办理，切不可随意脱离团队，以影响团体旅游的日程安排）。

（7）旅游结束后，延迟旅游时间：正常情况下，提醒您最好同团队按计划返回，这样您所发生的费用都会同“团体”费用等价，比较优惠；若有特殊情况须事先与旅行社说明（延长归期及延迟阶段内所需要的服务），我们会同当地妥善安排您的一系列需求，若擅自同当地旅行社、导游、司机等人员协商办理，由此造成的后果由旅游者自行承担。

以上内容请仔细阅读后签字确认，谢谢您的合作！在此代表我公司全体员工祝您身体健康、旅途愉快！

（本合同附件一式两份，双方各持一份）

旅游者签字（盖章）：　　　　　　××××旅行社（盖章）

年　月　日　　　　　　　　　　　　　年　月　日

本次行程全程陪同导游：___先生（小姐、女士）　联系电话：_____

本社紧急联系人：___先生（小姐、女士）　　联系电话：_____

旅游目的地接待旅行社为_____旅行社，地陪导游员为_____先生（小姐、女士），联系电话：__________

该社紧急联系人：_____先生（小姐、女士）　　联系电话：_____

上述联系人和联系方式请您在旅途过程中悉心保留，如发生紧急事件，请及时与上述人员联系。

职业操练

1. 撰写一份针对海南三亚海岛游的国内旅游行前通知单。

2. 同学两两一组，模拟门市服务人员与旅游者之间的电话和邮件之间的行前通知过程。

3. 同学两两一组，模拟门市服务人员与旅游者之间面谈进行行前通知。

项目23 出境游行前通知

国家旅游局颁布的《团队出境旅游合同》和《大陆居民赴台湾地区旅游合同》示范文本中都明确规定了在旅行团出行前，必须召集参团旅游者，召开出行前的说明会，布置说明出行的相关具体安排和注意事项。

职业场景

从本周起小王开始在出境游客服岗位实习。与国内游的行前通知不同，出境游的行前通知一般会在出行前安排说明会，因此，小王需要确定说明会的时间、场地，印制《行程表》和《行程须知》。当他看到其他同事制作的出境游《行程须知》样稿时，发现不同国家的《行程须知》各有不同之处，许多方面都与顾客出游的安全、顺畅、满意有着密切的联系。《行程须知》随着不同国家地区的签证、海关、汇兑、民航等法规的变化以及新的出境游线路的开发，而不断修改变化，需要门市客服人员及时掌握最新的旅游出行须知，这对小王的实习工作来说具有很大的挑战性。

职场解析

相对国内旅游而言，出境旅游（包括国外及港澳台地区）在行程安排、出入境手续、携带行李、外汇兑换、境外小费、重要规定和风俗习惯等方面都有比较复杂的约定，因此行前通知不能像国内游那样通过一些简单、便捷的形式和途径告知旅游者。对于普通旅游者，尤其是首次出境游的顾客而言，有必要在出团前召开比较正式的说明会，向他们当面说明通知相关事宜。

一、召开出境游行前说明会的时间

与国内行前通知时间的三种情形不同，出境游的行前说明会一般安排在出境签证（外国）、签注（港澳台）办理完成和所有具体行程安排落实之后。为了便于旅游者做好出境旅游准备，如兑换外币、开通手机境外漫游等事宜，说明会召开的时间还应距离出行日期至少一周。

二、出境游行前说明会的准备工作

说明会的准备工作主要包括安排说明会主持人、落实开会场地、通知顾客、印制资料等内容。

说明会主持人一般由组团社的工作人员担当。不同的旅行社行前说明会工作可能由不同的部门承担，有的旅行社由门市客服人员担任，有的旅行社由计调部门客服人员担任，也有的旅行社就由担任本团的领队导游担任。

说明会的场地一般设在旅行社旗舰或主要门市营业部的后台，有专门固定的用于行前说明会的场地，能容纳 30 ～ 40 人，有多媒体演示和话筒扩音设备，能提供简单的茶水服务。

通知顾客参加说明会一般由客服人员担任，可能在顾客签订合同时就当场告知开会时间，也可能之后电话通知。

说明会上仅仅依靠主持人的讲解是不够的，还需印制书面的纸质材料发放给与会者，便于与会者阅读、携带、参照要求做好出行准备工作。有些旅行社还会准备一些旅游纪念品赠送给顾客，如太阳帽、旅行包、纪念 T 恤等。

对于重要顾客或单位公司集体顾客，则由专门的客服或销售接待人员前往顾客所在地，携带出行说明书面纸质材料、旅游纪念品等物品，亲自登门进行行前说明和馈赠。

三、出境游行前说明会的主要内容

根据国家旅游局颁布的《团队出境旅游合同》和《大陆居民赴台湾地区旅游合同》示范文本中的要求，出团前召开的说明会，应把根据《计划书》细化的《行程表》和《行程须知》发给旅游者，如实告知具体行程安排和有关具体事项，具体事项包括但不限于所到国家或者地区的重要规定和风俗习惯、安全避险措施、境外小费标准、外汇兑换事项、应急联络方式（包括我驻外使领馆及出境社境内和境外应急联系人及联系方式）。

根据旅行社出境游说明会的实际情况，内容还包括：

（1）旅行团具体出发时间及集合地点。

（2）出发交通工具的航班或车次、起飞或发车时间，需提前抵达的时间。

（3）介绍领队导游员的相关信息：姓名、性别、联系方式等。

（4）具体详尽的行程安排，包括旅游的食、住、行、游、购、娱六要素等。假如具体详尽的行程安排已附在旅游合同的“旅游行程安排单”中，则在行前通知时可以省略，或挑选其中重要或特色内容进行说明。

（5）前往旅游目的地天气、特产、风俗习惯等基本情况，以及当地的电压、电器插座类型、酒店是否提供洗漱用品、酒店和行程中自费项目、时差、货币兑换、通信、购物退税、外事礼仪等内容。

（6）对可能危及旅游者人身、财产安全的事项和须注意的问题，向旅游者做出真实的说明和明确的警示。

（7）发放填写安全保障卡（详见“项目 22　国内游行前通知”中样张）。

（8）出入境行李及物品携带规定。

（9）解答参团者的各种疑问。

四、出境游《行程表》和《行程须知》

不同目的地的出境旅游产品及不同旅行社制定的行前通知的式样、内容各有不同，但大多包含上述的基本内容。

1. 港澳游《行程表》和《行程须知》样稿

×× 旅行社出团通知：港澳五日品质升级团（线路：海洋 + 自由活动）

领队姓名	×××	领队电话	×××××××××××
出发日期	×× 年 ×× 月 ×× 日	集合时间	7:30
集合方式	首都国际机场 T3 航站楼四层国际出发厅 6 号门内“中国海关处”，认黄底绿字“×× 之旅”导游旗		
去程航班	北京 / 香港 KA937 07:50/11:30	回程航班	香港 / 北京　KA906 19:00/22:30
港段地接	××旅行社：00852–××××××××	澳段地接	澳门 ××：00853–××××××××
证件提示	请再次仔细检查所持《往来港澳通行证》及港澳两地签注是否同时有效，否则将不能出境，签注类型为“团体旅游”即“L”签注的游客请准时集合，排队过关！过时一切损失自理。		

续表

行程安排	
第一天	北京/香港　　用餐：晚餐　住宿：香港四星酒店 乘机前往香港、青马大桥（沿途观看不下车）、海洋公园（120～180分钟）（提示：香港导游可根据航班抵港时间将香港海洋公园与第二天部分景点相互调整，不再另行通知）。会展中心（外观不入内）、金紫荆广场、紫荆花塑像、回归纪念碑（合计10～20分钟），赠送：船游维多利亚港（约40分钟）。
第二天	香港　　用餐：早中餐　住宿：香港四星酒店 品尝港式早茶、星光大道（约90分钟）、海港城（约120分钟）、鲤鱼门享用海鲜餐（约40分钟）、浅水湾（约20分钟）、太平山及山顶凌霄阁观景台（含门票）（约20分钟）。
第三天	香港　　用餐：不含餐　住宿：香港四星酒店 全天自由活动。
第四天	香港/澳门　　用餐：早中晚餐 住宿：澳门四星酒店 乘船前往澳门，渔人码头（沿途观看不下车）、澳门塔（约30分钟）、大赛车博物馆、葡萄酒博物馆、妈祖庙（约20分钟）、大三巴牌坊（约30分钟）、主教山（沿途观看不下车）、满香园手信（约60分钟）、娱乐城（30～60分钟）、澳门威尼斯人度假村&天幕龙腾。葡式风味餐（约40分钟）。
第五天	澳门/香港/北京　用餐：不含餐 澳门乘船返回香港，乘机返回北京，结束愉快旅程！
报价包含	直飞往返机票、机票税费、香港澳门船票、行程中用餐、酒店标准间住宿、空调旅游车、行程所列景点门票、中文导游。
报价不含	《往来港澳通行证》及有效港澳签注、境外小费（200元人民币/人）、赠送项目、个人旅行意外保险（30元人民币/人）、个人消费以及人力不可抗拒因素而导致的额外费用。

特别提示：

1. 导游可根据实际情况将行程先后顺序做适当调整，但不减少景点数量，不降低供应标准，特此明示，不再另行通知！
2. 如遇恶劣天气、战争、罢工、疫情等人力不可抗拒因素而导致的行程取消或变更的，我社将积极协调相关事宜，但不承担由此产生的额外损失；如遇航空公司、船务公司等第三方原因而导致的行程取消或变更的，按相关法规处理，我公司不承担违约责任。
3. 团体机票不得改期、签转和退票，团体机票如果去程不用，航空公司将回程自动作废，特此明确告知！
4.《往来港澳通行证》及签注为游客自理证件，请确保“证件”“签注”同时有效，港澳旅游的需具备香港、澳门两地有效签注，团体旅游签注“L”签注的请准时集合，按《名单表》

顺序排队过关。如因证件过期、没有签注、签注过期、签注不全、签注已用或团体旅游签注“L”签注报名时未告知的，将不能出境或入境，造成损失自负。

5. 行程所有景点门票均为团体票，故长者、成人、儿童票价一致；赠送项目自愿放弃，将不退费，不补偿。

6. 团队旅游不得脱团，擅自脱团一切行为将自行负责。

7. 个人旅行意外保险（30元人民币 / 人）是团费中不含的，强烈建议客人购买，如不购买为自动放弃。

8. 由于散客拼团，境外出现分团分车情况，领队只能跟随其中一车，特此说明。

9. 车上推荐纪念品：迪斯尼钥匙扣100元人民币 / 盒、紫荆花100元人民币 / 盒、澳门纪念表100元人民币 / 块、纪念金牌100元人民币 / 块，请根据您的实际情况选择是否购买。

港澳旅游注意事项

一、旅行证件：（1）由于《往来港澳通行证》及签注为游客自行办理，请确保《往来港澳通行证》及签注同时有效（前往港澳旅游需持有港澳两地有效签注）；（2）如因证件过期、没有签注、签注过期、签注已用、签注不全、团队旅游“L”签注未提前告知等情况导致不能出境或产生的任何损失将由游客自行承担。持团队旅游“L”签注的游客报名时需明确告知，办理登机牌需出示《名单表》、边检需按《名单表》顺序排队过关。

二、机场须知

集合登机：（1）请充分考虑到天气和路况信息，以免迟到或误机，特别是在下雨、下雪、大雾等特殊天气以及旅游黄金周期间更是要提前出门；（2）办理完登机手续的游客请自行或跟随领队办理出境手续，由于首都机场较大，特别要注意登机时间，按规定时间提前到达登机口，以免误机。

托运行李：行李超过规定尺寸或重量的必须托运。超大超重的行李要自己付费。经济舱的旅客可免费托运20千克的行李（公务舱乘客可免费托运30千克的行李），手提行李不能太多太大。（1）请勿托运如现金、信用卡、珠宝、相机等贵重物品；祖传物品、商务文件等不可取代的物品；旅行证件、急救药品等随用物品；玻璃器皿等易碎物品等；（2）超过100毫升的液态物品、管制刀具以外的利器或钝器等务必托运；（3）请保管好行李牌，以便提取行李或办理相关事宜；（4）请不要帮陌生人提行李、抱孩子等，以防被不法分子所利用（详见机场及航空公司具体规定）。

海关须知：（1）文物、濒危动植物及其制品、生物物种资源、金银等贵重金属需要申报检验；（2）人民币现钞超过20000元，或外币现钞折合超过5000美元需申报；（3）超过5000元的照相机、摄像机、手提电脑等旅行自用物品需申报；（4）免税品入关时可携带免税香烟400支，500毫升白酒1瓶（具体详见海关相关规定）。

三、酒店须知：（1）港澳酒店多为美式酒店，但无星级标志；房间面积较小，店内没有牙膏、牙刷、拖鞋等个人卫生用品，请自行携带；（2）酒店内有收费电视，如果收看该种电视，请离店时到前台付费；（3）酒店房间内小冰箱里的食物，是不含在团费中的，如果享用了这些食物，请离店时到前台付费；（4）使用酒店房间内的电话拨打市内、长途请自觉付费；（5）迪斯尼酒店入住时间为15:00以后，离店时间为11:00之前（具体详见酒店相关规定）。

四、用餐须知：（1）普通团体餐食一般；（2）团体餐七菜一汤（特色餐除外）；（3）自助餐请少拿多取，拒绝浪费。

五、货币购物：（1）港澳通用港币（HK$），人民币在港许多商店可以使用，银行、酒店、找换店均可兑换港币，银联、VISA等银行卡均可在港使用；（2）香港是名副其实的购物天堂，珠宝、名表、化妆品、名牌服装物美价廉，是您不错的选择；贴有“香港旅游协会”或“香港零售协会”标志的商店购物比较有保证；（3）公民旅客携带在境外获取的个人自用进境物品总值在5000元以内（含5000元）的，海关予以免税放行。烟草制品、酒精制品、照相机、摄像机等20种商品不在免税范围内。

六、小费自费：（1）团队旅游请按国际惯例支付境外小费，小费由领队代收；（2）自费活动为游客自愿参加而需另行付费的项目，如不参加推荐自费项目，则安排车上等候或指定地点自由活动；（3）港澳餐厅一般加收10%～15%服务费（团队餐厅已含），享受额外服务如服务生送行李等适当支付小费。

七、电子通信：（1）手提电话请咨询中国移动或中国联通是否开通国际漫游，国际漫游通话费较贵，一般5～12元人民币/分钟不等；（2）购买当地电话卡则通信费相当低廉；（3）港澳酒店插座均为英标插座，相当于大陆宽项插座。

八、安全提示：

1. 人身安全：（1）自由活动时间要结伴而行，不要太晚回酒店；回到酒店要向领队及时报告，不熟悉的场所不要去；出去要带酒店卡片（上面有酒店的名称、地址、电话）和紧急联系通讯录，以防不测。（2）行走要注意交通安全，过马路请走人行横道，指示灯绿灯亮时才可以通过；港澳地区的行人和车辆多为左侧行驶，与国内相反。（3）乘车、坐船、乘机，请注意坐稳扶牢，以免扭伤和摔伤身体；

请自带常用药品，有备无患。(4) 游客在海洋公园和迪斯尼游览的时候，如果患有心脏病、高血压及恐高症等疾病的朋友不能玩过山车等刺激性的项目，其他项目请量力而行。

2. 证件安全:(1) 通行证是游客在境外唯一有效的身份证明，丢失证件将是最大的麻烦。一般情况下,团队客人的证件交由领队统一保管。但在出入各移民局、通过海关及乘坐飞机的过程中，证件须由客人自己保管。丢失通行证将不能再继续随团旅行,而且还要另外自费到内地在当地的驻港机构办理临时证件,费时费力。(2) 自备证件参团的客人，请仔细核对证件及签注是否有效，由于自己证件问题或照片出错而耽误进出关口和行程后果自负。(3) 所有进出香港澳门的团队全部要做香港澳门两地签证（因签注而不能正常进出关口的，一切损失和费用自理)。

3. 财产安全：在外活动时，个人的钱款和其他贵重物品要随身携带，不要放在旅游车内；坐飞机不要将钱币和贵重物品、证件放在托运行李中，入住酒店也应随身携带或存入保险箱内，出门时不要放在房间内；在餐厅、商场、酒店大堂、机场等公共场所要格外注意自己的财物和证件安全，团友要相互照看本团队行李和物品，以防丢失、被盗、被劫。

九、文明旅游:(1) 遵守乘机守则，遵守当地法律法规，尊重当地风俗习惯和宗教信仰;(2) 在香港公共场合，请勿随地吐痰或吸烟，如有以上现象，将罚款港币 500 ～ 1500 不等。如有吸烟者，请到专门指定吸烟的地方去吸烟;(3) 遵守时间，尊老爱幼，相互理解，相互尊重，做文明使者;(4) 不围观、不参与境外反华宣传活动,不接受派发的资料光碟等;(5) 在旅游景点会看到法轮功等宣传，请不要接受一切有关法轮功的宣传单，不要与陌生人拍照，更不可以把有关法轮功的资料带至车上，如出现任何问题，与我社无关，一切责任、后果自负！预祝旅途愉快！

2. 东南亚游《行程表》和《行程须知》样稿（以泰国普吉岛旅游为例）

包机普吉岛四晚六日游（豪华版）旅游行程计划说明书

团号		人数:	领队姓名	×××	联系电话	×××××××××××
集合时间	2012 年 07 月 31 日晚上 19:00		集合地点	萧山机场 T2 航站楼国际出发厅 A1 门		
出发航班	杭州 – 普吉 MU7419		航班时间	2012 年 07 月 31 日 21:45–01:35+1		
回程航班	普吉 – 杭州 MU7420		回程时间	2012 年 08 月 05 日 04:05–09:30		

续表

温馨提醒：请客人随时关注气候变化因素（雨、雪、雾、冻等），提早到达集合地点，以免因延误航班，造成不必要的损失！旅行社不承担因人力或不可抗拒因素造成的损失及责任。为了更顺利愉快地旅行，尽请在境外听从导游和领队的安排，谢谢合作！

■ 行程详单

日期	交通	行程内容	酒店
07-31	飞机	杭州 / 普吉 MU7419 21:45-01:35+1 从杭州萧山国际机场搭乘国际航班前往泰国最大岛屿、素有泰国珍珠岛之称的普吉岛。随后导游专车送酒店休憩。	CHLONG BEACH
08-01	巴士	普吉 / 攀牙湾 + 博士山庄 17 项 + 雨林泛舟 + 中泰文化庙 + 腰果工厂 早餐后在博士山庄内体验精彩 17 项：《珠光宝气》贵宾房留影——保留当时拍片实景，让旅客尽情享受无限想象空间；游园列——当时港星蔡少芬就是搭乘贵妇列车游园；绿峡谷高尔夫——在酒店专属的 MINI GOLF 绿峡谷场地上挥杆，让您与小孩来场实体的君子之争，一场亲子的默契在此展露无遗；随后骑着脚踏车于翠峰雨林中，沿着翠绿小径、稻田、果园在农村探索；接着在山中湖畔垂钓，看看谁的技术更胜一筹；热带果园——一年四季的夏天，香甜的果实，向你招着手；有机药草铺——天然环山围绕花草树木有机肥料的滋润，健康山中湖水疗池——好山好水，先进水疗，不可错失喔，精致三温暖——香汗淋漓，泰式的奢华，等你体验，专业药草浴——传统药草，散发出舒暖精神的芳香，你值得一试；情人湖泊踏青——双人于湖上踏着轻快的步履，水上畅游一番，乐不思蜀；芬多精森林浴——无压力，忘城器，森林游一趟，芬多精在身旁，延绵千里金泉龟——被当地视为珍贵的神水百闻不如一见；钟乳石财神洞——进洞发财，好运连连来，错过，下次再来，精美礼品相赠——意外是人生的喜悦，惊喜是因为您值得，团体纪念照——人生是美丽的，回忆是完美的记忆。午餐后，乘车前往【翠风雨林泛舟】（约 1 小时），此为泰国国家自然保护区，搭乘独木舟漫游于海蚀山林钟乳熔岩奇景，稍一转折，轻舟滑入神秘的洞穴，尽头豁然开朗竟是一个隐没在四面高壁中的神秘湖泊。途中造访一个三千年前的人类古洞穴，刻画在岩壁上的神秘物种图腾令人充满遐想与不可思议。接着乘车前往参观【中泰文化庙】（约 30 分钟），由当地华人集资兴建的庙宇，结合中泰庙宇特色，从中感受华人虽远离家乡但思乡情浓。 早餐：酒店内　　午餐：博士山庄　　晚餐：大家乐海鲜风味餐	CHLONG BEACH

续表

日期	交通	行程内容	酒店
08-02	巴士	普吉 / 神仙半岛 + 珊瑚岛 + 翡翠岛 + 海龙寺 + 乳胶店 + 皇家 SPA 早餐后，前往【神仙半岛】(约 30 分钟)，这是到普吉岛的第一个景点。爬上山坡，先去拜泰国的四面佛，顾名思义，端坐在金顶的四角亭中的佛是有四面的，顺时针方向第一面求平安，第二面求事业，第三面求爱情婚姻，第四面求金钱。拜法也比较奇特，20 泰铢买一套香烛，先把一小束花插在佛前的花瓶里，一根黄色的小蜡烛点燃插在第一面的香炉里，12 根香点燃了四面各插 3 根，最后把一小片金箔纸贴在佛座上。据说是很灵的，四角亭周围大大小小一圈圈摆了数千只木刻或者金属等质地的小象，都是香客还愿给佛的。 之后乘快艇前往度假天堂【珊瑚岛】(约 2 小时)，是欧美人士最爱日光浴的天堂！珊瑚岛是感受南国魅力活力四射的热情岛屿，一旦造访，就会为它的清新美丽深深着迷，这里有的只是清澈湛蓝的海洋、洁白如雪的沙滩，以及让你敞开心扉的多项水上活动供你自费选择参加（乐翻天香蕉船、海阔天空拖曳伞、海底太空漫步、海底探奇深潜)。午餐后,快艇前往具有绿宝石美岛之称的【翡翠岛】(约 45 分钟)。此岛已被泰国环境保护协会定为立法保护，洁白的沙滩和清澈的海水让你感受着亚热带风情，为你此次旅程留下美好的回忆！之后返回普吉岛乘车前往【海龙寺】(约 30 分钟)，这是泰国最有名的一间寺庙，也是普吉岛上最大的佛教寺院，香火鼎盛。位于普吉岛南部的查龙海湾。寺内供奉着两名为人们敬重的僧侣塑像，其中，銮朴成僧侣是该寺庙的住持，他的接骨技巧颇负盛名，他曾被授予特别圣职的名号。在普吉的寺庙中，此处的香火最旺。供奉着 108 尊金佛的佛堂给人留下的印象颇深。晚餐后安排大家【皇家 SPA 雅苑～精油 SPA 按摩】(约 1 小时)，通过按摩师熟练的按摩手法把从植物提取的精油推按至全身，为你舒缓一天的疲劳。 早餐：酒店内　　午餐：珊瑚岛　　晚餐：文化村	CHLONG BEACH
08-03	巴士	普吉 /PP 岛（大小 PP+ 帝王岛等）+ 燕窝博物馆 PP 岛——此日导游安排赠送的自费项目（印度洋 PP 岛快艇来回、天上人间帝王岛、天涯海角情人沙滩、天堂游泳池、国家珊瑚保护区、海上浮潜、热带鱼同游、面包喂鱼、热带水果饮料无限畅饮） 早餐后搭乘快艇前往【PP 岛】(约 5 小时)，此岛被泰国政府规划为国家公园，环境受到重视，这是一个深受阳光眷宠的地方。柔软洁白的沙滩，宁静碧蓝的海水，鬼斧神工的天然洞穴，未受污染的自然风貌，一举成为炙手可热的度假胜地之一。【小 PP 岛】海域更是撩动人心弦的密地，当你将手中的面包投入这片清澈透底的海中，就会马上引来数千条热带鱼将你围观，您更可以马上穿上救生衣戴	BOR SAEN VILLA

续表

日期	交通	行程内容	酒店
08-03	巴士	上蛙镜跳到鱼群中与热带鱼共舞。此刻的场景，您仿佛跳入了鱼池中。午餐后快艇前往【天上人间帝王岛】享受休闲日光，站在岸边即可喂到五光十色的热带鱼。返回普吉后乘车前往【燕窝博物馆】（约 1 小时）了解燕窝的形成及其药用价值。 早餐：酒店内　　午餐：PP 岛　　晚餐：台湾料理	BOR SAEN VILLA
08-04	巴士	普吉 / 毒蛇研究中心 + 珍宝苑 + 幻多奇乐园 早餐后，乘车前往【毒蛇研究中心】（约 1 小时），观看不容错过的精彩人蛇大战表演,令你惊心动魄,大开眼界。其园和泰国皇室合作，共同研究金刚眼镜蛇的毒液萃取物对人体的抗毒、解毒及清毒的功效，还可以购买珍贵的保健品。午餐后驱车前往普吉岛最受欢迎的夜间游乐园【幻多奇乐园】（约 2 小时），这里被誉为本土的迪斯尼乐园。乐园位于卡马拉海滩旁，占地广阔，内有主题商业街、小吃摊、宫廷式餐厅及豪华的现代化象王宫大剧院，剧院每晚上演着以泰国古老民间故事为主题的大型歌舞、杂技、魔术等表演，以十多头大象一起走上舞台开场，气势十分壮观。皇家雅宴自助餐厅更是世界上最大的宫殿式餐厅，可同时容纳四千人就餐，餐厅内提供泰式、西式、中式、日式等多品种自助美食供客人品尝。 早餐：酒店内　　午餐：皇太极创意泰式餐 晚餐：幻多奇自助餐	此晚无住宿
08-05	飞机	普吉 / 杭州　MU7420 04:05-09:30 早晨抵达杭州萧山机场，结束这令人难忘的旅程。	

■ 其他说明

费用说明	【包含项目】
	1. 杭州—普吉往返全程经济舱机票 2. 全程酒店住宿（标准双人房含双早） 3. 燃油附加费、签证费 4. 全程司机、导游、行程中团队标准用餐（含飞机上用餐）用餐标准:【6 菜 1 汤】、大景点门票等地接服务
	【不含项目】
	1. 境外行程之外的自费项目。 2. 按国际惯例每人支付给导游、司机全程 240 元 / 人民币的小费。
行程须知	1. 请准备好本人身份证原件，儿童请备好户口簿原件，怀孕妇女不得参团。请自备个人洗漱用品及拖鞋、牙具。 2. 旅客必须随团队出入境，并听从领队安排。

续表

行程须知	3. 自由活动期间务必注意安全，证件请随身携带并妥善保管。 4. 请遵守旅游目的地的交通规则和游览规则。 5. 中国海关允许每位旅客携带现金 20000 元人民币及 5000 美元出境，出境时请将摄像机、高级照相机等填报在海关申报表上，以免回程时被征税或罚款。境外返回内地时，每人可免税携带两条烟、一瓶酒。动植物、水果及政治性、色情等杂志不得带入境。 6. 贵重物品（如现金、金银等）一定要随身携带或存放在酒店保险箱内，切勿放在行李箱或放在房内及车船上，请妥善保管好您的物品。 7. 如遇不可抗拒因素或航班变更，团队行程会有所调整。 8. 请您在团队结束后，妥善保管好证件，新办护照有效期为 10 年，通行证有效期为 5 年。 9. 团队原则上按照同性别安排，夫妻可在不影响总房数的前提下尽量安排同一间房。如出现单男单女请服从领队安排，不便之处敬请见谅。感谢合作。 10. 请客人关注气候变化因素（雨、雪、雾、冻等），准时到达集合地点，旅行社不承担因人力不可抗拒因素造成的损失及责任。 11. 客人若取消旅行计划，应提前 7 天书面通知我社，否则需付全额团款。
温馨提示	1. 按《中国民航总局公告》规定过机场安检不能随身携带液体物品包括酒、饮料和饮用水（必须托运），谢谢！ 2. 建议客人自行购买旅意外保险。
泰国注意事项	一、出、入境，海关，卫生检疫 1. 入境过边检的时候，注意一米线。请勿在边检、海关区域摄影、拍照，以免被扣留器材。 2. 根据海关规定，每人可携带 20000 元人民币以及价值 5000 美元的外币出境。 3. 动植物、未经检疫的水果以及政治性、色情书刊、光盘等在回国时严禁携带入境。 4. 出、入境时请勿帮他人携带物品，以免被不良分子利用。 5. 回国入境时，每人烟酒的携带限量是：烟两条、酒一瓶。春节期间，泰国海关对烟酒查得很严，进关每人只能携带不超过一瓶酒（1000ML），一条香烟（200 支）。如超过，可能会被罚款哦！ 二、登机手续，行李托运 1. 按民航规定，每位游客只能携带一件行李登机，其他行李均需托运。大拉杆箱必须托运，每人仅限 20KG。 2. 贵重物品、钱币、证件等切勿放在行李中托运。为了您的财产安全，托运的行李请上锁。 3. 飞机的座位由航空公司按姓氏拼音字母顺序排定，因此同一公司的游客不一定被安排在相邻的座位上。就整架飞机而言，团队通常会被安排在机舱的中后部及尾部就座。

续表

泰国注意事项	4. 登机安检时，随身携带的液体物品限量为100毫升。安检人员可能会要求您打开液体物品检查,因此最好请勿携带易拉罐食品或饮品。酒精类制品及易燃、易爆等化学物品也是严禁随身携带登机的，而且即使办理托运手续，也会有被航空公司拒绝的可能。 5. 尖锐物品如修眉钳、指甲锉、剪刀、小刀、刀片剃须刀等，都必须托运。如果随身携带这些物品登机并被安检人员查及，可能会被暂扣或没收。打火机既不能随身携带也不能托运，所以请务必不要带名贵打火机。 三、自备物品 1. 为了节约资源，做好环保工作，我们入住的团队酒店多数不提供一次性用品，出行前请携带好牙刷、牙膏、木梳、毛巾、拖鞋、洗发水等洗漱用品。 2. 游泳装、晴雨伞、太阳镜、防晒霜、晕车药及其他常用药品、笔（需填表格）等。 3. 请准备一件长袖外套或薄披巾，在晚间行车时用以防寒。 四、货币、购物、自费、小费 1. 您可在泰国导游处换取泰铢,行程结束时如有多余,可按相同汇率换回人民币。 2. 行程中有一些购物商店。本着购物自由的原则，请自主选购。如您有购物欲望的，请在购物前认真比对货品质量、价格及生产地。建议您谨慎购物。 3. 如您有意购买高档耐用物品，请务必要求店家开具发票。遇店家开具英文发票的，请与店家确认英文所表达的准确含义与您所购买的物品是否相符。 4. 建议出发前预先拟订一个消费计划。考虑到货币的流通性以及携带的便利性，除人民币外，可携带一些美元。 5. 国货币称为“铢”，与人民币的兑换率为4.5∶1左右。 6. 泰国是一个小费王国，很多地方均需支付小费。如每天起床压在枕下的小费，与人妖合影的小费，坐船给船家的小费。小费起付点为20泰铢。如您晚间外出吃夜宵的，在支付完餐费外，请再额外给服务生10%或至少20泰铢的小费。支付小费时请勿使用硬币。 五、安全 1. 注意人身安全，在泰国不要接受说华语的陌生人的搭话。如您需在旅行社行程以外的自由活动期间外出的，尽可能三五成群、结伴而行，包斜背在胸前，最好由导游陪同。 2. 贵重物品必须随身携带。在景点下车游览时，贵重物品也请勿存放于车上。 3. 保管好自己的护照，这是您在国外的身份证明。在泰国，由于涉及水上活动，因此护照可交由领队保管。 4. 使用卫生间时请注意防滑，以免摔倒。 5. 请勿擅自离团，除地接社需收取离团费外，旅行社也不承担游客擅自离团时发生意外的责任。

续表

泰国注意事项	六、其他注意事项 1. 在您出、入境时，可能会有很多游客同时在办理手续，因此会出现较长时间的排队、等候。行程中的用餐、景点游览、候船、候车及办理酒店入住等，也可能会出现此类情况。敬请您考虑以上客观实际情况，给予理解和支持。 2. 由于有着不同的文化教育及成长环境，各国地接导游的讲解、表达、服务、行事等很多方面与您的想象会有较大的差距。比如泰国导游，行事以“哉焉焉（意思为慢慢来）”为主，请入乡随俗。 3. 在泰国的行程中，很多景点都有摄影师给您“免费”拍数码照片，然后冲印好供您选购，请根据实际情况自主选择，通常为100泰铢一张。 4. 注意集合时间，请勿迟到，以免让其他的贵宾等候。 5. 为安全及工作便利，旅游车第一排为导游和领队的工作座，请您从第二排开始入座。 6. 根据国际惯例，旅行社不承担因人力不可抗拒因素而造成的损失及责任。 七、安全问题 1. 外出旅游时，流动性很大，窃贼无所不在，抢劫也时有发生。因此现金、相机、首饰等贵重物品必须随身携带，步行时防止歹徒从背后抢劫。离开酒店、餐厅时，均须将贵重物品随身携带，如果遗失物品，客人必须自负。容易出现偷窃的地方有：各地车站、机场、餐厅、酒店等公共场所。 2. 户外活动（包括但不限于潜水、游泳、高速摩托艇、降落伞、漂流、泛舟、攀岩、骑马等）为高危娱乐，游客在充分考虑到自身的各种条件后方能自愿参加，并愿意承担因参加上述活动而发生任何事故可能造成的任何后果。 八、风俗习惯 泰国人认为自己的头部是最高尚的，所以请不要触摸他们的头部，而且泰国人忌讳他人用脚对着自己，或用脚指东西。

■ 联系方式：

联系方式	国内组团社	××××旅行社	联系人	××××	联系电话	固定电话 ×××；手机：×××××××××××
	境外地接社	××××旅行社	联系人	××××	联系电话	固定电话 ×××；手机：×××××××××××
	质量监督电话	浙江 ××× 旅行社：×××××××××××				
************** 祝您旅途愉快！ ***************						

3. 欧洲游《行程须知》样稿（《行程表》略）

欧洲旅游注意事项

参团注意：

◇ 由于团队行程中所有住宿、用车、景点门票等均为旅行社打包整体销售，因此若游客因自身原因未能游览参观的则视为自动放弃，旅行社将无法退费。

◇ 目前欧元为欧洲主要流通货币，其他货币在使用或在欧洲兑换欧元时都会有汇率上的损失，因此建议游客在出国之前换好所需欧元。持中国银联卡可在欧洲境内部分商店刷卡消费，并可使用 ATM 取款；行程中所涉及国家目前与中国有 6 小时时差。

◇ 请严格遵守各国法律，如严禁携带牟利私货和违例物品，在公共场合禁止吸烟，飞机上禁止使用移动电话、游戏机等电子产品。欧洲法律规定，使用移动电话将被处罚款，追究刑事责任。

◇ 参加景点游览或安排自由活动时，务必记清集合时间及地点，并请严格遵守时间。

◇ 依次排队是一种美德，尤其在欧洲，在办理任何手续及景点参观时都要排队。

◇ 团队成员注意互相帮助，尊重他人，严格遵守时间规定，切勿触犯众怒或在言语和行为上诋毁和侮辱其他游客。一旦发生类似情况领队有权令其自负所造成的严重后果与损失。

◇ 旅程中如遇到特殊情况须调整则以领队安排通知为准。整个行程中，任何客人在未经旅行社认可的情况下，不得擅自脱团。在旅途中请严格遵守团队纪律，对经常迟到或因个人原因导致全团行程无法顺利完成的客人，我社有权在征得其他客人和旅行社的同意之下建议其提前结束行程，以确保其他团员的合法利益，由此产生的一切损失由您自理。

◇ 在机场、旅游巴士、景区、餐厅及酒店等公共场合请严格遵守当地规定，以免产生不必要的麻烦。在飞机中转过程中，请不要随意离开团队，如有困难可及时找机场工作人员出示机票以求帮助。

◇ 在国外一定要注意礼貌，卫生，着装整齐。不要随意吸烟、过量饮酒、大声喧哗，在禁止照相的场所严格遵守规定。在和他人合照时一定事先征求对方同意，尊重当地风俗习惯。

◇ 欧洲旅游为团队旅游方式，在沿途随时可能接受警察盘查。因此不在旅游团队名单上的人员在未经旅行社及司机领队的允许下，不得上车随团旅游，感谢您的谅解。

◇ 由于团队行程中所有景点门票均为旅行社打包整体销售，因此若您因自身原因未能游览参观的则视为自动放弃，我社将无法退门票给您，希望您能够谅解。

欧洲酒店：

◇ 欧洲常规旅行团使用的均为三/四星酒店。欧洲酒店与国内的星级评判标准不同，比如在意大利，酒店历史越悠久，星级就越高；在法国巴黎，酒店最高的星级只有四星，因此巴黎的二星级酒店相当于通常的三星级标准。

◇ 欧洲与国内的酒店比较，普遍酒店的大堂、电梯和房间较小，无商场。由于如环保、城市规划、欧洲气候较温和等原因，较多酒店无空调设备；电梯每次只能搭乘二人和行李；酒店无一次性使用物品，如牙刷、牙膏、拖鞋、电热水器等。

◇ 我社尽量把您和您的家人安排同住，但如果遇到展会等特殊情况，不排除临时调配房间住宿的情况（包括加床和夫妻分开住宿），请客人谅解。

◇ 有些欧洲酒店的双人标准房会设置一大一小两张床，方便有小孩的家庭游客；还有些欧洲酒店的双人房只设置一张大的双人大床，放置双份床上用品，有时是两张单人床拼在一起，用时可拉开。若遇此情况，请尽量与团友共同协商解决。

◇ 欧洲主要国家的酒店电压为220伏特，但插头与国内规格不同，各个国家有各自的标准。建议客人尽量在当地大型商场或直接到出境机场购买多功能万能插头，便于在欧洲各国使用。

◇ 您在酒店的额外费用（除房费、早餐外），如长途电话、洗理、饮品及行李搬运费请您自理；酒店电视上凡有“PAY”或“P”的频道均为付费频道。

◇ 在酒店洗澡时，一定注意不要将水弄湿到浴室外的地毯或地板上，否则可能要赔偿300～1000欧元。

◇ 欧洲酒店内的电讯服务费较高，如需国际通信尽可能使用已开通国际漫游的手机或投币电话。每到一地酒店，请务必主动记住导游的房间号、电话，并随身携带酒店的地址和电话。

旅游巴士：

◇ 旅游期间全程使用高速巴士，欧洲法律规定司机每天工作时间不超过11个小时，驾车时间每天不超过8小时。欧洲人环保意识非常强，为了避免空气污染，法律规定司机停车时不允许开空调，希望您能够理解。

◇ 欧洲法律对于司机、导游的工作时间有严格的限制，如果您有额外服务的要求，需要征得当地导游司机的同意，同时要支付一定的额外费用。请您尊重并配合导游司机的工作，以便行程的顺利进行。

◇ 行李箱中途不得开启，所以请您上车前提前拿好全天必要的物品，如因堵车、天气等客观原因导致行程无法按时完成，车公司根据欧洲法律有权删减部分行程以确保行车安全，感谢您的合作。

◇ 为了您的安全，请您在旅游车行驶途中，不要随意走动，以免造成不必要的伤害。如果因此造成伤害，车公司不承担任何责任。

◇ 行车期间全程禁烟，尽量不要在车上吃带果皮的食物、冰淇淋等，如一定要食用，请将剩下的果核用纸包好放入垃圾桶，不要随意丢在车上。

餐饮习俗：

◇ 酒店含有欧式早餐，一般采取团队集体就餐方式。欧式早餐一般比较简单，以奶制品、面包为主。饮料以凉饮为主，很多酒店不提供热水，建议客人提前准备热水壶。

◇ 欧洲午餐和晚餐为适合国人的口味尽量安排在团队中餐厅，欧洲的中餐厅在规模和口味上与国内相比有很大的差距。中餐厅规模都比较小，环境不如国内；其次，欧洲的中餐厅饭菜口味为了适应当地的饮食习惯都已经比较西化；另外，由于当地原材料和调料不够齐全，口味不纯正，故希望您能够理解。

◇ 就餐时请大家遵守餐厅安排，请保持平静心情享用，勿大声喧哗。

◇ 由于团队用餐已经提前预订完毕，因此由于您自身原因放弃用餐时，餐厅将无法退餐费给您，希望您能够谅解；如因特殊的客观原因导致整团无法用餐，我社按标准进行整团退餐；如因民族风俗等情况需特别注意的客人请提前通知领队做好准备。

退餐说明：

1）欧洲部分城市、城镇没有中式餐厅，将退客人餐费；

2）欧洲有些城市的中餐厅不接待团队用餐，将退客人餐费；

3）团队行程用餐时间在高速公路休息站，无法安排中餐厅用餐，将退客人餐费。

◇ 旅行团在游览过程中，可能由于堵车等原因导致用餐时间延误，建议您提前自备一些饼干、巧克力等食品。

◇ 按照国际惯例，机场转机、候机、乘坐火车时的用餐请您自理。

通信须知：

◇ 国内手机若可以漫游，在欧洲可使用。

◇ 拨打及接听欧洲当地电话￥2.99/分钟。

◇ 往中国打电话则先拨：0086（00为国际长途，86为中国的国家代码），再拨国内城市区号及电话号码。

漫游至欧洲的优惠套餐，仅￥2.99/分钟，如无此套餐，则需￥5.99~8.99/分钟不等。

小费须知：

◇ 欧洲各国均有付小费的习惯，是国际礼仪之一，也是对服务人员工作的一种肯定与感谢。

◇ 请您在机场办理登记手续时按旅行社标准交付小费，以便在境外及时支付，鼓励他们的工作。所有游客小费均为统一标准，老人、儿童也无例外。

人身安全：

◇ 外出游览，流动性很大，所以旅途中须注意安全，并严防扒手。当有陌生人靠近时应提高警惕，注意他们的动作，尽量避免和陌生人搭讪。贵重物品务必随身携带，切勿放入行李箱中，更不要放在车上、房间里。在车上请不要展示您购买的贵重物品，付费时不要让他人看到包里的大量现金。容易出现偷窃的地方有：各国车站、机场、餐厅、景点、酒店及商场等公共场所。

◇ 游览时请注意车辆，过马路请走人行横道并注意红绿灯。自由活动时请仔细听清集合地点及时间，按时归队。尽量避免单独行动，尊重当地风俗习惯。

◇ 请您注意贵重物品的安全，酒店不负责房间内物品的安全，司机不负责车上物品安全，请您一定随身携带贵重物品。在离开酒店时仔细检查，不要将物品遗留在酒店里，下车游览时不要将贵重物品放在车上，如果丢失本社不能负责，保险公司也不予承保。

◇ 入住酒店后，如有人敲门，请弄清对方身份再开门，若是陌生人或穿着类似酒店工服的人绝不可以开门，更不能让他们进入房间，有事请与导游联络。曾经多次发生此类事件，导致客人东西被偷被抢。如果您把行李放在房间内外出逛街，不可以把贵重物品放在房间内。如果觉得随身携带不方便，可以寄存在前台。曾发生过在酒店房间丢失贵重物品的事情，酒店对此无法赔偿，因为无法确认您所丢失物品的价值。

◇ 当您在乘机办理托运行李时，一定不要把贵重、易碎物品放在托运行李里，因为按照规定，航空公司最多只会赔偿您新的行李箱。另外绝不让陌生人帮您搬运行李，以免行李遗失。

◇ 一旦发生以上情况，我们的导游会协助您到当地警察局报案，但追回财物的可能性极低，所以请您务必留意以上提示，避免上述情况发生。

◇ 欧洲旅游时间较长，且行程紧凑。身体情况欠佳者，慢性病患者及因年老导致行动不便的客人请在参团时慎重考虑。如果您有心脑血管疾病或者特殊病史，请随身备好药品，并事先告知旅行社和导游，这样旅行社和导游可以给您一些建议，或者对您进行特殊的照顾。在旅行中当您感觉到不舒服的时候，也请一定告诉导游，以便我们及时处理；建议从游客安全角度考虑，身体欠佳者尽量由家属陪同。对隐瞒自身身体状况及在境外因自身身体状况发生意外的客人，本旅行社概不负责。

提醒：既往病史在境外发作，保险公司不予赔偿。

◇ 近期欧洲某些地区屡屡发生中国人被盗事件，主要的作案地点在酒店，或冒充酒店工作人员进入客人房间，或在用早餐的时候偷窃，或撬车进行偷窃，我社不负责承担上述突发状况所产生的损失，在此提醒您赴欧洲旅游时要随时提高警惕，以免造成不必要的经济损失！

◇ 请您务必牢记导游的联系电话，在境外一旦走失请主动联系导游，并在原地等待导游前来。

◇ 中国驻外使领馆电话：

1. 中国驻德国大使馆联系方式：电话：0049-30-275880
2. 中国驻法国大使馆联系方式：电话：0033-1-49521950
3. 中国驻荷兰大使馆联系方式：电话：0031（0）70-3065061

欧洲各主要城市平均气温资料表（摄氏度）

地区	1月	2月	3月	4月	5月	6月	7月	8月	9月	10月	11月	12月
法兰克福	3	5	11	16	20	23	25	24	21	14	8	4
巴黎	4	5	9	13	16	19	22	21	18	13	7	4
卢森堡	0	1	7	11	13	17	19	18	15	9	4	2
日内瓦	1	1	6	10	13	17	18	19	15	10	4	1
琉森	0	3	7	12	16	20	22	21	17	11	6	2
罗马	7	8	11	14	18	23	25	25	22	17	12	9
佛罗伦萨	9	12	15	20	24	29	32	31	27	21	14	10
威尼斯	4	4	8	13	17	21	24	23	20	15	11	5

* 以上资料只供参考。更准确的情况，请参阅电视及报纸。

购物须知：

◇ 银联卡（国内银行发行的带有银联标志的工资卡、储蓄卡或信用卡）在欧洲很多国家都可以使用，但请您在出行前与您的开户行确认，您所持银联卡是否可以在境外消费，或拨打95516进行咨询，刷卡的汇率统一按照当日您开户行挂牌的欧元对人民币卖出价，且不再收取货币转换费。

◇ 购物后请索取收据。

◇ 虽然在发达国家购物，但是也请您取到自己购买的商品后，仔细地检查商品的质量。若回国后才发现质量问题，无论是更换还是退还商品都会手续繁复。具体情况不一，能否实现更换或退还也要视具体情况而定。

◇ 国外商店大多没有讨价还价的习惯，请不要随便要求折扣优惠。

◇ 购买水果时，除超级市场外，最好不要自己用手去挑拣。

◇ 全程不强制购物。

◇ 不增加行程标注额外购物店（须经全体团员签字同意方可增加）。

◇ 行程规定的景点、餐厅、长途中途休息站等这类购物店不属于旅游定点商店，若商品出现质量问题，旅行社不承担任何责任。

◇ 游客自行前往的购物店所购商品出现质量问题，旅行社不承担任何责任。

◇ 欧洲各国特产简介：

法国：法国时装在世界上享有盛誉。选料优质，设计大胆，制作技术高超，一直引导世界时装潮流。巴黎有2000多家时装店。同时法国也是香水之国，无论是香水所使用的材料还是精雕细琢的香水瓶，都显示着法国人卓越的才华和高贵的品位。

意大利：悠久的历史、传统的手工艺、丰富的创造力的融合，把意大利皮鞋推到了世界巅峰。意大利的鞋特别富于设计感，款式、花样，尤其是面料非常丰富。除了设计出色以外，不断研制出新的制鞋设备是保持高品质的重要保证，也正是新设备与传统工艺的结合，赋予了意大利鞋的高品质。

瑞士：从钟表技术发展起来的瑞士音乐盒在全世界是制作水平很高的产品，可以永久性地保持美妙的音色。不但演奏曲目多种多样，还配备有艺术木雕或木细工等盒子。另外，瑞士钟表一直以可信赖的高品质和宝石等细工的美感而受到高度评价。

欧洲值得购买的商品：法国香水、化妆品、服装、手表，德国的双人牌刀具，意大利的皮货、玻璃制品，瑞士的巧克力、军刀、手表等均是代表性商品。

退税须知：

欧盟国家都会征收增值税 VAT（Value Add Tax），消费者在消费商家提供的商品或服务价格中已经包含了税收这部分。所有居住地是非欧盟国家及停留时间少于 3 个月的游客都可以申请索回 VAT。具体退税方法请听从领队安排，以免给您带来经济上的损失。主要需注意以下几点：

1. 各个国家退税税率不同，在 7% 到 14% 之间，具体税率请购买时询问商家。

2. 各个国家对于退税的金额有不同的限制，如常见的是在一家商店一天之内一次购买金额超过一定数额。

3. 不是所有商店都提供退税服务，尽量在旅行社推荐的商店和大商场购买。

4. 海关在盖退税章前，会相应抽查您的退税商品。因此在没有盖章前，先不要托运行李，同时如果购买的退税物品比较多，可考虑将这些物品单独打包。

5. 一个人在同一店家一次性购买金额如果无法买足该国家的退税标准，购物时不妨和同行者一起前往，一并结账，同享退税的优惠。如果要买的品牌都可以在同一家百货公司，那么建议您不妨集中在同一个商店购物。这样一来，不仅容易达到退税金额的标准，退税的手续也只需办理一次，既省时又省钱。

6. 为了避免在出边境时退税产生问题，请您妥善保管好全部税单，不要随意改动。一旦损坏或丢失无法补办。

7. 目前比较方便的退税是回国前在机场完成退税拿到退税现金，因此您需要预留足够时间以便在机场完成整个流程。

8. 提供退税服务的公司有许多家，最有影响的是全球回报集团（Global Refund），领取极为方便。他们在中国也有退税网点。其他家也提供相关服务，例如欧洲回报集团 Euro Refund 等。但影响力远不及全球回报集团，往往要通过提供全球通用的信用卡才能在 3 ～ 6 个月内领取退税金额。

9. 退税是欧洲对非欧盟游客的一项优惠政策，一些商店当场退税，一些商店需要出欧盟时在机场办理退税，导游会向您介绍退税详情并协助您，但这毕竟是欧洲政府运作的，领队不能承担退税失败的任何赔偿。购物属个人行为，如果由于商店和海关无合同或飞机晚点、银行关门、海关检查时间紧迫等原因不能及时退税的，很抱歉我们不能承担责任。

保险须知：

◇ 如果您在旅途中有任何不适或发生医疗事故而需要医疗服务，医疗费用请您先行支付。如果您出国前自行购买了有境外救援服务的保险险种，请您务必保管好医院的诊断证明、处方、发票原件等相关单据，以便回国后自行向保险公司索赔（保险金额参见保险条例中的规定）。

友情提示：

◇ 欧洲国家使用的插头与国内使用的不同，各个国家有各自的规格，德标插头可以在较多国家使用。欧洲常用插头如下图所示，因此建议准备万能转换插座。

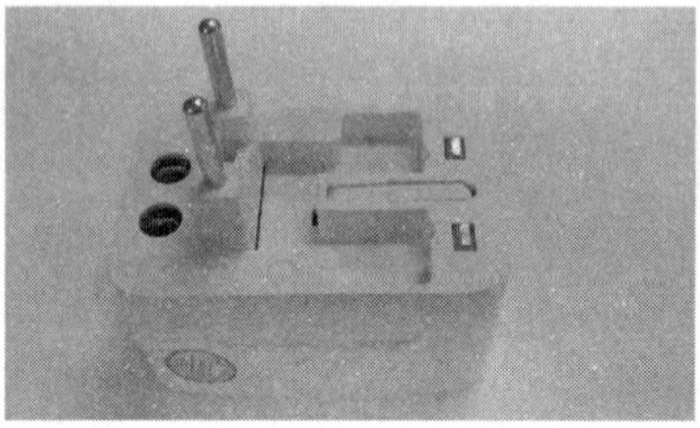
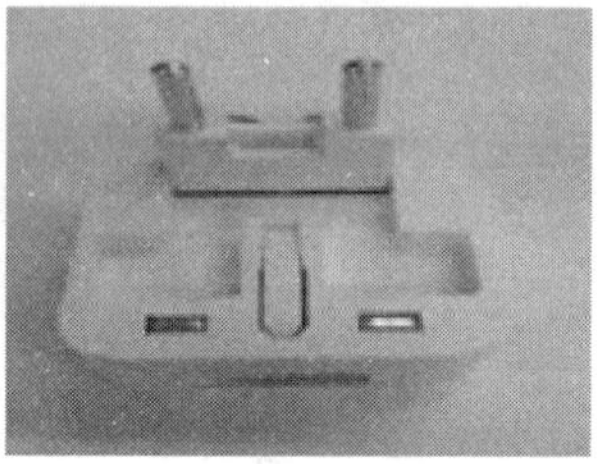

责任：

◇ 欧洲游是集体活动，集体出发、集体返回，为了您和其他的客人能够更好地游览，请遵守时间规定，并配合导游的工作。

◇ 参加欧洲游的旅客，所持护照均为自备因私护照，出入境如遇到问题而影响行程，属于不可抗力因素，由此造成的一切损失（包括团费），请您自付。

◇ 旅游期间遇到特殊情况如交通、天气等原因，本公司有权增减或更改某些行程和旅游项目。

◇ 如果您有不利于长途旅行的疾病或者身体因素请提前告知我社并做好自身防护措施，且此类伤害不在人身意外险的赔偿范围内，我社不承担由此产生的任何责任。

中国民用航空总局最新安检规定：

中国民用航空总局发布了新的《中国民用航空总局关于限制携带液体物品乘坐民航飞机的公告》，对乘坐国际、地区航班旅客执行“国际民航组织（ICAO）指导原则”，自 2007 年 5 月 1 日起实施，具体规定如下：

乘坐国际、地区航班的旅客（含国际中转国际航班旅客），行李中的液体都需经过严格的检查，除了检查是否属违禁品以外，旅客的手提行李中携带的液体物品，须遵循安检的要求：

◇ 容积要求：每位旅客随身携带的液体物品需盛放在容积不超过100毫升的容器内。对于容积超过100毫升的容器，即使该容器未装满液体，亦不允许随身携带，应办理托运。

◇ 包装要求：每位旅客所有的液体容器应宽松地放置于最大容积不超过1升、可重新封口的透明塑料袋中，塑料袋应完全封好（机场安检处可免费提供）。每位旅客每次只允许携带一个透明塑料袋。超出部分应办理托运。

◇ 液体物品包括：水和其他饮料、糖浆类；面霜和润肤油类；香水类；喷雾剂类；洗发水、浴液类；剃须液、其他泡沫和防臭剂类；牙膏类；睫毛膏类；以及其他的任何类似物品。

◇ 特例药品类：随身携带的液体中如有特殊疾病必须随身携带的药品（如心脏病病人随身携带的药物）和婴儿食品，凭医生处方或者医院证明，经安检确认无疑后，可适量随身携带，容积及塑料包装袋要求可不执行上述规定。

◇ 安检前后注意事项：任何液体物品在过安检前请不要打开封装塑料袋，否则将被没收；如果在任何欧盟国机场转机，转机安检前也请不要打开塑料袋，否则同样将被没收；但在安检后您仍然可以在国际机场商店或国际航班飞机上购买如酒水、香水等液体物品并可携带上飞机。

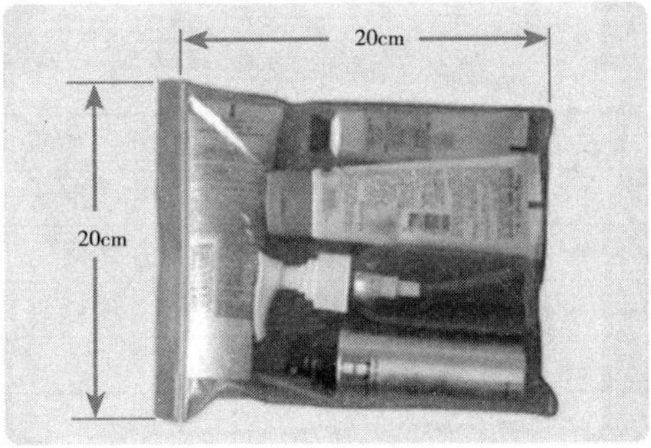

◇ 乘坐国内航班除上述相关规定外，还有以下要求：

如果您乘坐国内航班，目前一律禁止随身携带液态物品，但可办理托运。

如携带少量旅行自用的化妆品，每种化妆品限带一件，其容器容积不得超过100毫升，并应置于独立袋内，接受开瓶检查。

糖尿病患者或者其他患者携带必需的液态药品，经安全检查确认无疑后，交由机组保管。

如果您从国际航空转乘国内航班，需携带入境的免税液态物品应置于袋体完好无损且封口的透明塑料袋内，并需出示购物凭证，经安全检查确认无疑后方可携带。

如需要申请婴儿餐食，应在航班起飞24小时前提出。

如有婴儿随行，请提前告知预定液态乳制品。

中国国际航空公司在机上不提供婴儿液态乳制品，请自备奶粉。

首都机场为了加强安检工作，禁止以任何形式携带打火机登机（包括手提携带及托运），请您自觉遵守相关规定！

出行行李自检：

欧洲旅游因行程紧凑，购买生活用品相当不便，故您的个人物品准备得越充分越好。以下仅就一般需要列表，如果有特殊习惯之游客，请务必将您所需物品带上，以免境外若无法购买给您造成不便。

* 证件及重要物品类：

身份证	特别请携带，以便在回国后回家路途中备用
欧元（或其他外币）	请准备一些小面值纸币及零钱，以便支付小费及其他小额支出
人民币	建议足够回国归家交通费等必要支出即可
备忘录	请记录好领队姓名电话，以及您的护照号码等重要信息

* 衣物类（请根据您赴欧洲时的当地温度酌情准备）：

正式服装	如有正式场合可穿着，如观看法国巴黎红磨坊艺术表演、参观赌场等场合备用
薄外套	欧洲早晚温差大，有些地方即使是夏天，早晚还是会比较凉
厚外套	以备突如其来的风寒之用
手　套	若是冬天前往欧洲，建议携带
换洗衣物	请据个人需要准备

* 洗漱用品：

牙膏、牙刷	欧洲酒店一般不提供，请您自备
洁肤用品	洁肤用品、防晒霜请您自备

* 其他生活用品：

药品	请自带感冒药、肠胃药、退烧药等您所必需的药品
雨具	建议携带折叠伞等雨具
照片	若遇护照遗失时，可做补办证件使用（1 张）
照相器材	小型、便携式为宜
电池、充电器	欧洲购买电池价格较高，且不易购买到合适型号的
热水壶	欧洲酒店不供应饮用热水，如您习惯饮用热茶，请自备加热水壶
拖鞋	欧洲酒店内无拖鞋提供，需自带

续表

便 鞋	以柔软、舒适为原则，切忌穿新鞋
太阳镜	以防晒及雪盲使用

注意：只以在离境的最后关口方可领取现金，若是转机或过境均不退税。注意以下单词：

TRANSFER 中转　　EXIT 出口　　VACANT 无人使用

OCCUPIED 有人使用　　GATE 登机口　　ENTER 进口

NO SMOKING 禁止吸烟　　FASTEN SEATBELT 系好安全带

~~祝 您 旅 途 愉 快~~

职业操练

1. 收集台湾游、日韩游、美加游、澳新游等热门出境旅游的《行程表》和《行程须知》。

2. 整理不同出境旅游产品的《行程须知》内容，分析其中重点说明内容，找出其中的共同点和不同点。

3. 同学分组分别扮演门市服务人员与旅游者，模拟出境游行前说明会的服务场景和行前说明过程。

单元08

售后服务

旅行社售后服务是指旅行社在旅游者旅游活动结束之后，继续向游客提供的一系列服务，以主动解决客人遇到的问题和加强同客人的联系。旅行社仅有高质量的接待服务是不够的，良好的售后服务是优质接待工作的延续，向旅游者提供新的信息，并从旅游者那里得到意见反馈，不仅可以维持和扩大原有的客源，还可以不断更新产品内容，提高接待服务水平，让旅行社在激烈的市场竞争之中立于不败之地。

项目24 受理投诉

旅游门市投诉是指旅游者在与旅行社进行旅游产品的咨询、购买和消费等活动中认为自己的合法权益受到损害后，为求获得物质上和精神上的补偿，以书面、口头等形式向旅行社的门市相关部门提出投诉，请求处理的行为。

职业场景

从这周起，小王开始在门市的售后客服岗位实习。某日下午，他正在店门口迎候顾客，只见一位气呼呼的顾客愤愤进店，要求投诉。小王立刻邀请客人来到投诉专区，招呼其坐下，并泡上一杯热茶。投诉事由如下所述：

这位顾客一家人昨天刚刚参加完本旅行社组织的“大连、旅顺四日游”，客人出示了旅游合同。旅游日程表上的景点安排得满满的，尤其在大连的相关景点中，金石滩是游览的重点。客人反映，在大连的当天，地陪导游员非常热情地向大家推荐旅游行程安排上未包含的海上快艇自费项目，引起了该团队中几个孩子的兴趣，为了满足小朋友的要求，家长们只好陪着上快艇。当时全陪导游员也未加阻止。由于这个项目耽误了一个多小时，导致之后在金石滩景区只匆匆玩了三四个参观点，尚有一半未游玩，其中还有一个是单独收取门票的参观点。当时地陪导游员以客人自费项目造成行程耽误以及景点门票为套票为由，没有退还未游览的参观点门票。这位客人回来后仔细核对了行程安排，对于没有很好地游览金石滩这一全国首批国家AAAA级旅游景区、国家级地质公园感到非常遗憾，于是就来到旅行社门市进行投诉，要求赔偿。

小王一边耐心听取客人的诉求，一边认真记录。客人讲述完毕后，小王按照旅行社制订的“顾客投诉处理工作流程”开始了进一步的投诉受理工作。

职场解析

随着近年来旅游人数的剧增，不少旅游设施供应紧张，各类旅游涉及行业的工作人员服务水平无法满足旅游者的需求，加之旅游者的旅游阅历日益丰富，维权意识也日益增强，因此旅游投诉量有不断攀升的势头。旅行社作为旅游业的龙头产业，只要旅游者对旅行社或其他相关旅游行业部门的任何一个企业或工作人员的服务感到不满意，就会降低他们对旅行社服务质量的评价，旅行社会首当其冲成为旅游者投诉的主要对象。而门市作为旅行社的顾客接待窗口，则是投诉受理的职能部门。

旅游者在与旅行社进行旅游产品的咨询、购买和消费等活动中，认为自己的合法权益受到损害后，一般会首先向旅行社门市的相关工作人员进行投诉，在投诉得不到满意的解释、赔礼或补偿后，旅游者才会进一步向旅游质监执法机构、消费者协会等有关部门或者机构进行投诉，这就会使得事态进一步地扩大，甚至严重影响旅行社的声誉。因此，作为旅行社门市的工作人员在接到投诉后，应高度重视旅游者的意见，认真对待每一位投诉者，妥善倾听、记录、分析、处理和反馈旅游者的投诉，维护旅游者和旅行社自身的合法权益，以达到旅游者和旅行社的双赢。

一、旅游门市投诉原因的划分

在正常的旅游产品的咨询、购买和消费等活动中，引起旅游者不满而引发投诉的原因主要分为硬件因素和软件因素：

硬件因素主要指旅游要素供应商提供的食、住、行、游、购、娱等要素的设施设备标准未达到旅游合同所列明的标准或不符合相关的行业设施设备、环境卫生等质检标准。

软件因素主要指由于旅行社服务人员（包括门市接待员和导游员等）和旅游要素供应企业服务人员（如司机、餐厅服务员、酒店服务员、景点工作人员等）的工作失误或不符合相关的行业服务规范（服务技能差、态度差），或是旅行社的计调和导游人员在设计、安排和落实旅游行程方面不当。

二、接待旅游门市投诉的原则

近年来，旅游投诉出现投诉数量激增化、对象多样化、维权意识超前化等特点，甚至出现不少旅游者将一些不可抗力因素、自身因素或非旅行社和旅游要素供应单位因素造成的旅游不满也归咎于旅行社的过错，这些都需要门市接待人员具备良好的投诉接待技能和技巧，运用规范的投诉接待程序，合情、合理、合法地解决旅游者的诉求，挽回或减少旅行社的损失。

1. 冷静倾听、记录

顾客在投诉时会表现出烦恼、失望、泄气、愤怒等各种情感，不应当把这些表现理解成是对个人的不满。顾客仅仅是把你当成了发泄对象而已。所以接待人员要让顾客知道你非常理解其心情，关心其问题。无论顾客是否永远是对的，至少在顾客的内心世界里，其情绪与要求是真实的，接待人员只有与顾客的内心世界同步，才有可能真正了解其诉求，找到最合适的方式与其交流，从而为成功的投诉处理奠定基础。

一般来说，当旅游者进行投诉时，都是因为他们自身认为在旅游产品的咨询、购买和消费等活动过程中自己的“正当”权益受到了侵犯，其情绪都可能比较失控，言语也可能比较过激，甚至会提出一些不合理的要求。在这种情况下，门市的投诉接待人员不要立即辩解或马上否定顾客的投诉和要求，更不得与投诉者发生争吵，一旦发生争论，只会火上浇油，适得其反。只有认真听取并记录下顾客的所有诉求后，才能完整地掌握其实质性的投诉事由经过和原委，便于之后的调查和处理。

2. 理解心理诉求

顾客前往门市来投诉，往往带有三方面的心理诉求：

第一种是求补偿。这类顾客是目前投诉客人中的大多数，他们要求补偿的心理可能是物质方面的，如要求旅行社退还部分旅游费用，赔偿其一定的经济损失，也可能是精神方面的，如希望旅行社管理人员能向其赔礼道歉。对于这类投诉，投诉接待人员如能当场核实事实，对于确系旅行社接待服务的失误造成，则可在职权范围内与顾客协商经济补偿额度；对于非旅行社或接待单位的失误，则可委婉地加以解释，说明原委；如不能当场核实事实的，则向顾客承诺答复时限。物质方面的补偿以本旅行社的旅游产品、产品折扣、代金券、小礼品等为主，尽量避免进行现金补偿。精神方面的补偿可以请门市的主管或店长当场出面道歉，也可以通过电话、电邮、信件或登门道歉等形式。

第二种是求发泄。这类顾客因对旅游接待人员的服务感到不满，觉得受到了委屈或非平等对待，希望向别人述说其心中的不悦。他们往往会在投诉时或喋喋不休，反复述说其不幸遭遇，或态度激动，使用偏激的语言对投诉接待人员进行指责。对于这类顾客的接待应针对其心理特点，受理地点应尽量避免在门市前台顾客集聚处，适宜在单独的、封闭的、宽松的场所，耐心倾听其投诉，不要为了急于弄清事件的原委而打断对方。

第三种是求尊重。这类顾客多属于拥有一定社会地位、经济实力或是年龄较大的长者，在旅游接待过程中没有得到应有的尊重，甚至被歧视。他们投诉的主要目的是希望通过投诉获得语言和服务上的尊重和照顾，而对于经济补偿则不大重视。在处理其投诉时应主动表示对其遭遇的同情，并表示出较大的敬意，使其感到旅行社确实尊重他们，以平息他们的怨气。

无论是哪一方面的心理诉求，门市投诉接待人员都应站在顾客的立场诚心诚意地去表示理解和同情。尽管有些顾客在投诉时可能存在扩大权益损害事实、索赔漫天要价的现象，但那也是想最大限度地维护自身权益，应予以理解。对于所有顾客的投诉处理，无论已经查实还是没有被查实的，都不应先分清责任，而是应先表示道歉，这才是最重要的。

3. 迅速处理答复

顾客的投诉反映的问题，往往是门市投诉接待人员不了解，并没有亲身经历的情况，顾客的诉求往往也只是一面之词，需要接待人员记录下来，之后联系具体的当事人、部门或接待单位，才能进一步掌握情况事实，这就需要一定的时限。此外即使是明确的旅行社方面的责任，作为基层的投诉接待人员有一定的职能权限，具体补偿方案还需专职的管理人员核定，不能当场给予顾客具体的补偿答复，也需要一定的旅行社内部操作审核流程。

但是无论什么情况，处理的时间越早越快，反馈越及时，那么缓和旅行社和顾客关系紧张的效果就越好，顾客二次投诉或升级投诉的可能性就越小。

三、处理旅游门市投诉的程序

1. 接待顾客投诉

顾客的投诉可以是通过上门当面口头投诉或递交投诉信的直接形式，也可能是通过电子邮件、电话或邮寄投诉信等间接形式。对于前者，门市的接待人员应立刻邀请顾客到投诉专区内进行，必要时门市工作区里还可以设置专门的投诉接待室，用于接待那些情绪激动、言语过激的投诉客人。对于后者，门市的专职接待人员应每天定时多次查收旅行社的专门客服电子邮箱，对于转达的投诉信件应及时拆阅，接到投诉专线电话应立刻放下手中事宜，迅速接听。

2. 倾听沟通记录

倾听是解决问题的前提。在与旅游者沟通时，接待人员要耐心倾听投诉者的陈述，即使投诉者言语过激，或没有正当理由，接待人员也不要立即辩解或马上否定，更不得与投诉者发生争吵，应让投诉者满足发泄“怨气”的心理需求。在倾听顾客投诉的时候，不但要听其述说的内容，还要注意其语调与音量，这有助于了解投诉者语言背后的内在情绪和想法。同时，对投诉者未表达清楚的关键环节或未倾听明白的问题进行询问，通过沟通以确保真正了解投诉者的诉求和事情原委。

认真倾听和记录顾客的投诉，向顾客重述其投诉所表达的意思，并请教其自身理解是否正确，都是向顾客表明真诚和对其的尊重。同时，这也给顾客一个重述没有表达清晰意图的机会。

3. 初步区分责任

在听取并充分了解顾客的投诉事由后，接待人员依据当初与顾客签订的旅游合同规定的相关条款，已经可以基本把握造成投诉的缘由和责任方了。对于可能是本旅行社或其他旅游单位造成的顾客权益损害时，可以先向顾客道歉，并告知其待事情原委核实后一定与顾客进一步进行沟通协商；对于可以明确把握属于不可抗力因素、自身因素或其他无关单位个人造成的投诉事由，接待人员要给予最大耐心的解释和说明，并表示同情和遗憾，必要时解释旅游合同中的相关条款和旅游相关法律法规的说明。

4. 分析查核事实

对于可能属于本旅行社或其他旅游单位和人员责任的情况，接待人员需初步判断其情况的复杂程度，对于涉及单位人员较多、环节复杂、索赔超限的情况，可以恭请投诉者暂时回去，待核实清楚后再主动约见。若涉及的单位人员简单、明了、责任清晰的话，或者已有同旅游产品的消费顾客投诉处理预案的情况下，可以邀请顾客暂候片刻，待联系相关责任部门和人员，或请示专职管理人员后，直接与顾客进行沟通、道歉和协商。接待人员应尽量避免当着顾客面进行联系相关责任部门和人员以及请示专职管理人员，以免造成不必要的矛盾或尴尬。

因为有些问题比较复杂或特殊，接待人员不能确信该如何为顾客解决。如果不确信，不要向投诉者作任何承诺，诚实地告诉顾客，会尽力寻找解决的方法，但需要一点时间，然后约定给顾客回话的时间。接待人员一定要确保准时给顾客回话，即使到时仍不能解决问题，也要向顾客解释问题的进展，并再次约定答复时间。接待人员的诚实会更容易得到顾客的尊重。

5. 制订处理方案

通过与相关单位人员的情况核实，接待人员可以根据旅行社的相关规定或以前的投诉操作案例，拟定相应的处理方案，包括再次约见顾客的时间、地点、形式、解释说明内容、补偿方案等，然后交由专职的管理人员进行审核，审核无误后付诸实施。

通常一个问题的解决方案都不是唯一的，给顾客提供选择会让顾客感到受尊重，同时，顾客选择的解决方案在实施的时候，也会得到来自顾客更多的认可和配合。

6. 反馈处理结果

审核完成后的处理方案应尽快地反馈给投诉者，反馈的形式视顾客权益损害的大小和与顾客初步沟通后而定：可以是再次门市约见，也可以登门道歉；可以口头表达歉意，也可以通过信件或电邮书面赔礼；可以给予精神上的口头表达歉意，希望得到谅解，也可以是物质上的补偿经济损失、赠送礼品、其他旅游产品折扣等，并请顾客在投诉处理记录中签名认可。

假如顾客对处理的结果和方案不满意，表示要二次投诉或升级投诉时，接待人员应尽可能地再次做好解释说明工作，如投诉与事实有较大出入时，可以再次进行事实的核查；如不满足赔偿额度时，可邀请专职管理人员协同解释说明；如遇顾客实在蛮不讲理的情况，只能请其按照合同上的约定，向有关旅游主管、仲裁或法律机构进行投诉和申请。

7. 存档汇总跟踪

妥善处理完毕后，接待人员应将投诉的相关记录、资料和处理经过进行登记汇总，并存入档案，以备不时之需。对于多次投诉反映的普遍性或严重性问题，应向主管领导提交整改建议，以免再次发生。对于投诉成功处理之后的顾客，应继续通过各种形式跟踪和回访，巩固与其的关系，保持客户维护联系，争取其成为忠诚客户。

四、投诉接待常用语列举

（1）很抱歉，因为我们的工作给您带来了不便，非常感谢您反映的情况。

（2）您所反映的具体情况我已经了解了，并且做好了记录，我想再给您确认一下，好吗？（复述投诉者的内容）请问您还有什么要补充的吗？

（3）您反映的情况，我会立刻转给我们的相关部门核查，并给您一个满意的答复。

（4）请您稍等一下，我去联系我们的其他部门（我去请示下我们的领导），了解下具体情况。

（5）您反映的情况因为还涉及了当地的旅行社（其他接待单位），情况核实可能需要一点时间，今天您先请回，无论情况如何，明天我会再次和您电话沟通的。

（6）麻烦您留下您的联系方式，一有结果我会马上通知您的。

（7）出现这种情况，我们深表歉意，这也不是我们所希望遇到的，但毕竟……

（8）通过我们的核实，您所反映的情况是属实的，我们在这里向您表达深深的歉意，实在对不起，我们下次一定改进……

（9）对不起，让您感到不愉快了，我非常理解您此时的感受。

五、引导客户思绪的技巧

接待人员有时候会在说道歉时感到不舒服，因为这似乎是在承认自己有错。其实，“对不起”或“很抱歉”并不一定表明自己犯了错，这主要表明对顾客不愉快经历的遗憾与同情。不用担心顾客因得到认可而越发强硬，认同只会将顾客的思绪引向解决方案。同时，接待人员也可以运用一些方法来引导客户的思绪，化解客户的愤怒：

1. 适时提问

一个在气头上的发怒者无法进入“解决问题”的状况，接待人员要做的首先是逐渐使对方的火气降下来。对于那些非常难听的抱怨，抓住要点适时地提出一些问题来冲淡其中的负面成分。

顾客：“你们的导游实在太不负责了！到了景点就把我们晾在那里不管了。”
接待人员：“请问您说的是行程中的哪一天啊？”

而不当的反应，如同我们司空见惯的：“到了景点你们客人自由活动啊，那很正常的咯。”

2. 转移话题

当投诉者按照其思路在不断地发火、指责时，可以抓住其中一些略为有关的内容扭转方向，缓和气氛。

顾客：“你们的行程安排太不合理啦，这次我带了家人老老小小，太累了！”

接待人员：“我理解您，您的孩子多大啦？”

顾客：“嗯……6 岁半。”

3. 间隙转折

暂时停止对话，特别是你也需要找有决定权的人做一些决定或变通：“稍候，让我来向领导请示一下，我们还可以怎样来解决这个问题。”

4. 给定限制

有时接待人员虽然做了很多尝试，对方依然出言不逊，甚至不尊重人格，接待人员可以转而采用较为坚定的态度给对方一定限制：“× × ×，我非常想帮助您。但您如果一直这样情绪激动，我只能和您另外约时间了。您看呢？”

5. 提供帮助

对于一些非本旅行社和旅游接待单位责任的投诉，当投诉者正在关注问题的解决时，接待人员应体贴地表示乐于提供帮助，自然会让顾客感到安全、有保障，从而进一步消除对立情绪，形成依赖感。接待人员可以这样说：“您看让我给您提供个建议，如何？对于 × × 的情况，你可以向 × × 单位的部门联系下，我这里有他们的联系方式，他们会有针对您这种情况的具体解释，好吗？”

职业操练

1. 绘制一份旅游门市投诉处理的流程图。

2. 草拟一份旅游门市投诉记录表。

3. 同学两两一组，收集一份旅游投诉的案例，并模拟门市接待人员与投诉者之间谈话。

4. 作为小王，进一步的投诉受理工作具体应该怎么做？同学之间分组进行模拟角色扮演。

职业拓展

学习阅读国家旅游局2010年5月5日颁布的《旅游投诉处理办法》。

旅游投诉处理办法

第一章 总则

第一条 为了维护旅游者和旅游经营者的合法权益，依法公正处理旅游投诉，依据《中华人民共和国消费者权益保护法》、《旅行社条例》、《导游人员管理条例》和《中国公民出国旅游管理办法》等法律、法规，制定本办法。

第二条 本办法所称旅游投诉，是指旅游者认为旅游经营者损害其合法权益，请求旅游行政管理部门、旅游质量监督管理机构或者旅游执法机构（以下统称“旅游投诉处理机构”），对双方发生的民事争议进行处理的行为。

第三条 旅游投诉处理机构应当在其职责范围内处理旅游投诉。

地方各级旅游行政主管部门应当在本级人民政府的领导下，建立、健全相关行政管理部门共同处理旅游投诉的工作机制。

第四条 旅游投诉处理机构在处理旅游投诉中，发现被投诉人或者其从业人员有违法或犯罪行为的，应当按照法律、法规和规章的规定，作出行政处罚，向有关行政管理部门提出行政处罚建议或者移送司法机关。

第二章 管辖

第五条 旅游投诉由旅游合同签订地或者被投诉人所在地县级以上地方旅游投诉处理机构管辖。

需要立即制止、纠正被投诉人的损害行为的，应当由损害行为发生地旅游投诉处理机构管辖。

第六条 上级旅游投诉处理机构有权处理下级旅游投诉处理机构管辖的投诉案件。

第七条 发生管辖争议的，旅游投诉处理机构可以协商确定，或者报请共同的上级旅游投诉处理机构指定管辖。

第三章 受理

第八条 投诉人可以就下列事项向旅游投诉处理机构投诉：

（一）认为旅游经营者违反合同约定的；

（二）因旅游经营者的责任致使投诉人人身、财产受到损害的；

（三）因不可抗力、意外事故致使旅游合同不能履行或者不能完全履行，投诉人与被投诉人发生争议的；

（四）其他损害旅游者合法权益的。

第九条　下列情形不予受理：

（一）人民法院、仲裁机构，其他行政管理部门或者社会调解机构已经受理或者处理的；

（二）旅游投诉处理机构已经作出处理，且没有新情况、新理由的；

（三）不属于旅游投诉处理机构职责范围或者管辖范围的；

（四）超过旅游合同结束之日 90 天的；

（五）不符合本办法第十条规定的旅游投诉条件的；

（六）本办法规定情形之外的其他经济纠纷。

属于前款第（三）项规定的情形的，旅游投诉处理机构应当及时告知投诉人向有管辖权的旅游投诉处理机构或者有关行政管理部门投诉。

第十条　旅游投诉应当符合下列条件：

（一）投诉人与投诉事项有直接利害关系；

（二）有明确的被投诉人、具体的投诉请求、事实和理由。

第十一条　旅游投诉一般应当采取书面形式，一式两份，并载明下列事项：

（一）投诉人的姓名、性别、国籍、通信地址、邮政编码、联系电话及投诉日期；

（二）被投诉人的名称、所在地；

（三）投诉的要求、理由及相关的事实根据。

第十二条　投诉事项比较简单的，投诉人可以口头投诉，由旅游投诉处理机构进行记录或者登记，并告知被投诉人；对于不符合受理条件的投诉，旅游投诉处理机构可以口头告知投诉人不予受理及其理由，并进行记录或者登记。

第十三条　投诉人委托代理人进行投诉活动的，应当向旅游投诉处理机构提交授权委托书，并载明委托权限。

第十四条　投诉人 4 人以上，以同一事由投诉同一被投诉人的，为共同投诉。

共同投诉可以由投诉人推选 1 至 3 名代表进行投诉。代表人参加旅游投诉处理机构处理投诉过程的行为，对全体投诉人发生效力，但代表人变更、放弃投诉请求或者进行和解，应当经全体投诉人同意。

第十五条　旅游投诉处理机构接到投诉，应当在 5 个工作日内作出以下处理：

（一）投诉符合本办法的，予以受理；

（二）投诉不符合本办法的，应当向投诉人送达《旅游投诉不予受理通知书》，告知不予受理的理由；

（三）依照有关法律、法规和本办法规定，本机构无管辖权的，应当以《旅游投诉转办通知书》或者《旅游投诉转办函》，将投诉材料转交有管辖权的旅游投诉处理机构或者其他有关行政管理部门，并书面告知投诉人。

第四章　处理

第十六条　旅游投诉处理机构处理旅游投诉，除本办法另有规定外，实行调解制度。

旅游投诉处理机构应当在查明事实的基础上，遵循自愿、合法的原则进行调解，促使投诉人与被投诉人相互谅解，达成协议。

第十七条　旅游投诉处理机构处理旅游投诉，应当立案办理，填写《旅游投诉立案表》，并附有关投诉材料，在受理投诉之日起5个工作日内，将《旅游投诉受理通知书》和投诉书副本送达被投诉人。

对于事实清楚、应当即时制止或者纠正被投诉人损害行为的，可以不填写《旅游投诉立案表》和向被投诉人送达《旅游投诉受理通知书》，但应当对处理情况进行记录存档。

第十八条　被投诉人应当在接到通知之日起10日内作出书面答复，提出答辩的事实、理由和证据。

第十九条　投诉人和被投诉人应当对自己的投诉或者答辩提供证据。

第二十条　旅游投诉处理机构应当对双方当事人提出的事实、理由及证据进行审查。

旅游投诉处理机构认为有必要收集新的证据，可以根据有关法律、法规的规定，自行收集或者召集有关当事人进行调查。

第二十一条　需要委托其他旅游投诉处理机构协助调查、取证的，应当出具《旅游投诉调查取证委托书》，受委托的旅游投诉处理机构应当予以协助。

第二十二条　对专门性事项需要鉴定或者检测的，可以由当事人双方约定的鉴定或者检测部门鉴定。没有约定的，当事人一方可以自行向法定鉴定或者检测机构申请鉴定或者检测。

鉴定、检测费用按双方约定承担。没有约定的，由鉴定、检测申请方先行承担；达成调解协议后，按调解协议承担。鉴定、检测的时间不计入投诉处理时间。

第二十三条　在投诉处理过程中，投诉人与被投诉人自行和解的，应当将和解结果告知旅游投诉处理机构；旅游投诉处理机构在核实后应当予以记录并由双方当事人、投诉处理人员签名或者盖章。

第二十四条　旅游投诉处理机构受理投诉后，应当积极安排当事双方进行调解，提出调解方案，促成双方达成调解协议。

第二十五条　旅游投诉处理机构应当在受理旅游投诉之日起60日内，作出以下处理：

（一）双方达成调解协议的，应当制作《旅游投诉调解书》，载明投诉请求、查明的事实、处理过程和调解结果，由当事人双方签字并加盖旅游投诉处理机构印章；

（二）调解不成的，终止调解，旅游投诉处理机构应当向双方当事人出具《旅游投诉终止调解书》。

调解不成的，或者调解书生效后没有执行的，投诉人可以按照国家法律、法规的规定，向仲裁机构申请仲裁或者向人民法院提起诉讼。

第二十六条　在下列情形下，经旅游投诉处理机构调解，投诉人与旅行社不能达成调解协议的，旅游投诉处理机构应当做出划拨旅行社质量保证金赔偿的决定，或向旅游行政管理部门提出划拨旅行社质量保证金的建议：

（一）旅行社因解散、破产或者其他原因造成旅游者预交旅游费用损失的；

（二）因旅行社中止履行旅游合同义务，造成旅游者滞留，而实际发生了交通、食宿或返程等必要及合理费用的。

第二十七条　旅游投诉处理机构应当每季度公布旅游者的投诉信息。

第二十八条　旅游投诉处理机构应当使用统一规范的旅游投诉处理信息系统。

第二十九条　旅游投诉处理机构应当为受理的投诉制作档案并妥善保管相关资料。

第三十条　本办法中有关文书式样，由国家旅游局统一制定。

第五章　附则

第三十一条　本办法由国家旅游局负责解释。

第三十二条　本办法自2010年7月1日起施行。《旅行社质量保证金暂行规定》、《旅行社质量保证金暂行规定实施细则》、《旅行社质量保证金赔偿暂行办法》同时废止。

项目25　客户维护

客户维护是门市售后服务的主要工作内容，但并不仅限于旅游者在消费旅游产品之后，它很可能还是一次新的旅游产品消费的开端。

旅行社客户维护是指旅行社建立比较系统完备的客户信息资源库，通过各种形式和渠道收集客户对旅行社的建议或意见，不断向客户提供最新的服务信息，以客户需求为中心提供标准化、个性化的服务，进一步加强旅行社与客户之间的忠诚关系的一系列行为。

职业场景

距离春节只有一个多月时间了，售后客服部门也开始忙碌起来，小王被要求参与部门的客户维护工作。除了每周初都要汇总上周顺利结束行程的团队信息，然后通过电话进行回访、征求旅游者的意见和建议外，部门主管还让小王共同参与策划针对春节产品销售的客户关怀活动方案。

职场解析

在旅游产品日益市场化和透明化的今天，旅行社门市只靠开发新、优、廉、特的旅游产品来占据市场份额已经远远不够了，新线路的推出一般不出一周左右就会被模仿，甚至被超越。目前市场上主流的旅游线路行程安排已经基本雷同，同质化趋向越来越明显，这种市场竞争态势下，能保留市场竞争力的唯一利器就是服务，针对客户的服务，即客户维护。

旅行社客户维护注重实现客户的长期满意，让客户持久地感受旅行社服务的超值和惊喜，而不是仅仅一次性的服务满足，从而确保客户和旅行社双方利益的最大化。客户维护的基本工作主要包括客户建档、客户回访和客户关怀 3 个方面。

一、客户建档

客户是旅行社重要的经营基础和生产资源，有广义和狭义之分。广义的客户是指与旅行社有经济和业务往来的旅游要素供应商、其他服务机构和旅游者，而狭义的客户则专指旅行社的客源，即旅游者，包括已经消费本旅行社产品的老客户，也包括潜在消费的新客户。本项目中涉及的内容专指狭义的客户。

门市客服人员通过日常收集的旅游者客户资料，逐渐建立起一个庞大的旅游者数据库，这是门市客户关系管理的基础。此外从营销的成本上来说，开发一个新客户的成本要远远高于留住一个老客户的成本，因此，针对已消费本旅行社产品的老客户来建立客史档案是门市客服人员的一项重要工作。

1. 客史档案的形式

目前，各旅行社建立客史档案的形式主要有两种：

一是利用普通的电脑办公软件来实现，如利用微软 Office 软件中 Excel 或 Word 建立客户资料表格。这种形式往往需要门市客服人员在团队出游结束后，利用门市接待的旅游者登记表进行二次登录整理完成，多为中小型旅行社采用。它最大的优点就是投入成本很低，但后期的客户资料查询、维护以及使用都不够便捷，且客户资料容易外泄。

二是采用专门的客户管理系统软件，如上海棕榈电脑系统有限公司开发的“金棕榈旅行社业务流程信息管理系统”，其中就包含一个子系统——“金棕榈客户管理系统（CRM）”。使用这套旅行社管理软件时，在旅游者报名参团登记的同时就完成了客史档案录入的第一步。随着之后的门市、计调客服工作进一步开展，不同的客服人员会陆续完成齐备的客史档案录入，多为大中型旅行社采用。它的一次性投入成本较高，但后期的查询和使用方便，只需输入关键字，客户的全部资料一览无余。假如软件还整合客户关怀和旅游信息发布系统的话，客户关怀和旅游信息发布还能自动化完成，节省人力物力，而且这种客户资源管理不易造成客户资料外泄。

2. 客史档案的内容

无论哪一种客史档案管理形式，其基本内容是大同小异的，而不同客户类型的客史档案内容略有不同：

散客客史档案内容主要包括：姓名、性别、生日、身份证（护照、港澳通行证等）号码、工作单位名称、职务、年收入、联系方式（手机号码、家庭电话、紧急联络电话、电子信箱、MSN、QQ 等）、家庭地址、邮编、家庭成员情况、个人兴趣爱好、以往游览地、在本旅行社的参团记录（时间、目的地、同行成员、团费、游后反馈等）、出游偏好、未来的出游意向、散客回访记录等。

单位客史档案内容主要包括：名称、性质、地址（包括总部、分公司、门市部等）、职能部门及人数、邮编、员工旅游周期、员工旅游洽谈专员资料、员工旅游决策者（副总、办公室主任、工会主席等）资料、差旅管理专员资料、差旅管理决策者资料、员工主要差旅地、员工旅游预算、差旅管理预算及制度（包括姓名、性别、联系方式、个人喜好等）、以往员工集体组织游览地、在本旅行社的参团记录、出游偏好、未来的出游意向、回访记录等。

二、客户回访

客户回访是指旅行社在客户消费旅游产品之后，客服人员通过电话回访、登门拜访、发放问卷、网站留言、意见箱等多种形式和渠道与客户沟通交流的方式，来了解其对本次及今后旅行社产品的评价和期望。从中，旅行社既可以通过回访获得客户的各种反馈信息，改进服务工作，也能够让客户感受到旅行社对自己的尊重，是旅行社维护客户关系的重要方式。

1. 回访对象

门市客服回访的对象主要是通过门市报名，并已完成旅游活动的客户。

2. 回访形式

旅行社门市对客户的回访一般由专人负责，普通散客的回访基本采用电话回访的形式，语言要简明扼要、重点突出，时间尽可能控制在 2 分钟以内。

而对于单位或重要客户需由门市负责人、销售人员或领导亲自登门拜访，但拜访之前应电话预约登门时间，拜访时间也应控制在半小时之内，避免打搅客户工作。

旅行社网站的售后服务模块、游客意见箱、旅游结束时导游安排游客填写的《游客意见表》等也是客户回访的不同形式，这类客户回访信息要做到及时查看，及时回复和处理，建立规范的审阅和处理机制。

3. 回访时间

不同形式和渠道的回访时间各有不同：常用的电话回访必须及时，一般在行程结束后的 2 ～ 3 天内完成；针对重要客户或单位客户的登门拜访一般需提前与客户联系时间，尽可能在行程结束后一周内完成；旅行社网站的售后服务模块或游客意见箱应长期设置，并由专人定期查看；旅游者意见表一般由导游员在行程临近结束前安排客人填好，然后直接带回交给旅行社相关人员。

4. 回访内容

主要包括确认行程安排相符情况，对行程安排的满意度，对导游等服务人员的满意度，了解客户的建议和意见，了解客户的旅游消费偏好，表达旅行社的谢意和进一步沟通联络的意愿等内容。

5. 电话回访常用语

您好，我是 × × 旅行社的门市客服代表，想耽误您 2 分钟的时间，请您对我们的服务做个评价，可以吗？

不好意思，打扰您了，这样我过半小时后再联系您吧。

非常感谢您对我们工作的支持。

您曾经向我们反映的 ×× 问题，我们已经进行了仔细的核查，我想给您解释一下……

您还有什么意见或建议，欢迎您再次拨打我们的客服热线。

很抱歉，我们再核实一下，尽快答复您，好吗？

不好意思，您反映的问题我们必须通过有关部门核查后，才能答复您，希望您能谅解。

是我没有说清楚，我再给您解释一下，好吗？

不用谢，这是我们应该做的，谢谢您对我们工作的支持。

抱歉，您说的问题已经超出了我们服务的范围，恐怕我们不能为您解决了，请您谅解好吗？

有关这个问题，我建议您向 ×× 部门直接反映好吗？我们也会通过相关途径为您反映的。

三、客户关怀

客户关怀就是旅行社通过节日问候祝贺、旅游信息发布、客户活动、消费奖励等形式向客户表达旅行社对其关心和关注的一系列服务行为。

1. 客户关怀的意义

首先，能提高客户的忠诚度。具体而言，客户会更久地忠实于旅行社；主动尝试旅行社更多的新产品并提高购买价值更高的产品的意识；对旅行社及其产品说好话，形成良性口碑；忽视竞争品牌及其广告，并对价格变化反应平淡；由于更加熟悉与交易的程序化而降低服务成本。

其次，延长客户生命周期。所谓的客户生命周期指一个客户对旅行社而言是有类似生命一样的诞生、成长、成熟、衰老、死亡的过程。成长、成熟和衰老这三个阶段往往伴随消费，尤其是成熟期，是客户消费的黄金时期，有效延长客户生命周期将提高客单价，从而提高总赢利。

再次，是帮助改进产品。忠实顾客是最好的产品设计师，通过使用他们会发现旅游产品的缺陷所在，客户关怀能为旅行社建立聆听建议的渠道，让旅行社发现改进空间，设计出更符合顾客要求、更有市场的产品。

最后，是口碑传播，也可以称之为品牌效应。当旅行社的产品或服务超出了顾客的期望，他们将习惯性地和周围的朋友分享。很显然，熟人传递的产品信息更加可信，成交概率也更高。

2. 客户关怀的不同形式

（1）节庆问候祝贺

节日、客人生日、重大的节庆赛事活动等都是门市客服人员加强与客户联系的最佳时机，可以利用客史档案，适时（一般需提前两周以上）通过寄发贺卡、明信片、短信、电子邮件、电话、登门拜访等形式向客户表达诚挚的祝贺。也可根据情况，适时进行产品推介。

贺卡一定要由高层管理人员亲笔签名，不可采用打印或盖章的方式签名；手机短信要主题突出、内容健康、个性新颖，并附上旅行社名称和联系电话；电子邮件格式要规范，内容简明扼要，最好能使用带有旅行社 LOGO、抬头、联系方式等内容的旅行社标准化电子稿纸；电话或上门祝贺主要针对一些重要顾客，问候时要主题突出，内容简洁，有针对性。

（2）旅游信息发布

对于即将开始旅游活动的客户，旅游信息主要通过手机短信、电话、电子邮件等形式发布，发布内容根据 3 个不同时间阶段各有不同，出发前主要是行前通知内容和计调操作状态（如机票出票情况、签证情况等），临近出发日的主要是安全、携带物品的提醒和紧急联络电话，旅程结束后主要内容是致谢和征求意见。

对于老客户，旅游信息主要可以通过电话、电子邮件、手机短信、旅游宣传手册、产品介绍单、旅行社 DM 广告单等形式，把旅行社最新的产品推广信息及时告知客户。信息发布时间可以按照旅行社季节性产品推广的周期而定，不宜过于频繁，选择发布对象需根据旅游者的出游偏好或意向。

（3）客户活动

旅游者招待会、答谢会、联谊活动、旅行社开放日等都是旅行社增进与客户及客户之间友谊的重要方式。在这些自然、轻松、愉快的活动气氛中，不仅客户能够感受到旅行社的品牌气质和企业文化，而且旅行社能够有针对性地发布一些旅游产品信息，还能了解到客户需求的变化，有针对性地及时调整产品。客户的摄影照片展、产品的幻灯片简介、旅游专家的发言、冷餐会、酒会、文艺表演、参与性的节目、抽奖活动、赠送纪念品、组建旅游专题俱乐部等形式都可以综合融会到这些活动之中。

（4）会员营销

随着 IT 技术的发展，尤其是互联网的普及，会员制的营销手段已经渐渐地由零售行业扩大到旅游行业，目前许多大型旅行社已经建立了比较成熟的会员制营销体系。借助先进的信息技术，上述多种客户关怀的形式都可以便捷、低成本地实现，更重要的是通过根据会员信息和消费行为将会员分类，进行更加针对性的营销，将促销变为优惠和关怀，提升会员消费体验。

会员营销是客户经过首次消费后，旅行社发展其为会员，通过会员基本资料、消费、积分、储值、促销和优惠政策等一系列信息管理，达到旅行社和客户随时保持良好的联系，从而让客户重复消费，提高客户忠诚度，实现业绩增长的目的。

职业操练

1. 分别设计一份散客和单位的客史档案记录表。
2. 同学两两一组，模拟旅行社客服人员就旅游者进行电话回访的情景。
3. 分组设计一份旅行社的年度客户关怀方案。

拓展阅读

一、客户维护的重要意义

1. 完善客户信息，实现信息的整合利用

在旅行社内部，客户信息通常分散于各职能部门中，如销售营销部门掌握着大客户档案信息和销售信息，导游部门掌握着客户的个性特点和旅游生活习惯等信息，财务部门掌握着客户的付款和信用等信息，售后服务部门掌握着客户的投诉和回访等信息。而各个部门掌握的客户信息并不是完全准确、全面的，同时也存在着信息不畅通、关系不协调等问题，这就会给客户和旅行社服务带来诸多不便。所以，通过客户维护，能够完善客户信息，实现客户信息的整合和利用，来保证旅行社对顾客服务的良性运作。

2. 提升客户满意度，提高社会美誉度

旅行社通过客户维护，有利于了解客户在旅游产品消费后的总体评价，掌握客户对旅行社产品的需求信息，处理客户反馈意见，做好协调沟通工作，从而提高客户的满意度。旅游者的满意度提高了，会带来口碑相传和反复消费，这就是一系列的良性循环，从而提高旅行社产品的服务以及在社会上的美誉度和知名度。

3. 促进产品销售，实现企业目标

客户的满意是促进旅游产品销售的一个重要前提，同时，通过对客户维护，可以有效收集客户的信息，把握客户的需求变化，开发适应客户需求的新产品，并将旅行社产品信息通过各种方式传递给目标市场的现有客户和潜在客户，以互动效应影响客户、争取客户和维护客户，促进旅行社产品的销售和旅行社营销效益的全面提高，实现旅行社发展的目标。

二、客户忠诚度

客户忠诚度是指由于质量、价格、服务等诸多因素的影响，使客户对某一旅行社的产品或服务产生感情，形成偏爱并长期重复购买该旅行社产品或服务的程度。忠诚的客户是旅行社最有价值的顾客，客户忠诚的小幅度增加能够带来旅行社利润的大幅度增加，建立客户忠诚是实现持续的利润增长的最有效方法。

衡量客户忠诚度的标准包括：

（1）客户在本旅行社消费的次数——与忠诚度成正比。

（2）客户签订旅游合同的决策时间——与忠诚度成反比。

（3）客户对产品价格的敏感程度——与忠诚度成反比。

（4）客户对同行竞争产品的关心程度——与忠诚度成反比。

（5）客户对产品质量的承受能力——与忠诚度成正比。

（6）客户在本旅行社的消费周期——与忠诚度成反比。

管理篇

店　长

单元09 门市店员的招聘与培训

旅行社门市店员的招聘与培训工作属于旅行社的人力资源管理的重要工作之一。当旅行社的门市发展到一定规模或旅游旺季的前夕阶段时，人力资源往往是门市进一步发展的“瓶颈”，人力资源管理工作不好，门市服务就会出现危机，服务水平和质量就会大起大落。

项目26 招聘门市店员

近年来，随着旅游、交通、住宿、会务等消费的日益增多，旅行社的门市数量和规模都呈逐年上升趋势，这就需要有大量的愿意从事旅行社门市接待工作的人才加入这个岗位。在旅行社门市的员工招聘管理中，店长起着至关重要的作用。门市能否找到合适满意的员工取决于店长的工作能力。

职业场景

经过近一年的门市接待、客服等各岗位的实习，小王已经基本能够胜任旅行社门市的各项工作，同时他的刻苦努力和勤奋好学，也深得店长的认可。因此店长决定提供一个店长助理的实习岗位给小王，让他开始承担一些店长的助理工作，进一步培养锻炼他。

在大家的努力下，门市近几个月的经营规模日益扩大，门市接待的客流量节节攀升，接待人员的咨询服务经常需要客人排队等候，不少客人只好无奈离开。面对这种情况，店长向公司人事部申请后，同意再招聘2名门市接待人员加入，于是店长要求小王拟定一份招聘方案，并尽快开始招聘工作。

职场解析

旅行社是人才密集型的服务企业。通过招聘获得优秀人才，为旅行社注入新鲜活力，并人尽其用，将其安排到恰当的工作岗位，使其能够发挥自己的聪明才智，从而促进企业的发展。

一、明确招聘目的

旅行社门市招聘员工，其目的或原因一般有如下几方面：

（1）为新开业的门市“造血”，输送各岗位所需要的人才；

（2）为扩大现有门市规模而“输血”，增补各方面急需的优秀人才；

（3）为门市填补现有的岗位空缺，替补离职的员工；

（4）撤换现有岗位上的不称职人员，提高工作效率和工作质量；

（5）补充因员工的突发离职而造成的缺员；

（6）填补由于原有岗位人员晋升而形成的空缺；

（7）适应部门调整时的人员流动的需要。

二、分析招聘岗位

招聘岗位的分析是整个招聘工作的基础，通过分析，能够明确招聘方式、途径、面试审核等下一步的招聘具体工作安排。招聘岗位分析时应主要考虑的问题包括：

（1）设置该岗位的目的是什么？对其他岗位工作有什么帮助与影响？

（2）该岗位需要什么知识和技能？有什么学历、特殊技能或体能要求？

（3）该岗位具体做些什么工作？

（4）该岗位的业务流程方面上下级分别是什么？

（5）该岗位的管理人员方面上下级分别是什么？

（6）该岗位需要多少人？薪酬是多少？

（7）该岗位的工作场所设在什么位置？需要哪些办公设施设备？

三、确定招聘方式

招聘方式分为外部招聘和内部招聘两种。

1. 外部招聘

外部招聘是旅行社向外界发布用工信息，吸引外界人员前来应聘。外部招聘适合针对基层岗位、非关键岗位、企业内部缺乏岗位或具有特殊技能人员的招聘。外部招聘选择范围大，有利于吐故纳新，为旅行社带来新力量、新经验和新方法，对老员工而言能促使他们为了避免被新人员超越或替代而更努力地工作。但外部招聘一般成本较高，招聘周期较长，新员工需要一定的工作适应期。

2. 内部招聘

内部招聘是指当旅行社内部岗位出现空缺时，首先向公司内部现有员工发布岗位空缺信息，接受其他部门或岗位的员工应聘。内部招聘主要适用于选拔中高层管理人员或部门人员数量结构不合理的情况。内部招聘的招聘成本较低，而且对招聘对象情况了解比较真实可靠，应聘者工作适应期较短，但容易造成内部员工队伍“近亲繁殖”的现象，不利于企业纳新除垢。

除了按照上述招聘范围划分招聘方式外，还可以根据用工时限划分为正式招聘和临时招聘。正式招聘是指吸纳应聘者作为正式岗位的员工，而临时招聘就是对外招聘临时工和对内临时调动岗位。因为旅行社行业的工作具有较强的季节性特点，因此所需的员工也呈现一定的波动性。旅行社可以根据旺季企业运行的情况，增加一些临时性岗位，协助旅行社完成必要的对客服务工作，如聘用兼职人员、招纳实习生等。一方面可以避免大客流量引起的服务缺位和失误，缓解内部现有员工的工作压力；另一方面也可以降低旅行社的营业成本，避免出现冗员。

四、发布招聘信息

招聘信息的撰写要简明扼要，突出招聘的岗位名称、任职学历、知识能力等要求以及工作内容和薪酬福利等。门市员工的招聘信息发布最简便的方法就是在店外张贴招聘广告，费用低廉，操作简便，但应聘人员的层次水平和招聘信息的知晓率都不高。作为一家规范的大中型旅行社招聘信息的发布除了广告招聘外，还可以通过校园招聘、人才交流会、网络招聘、校企合作等多种渠道发布招聘信息。

各类的中、高职和大学是不同层次专业人才集中的地方，专业学生经过专业化的学习，具有一定的专业知识，旅行社可以定期到各旅游院校进行宣传，吸引优秀人才加盟。另外，旅行社可以通过人才交流会得到大量的应聘者信息。这些应聘者往往都具有一定的工作经验，因此，通过人才交流会发布招聘信息往往能提高招聘效率，找到企业“门当户对”的应聘者。网络发布招聘信息是近年来企业最多使用的招聘渠道，速度快，成本低，招聘信息更新快。

五、进行招聘面试

在应聘者向旅行社投递简历后，首先旅行社应根据其提供的简历和证明材料进行初步筛选，重点审核学历专业、工作经历、专业技能等方面，排除不具备该岗位需求能力的人员。然后根据招聘岗位的具体特点，安排剩余应聘人员进行再次考核，考核形式可以面试、笔试、实际操作或多种形式综合考核等，具体考察应聘者的实际工作能力及与招聘岗位的适应度，从多角度了解应聘者。各项考核人员应由人事主管、部门主管和岗位技术骨干三方组成。

面试时提问的问题可以是针对简历表中所涉及的内容进行拓展，也可以问及下述问题：

（1）你为什么要找新工作，辞去原来那家旅行社？

（2）你觉得我们旅行社和你原来工作的旅行社有什么不同吗？

（3）你的短期和长期职业目标是什么？

（4）谈谈你从事门市接待工作的成功经验。

（5）假如你接待了这么一位客人……（描述一个门市接待案例），你应该怎么办？

（6）除了薪资方面，你对加入我们旅行社还有什么要求或希望？

六、招聘人员录用

1. 确定名单

旅行社经过上述步骤，在对前期各项评分进行综合分析比较后，得出最终录用人员的数量和名单，呈报总经理或人事主管最终审核。

2. 通知录用

完成正式录用名单后，旅行社即可向录用者发放录用通知。为表示郑重，录用通知应以书面为宜，也可以采用电话、短信或电邮方式辅助通知。通知的设计和内容的繁简视门市的具体情况而定，一般包含签订合同时间地点、工作报道时间地点、薪资待遇、试用期、工作指标、领取工作服装和用品时间地点、直接上级人员、正式开始工作时间、工作排班情况等内容。

3. 工作准备

为使新员工减轻在新的工作环境中产生的不适应和压力，尽快进入工作状态，适应工作要求，一般门市的店长或带教师傅应以各种方式让其熟悉门市的各方面情况，大到旅行社的组织机构、部门设置、主要管理人员等，小到工作时间、就餐方法、工资支付形式、办公室布局、仪表要求和工作服发放等。同时，还要向新员工介绍其工作岗位和具体的工作内容，并将其介绍给同事。这些介绍可以结合带领新员工在门市各处参观，熟悉内部和周边环境等一并进行，也可以结合观看旅行社有关的介绍录像和集中提问答疑时进行。假如旅行社有规范的员工手册，也应尽快发放给新员工。

职业操练

1. 帮助小王撰写一份招聘方案。

2. 撰写一份门市咨询的岗位分析书。

3. 撰写一份旅行社门市咨询岗位（5 人）的网络招聘信息。

4. 同学两两一组，分别扮演面试官和应聘者，分别准备一份针对门市咨询岗位的面试问题和应聘材料，模拟面试的过程。

5. 撰写一份针对新员工的公司介绍词。

拓展阅读

名企面试最看中的七点关键能力：

1. 忠诚度：面临跳槽，企业往往会看重应聘学生对忠诚度的看法。尤其是一些国有大型企业，更为重视员工的忠诚度。在近日康佳集团的招聘中，面试官就提出了“请分析职业技能和忠诚度哪个对企业更重要”的问题。

2. 实践能力：在注重学生学习成绩的同时，相当多的企业非常重视应聘者的实践经历。例如通用电气（中国）有限公司（GE）就表示他们要招聘的绝不是简单的“学习机器”，在校期间实习、兼职、家教的经验都是积累社会经验的好机会，都应该受到企业的重视。

3. 团队协作精神：经营规模宏大的名企往往非常重视员工的团队协作精神。例如联想集团人力资源部的有关负责人就表示，该公司尤其欢迎具有团队协作精神的应聘者。

4. 创新精神：对于大型企业来说，离开了不断创新，就等于失去了生命力，因此应聘者是否具有创新精神也是重点要考查的。如联想集团在面试中就十分重视应聘者的创新精神和能力。

5. 对企业文化的认可程度：企业在招聘过程中常常会考虑到员工是否能够认可和适应该企业的价值观和企业文化，这将决定员工是否能够很好地为企业服务。

例如索尼（SONY）公司在招聘过程中把员工能否适应日本文化尤其是索尼的企业文化作为重点考核内容。通用电气有限公司在招聘中也要看学生是否喜欢、是否认同通用电气公司的价值观，即“坚持诚信、注重业绩、渴望变革”。

6. 人际交往能力和良好的沟通能力：如索尼把人际沟通能力作为重点考核内容，而毕博管理咨询有限公司人力资源部的经理则透露，毕博在招聘过程中非常重视学生的沟通技巧，因为作为未来的咨询师，应聘者一定要具有与客户沟通、协调的能力。

7. 对新知识、新能力的求知态度和学习能力：一位企业负责人表示，应届毕业生往往不具备直接进行业务操作的能力，基本上都要经过系统的培训，所以学习能力和求知欲应该是重点考查的内容。很多企业都坚持这一原则。通用电气的公关总监表示，公司不是很在乎应届生与公司要求之间的差距，因为他们对于自己的培训体系非常自信，只要有强烈的求知欲和学习能力一定可以通过系统的培训脱颖而出，因此在面试中这两项考核十分关键。此外，UT 斯达康、欧莱雅、安永等公司都表示是否具备良好的学习能力和强烈的求知欲是企业十分重视的。

项目27 培训门市店员

当今旅游市场竞争日益激烈，人才已经成为推动旅行社发展的重要动力之一。旅游产品的易波动性决定了旅游市场上每天的旅游信息都在瞬息万变，这就要求旅行社的员工应具备与时俱进的知识和技能。

职业场景

下半年的员工培训工作主要有 3 项：首先是针对即将到来的金秋十月销售旺季，计调部门开发的多条应季新线路，旅行社拟于下周针对门市咨询接待人员进行一次新产品的推介培训；其次是 9 月份会有 3 位新来实习生，需要对他们进行新员工培训；最主要的是店长打算利用 10 月销售旺季之后的时间，针对全体员工，组织一次为期 2 天的户外拓展训练。因此店长要求小王拟订一份门市下半年的员工培训方案，报批总经理。

店员培训是门市人力资源管理的一项长期的重要工作，旅行社需要定期对新老员工进行各种内容和形式的培训，使其适应瞬息万变的旅游市场变化，充分发挥潜在的能力，提高工作效率，增强对旅行社的归属感和责任感。

一、分析培训需求

培训需求分析是指旅行社通过对其员工的工作行为、态度和业绩等方面进行系统的评估和分析，依据旅行社既有或未来发展需要达到的各项服务技能、态度和成效，发现员工的现有状况与目标状况的差距，以确定是否需要进行培训及培训形式和内容的一系列活动。通过分析培训需求可以制订符合旅行社要求和员工实际的培训计划。

二、制订培训计划

1. 确定培训目标

培训目标就是培训所要达到的效果，应结合受训者、顾客、管理者、旅行社等各方面的需要，针对具体而明确的工作任务或目标，符合旅行社的发展目标。如：针对新员工的上岗培训，帮助其胜任岗位工作；针对门市咨询人员的新产品内部推介培训，帮助其对新推广的线路产品的理解，使其能更好地做好产品推广期的咨询工作；针对财务人员的税务新规专题培训，可以规范旅行社的财务制度；针对全体员工的户外拓展训练，能够提升团队合作精神和员工凝聚力。

2. 确定培训对象

培训对象的确定主要是依据培训目标而定。在旅行社中，依据不同的培训目标可以分为新员工、全体员工、部门员工、岗位员工、不同层次管理人员等。

3. 确定培训内容

培训的内容大致可以分为产品推介类、管理技巧类、企业文化类、专业技术类、安全操作类、财务结算类、个人素养类等7类，其中对于门市而言，产品推介类培训最为频繁。

4. 确定培训方式

第一类：旅行社内部培训方式，包括以下几种方法：

专题讲授法：知识体系较系统，集中学习，信息量大，常被用于一些理念性知识的培训，这是目前旅行社采用最多的一种传统的培训方式，但这种培训方式类似于填鸭式教学，受训者很难在短时间内全盘掌握学习内容。

工作现场即时性培训：工作学习化，学习工作化，工作现场即培训现场，在工作现场即时进行培训交流，集思广益，发现解决问题，是旅行社内部最有效的培训、学习方式。这种培训方式可以有三种形式：（1）提供助理职务，即安排一些重点培养对象担任部门或店长的助手；（2）岗位调换，即通过职位轮岗让不同的员工分别依次担任不同层次、不同岗位的职位，以使其全面了解整个门市的不同工作内容，得到不同的工作经验；（3）临时提升，即由于某种原因（如主管人员长期病假或出差等）而导致出现个别职位空缺时，可以临时指定某个有培养前途的下级人员代理该职位。

视听技术法：通过现代视听技术（如投影仪、DVD、录像机等工具），对员工进行培训。优点是运用视觉与听觉的感知方式，直观鲜明。但受训者的反馈与实践较差，且制作和购买的成本高，内容易过时。多用于旅行社概况、内涵文化、传授技能等培训内容，也可用于概念性知识的培训。

讨论法：按照费用与操作的复杂程序又可分成一般小组讨论与研讨会两种方式。研讨会多以专题演讲为主，中途或会后允许受训者与演讲者进行沟通交流。优点是信息可以多向传递，与讲授法相比反馈效果较好，但费用较高。而小组讨论法的特点是信息交流方式为多向传递，受训者的参与性高，费用较低。多用于巩固知识，训练受训者分析、解决问题的能力与人际交往的能力，但运用时对培训教师的要求较高。

网络培训法：是一种新型的计算机网络信息培训方式，投入较大。但由于使用灵活，符合分散式学习的新趋势，节省受训者集中培训的时间与费用。这种方式信息量大，新知识、新观念传递优势明显，更适合容易接受新事物的年轻员工学习。因此，特别为实力雄厚的企业所青睐，也是培训发展的一个必然趋势。

角色扮演法：进入角色实施培训，身临其境，可亲身体验所处角色的特点，加深学习印象，提高培训主动性，可与实际工作进行很好的结合，但耗时较长，如果设计不合理、过程管理不当，培训效果也将大打折扣。此种培训方式可独立进行，也可与其他培训方式相结合。

案例培训法：通过案例讲解、分析，学习到知识、方法等，增强分析问题、解决问题以及系统思考的能力。目前很多培训师在培训时，案例大多都来源于旅行社外部的案例，通过案例培训，可达到统一企业理念、判断标准和行为流程，提升实战能力的效果。

训练式培训：这种培训方式更适合一些技能方面的培训，如礼仪培训、文案写作、销售技巧等，学员亲身实践，印象深刻，在训练中掌握所学内容并有所提升。

主题学习性工作会议：就企业某一阶段所关注的专题，召开专题学习会议，参会人员通过相互学习交流，得出学习成果或心得，统一认识，共同提升。适合针对部门成员培训和管理人员培训。

第二类：旅行社外部培训方式，包括以下几种：

公开课、研讨会、论坛等：可开阔眼界，参训灵活度高，可增加与外界交流机会，适合不能在旅行社内进行集中培训的内容的学习。

拓展训练：体验式培训，更适合于增强团队精神、锻炼个人意志、挑战自我等方面，学员参与度高。目前这种户外的拓展训练越来越受到旅行社员工的欢迎，不仅能够提升和强化员工个人心理素质，建立高尚而尊严的人格，而且能激发出团队更高昂的工作热诚和拼搏创新的动力，使团队更富凝聚力，具有团队精神。

沙盘模拟：体验式培训，将实际的工作微观模拟在沙盘上，通过模拟，学习知识的同时，可系统锻炼工作中的思维方式和行为方式，对于解决实际工作中的相关问题有很好的效果，参与性强。

脱产教育：通过阶段性的集中学习，可以更系统地掌握内容，在外界的学习环境中有利于缓解非短期的学习带来的压力。

现场考察培训：参观其他业绩优秀的门市营业部，借鉴其良好的管理制度和工作流程，“拿来主义”，在感悟中学习，印象深刻。

员工自我教育：旅行社鼓励员工利用业余时间学习，提升学历水平、文化修养，拓展专业知识技能。旅行社可以采取一系列举措，包括职务晋升、学费奖励、年度考核等方面，来鼓励员工进行职后学习。员工个人学习，根据业余时间安排自学，灵活性大，成本投入少。

5. 确定培训讲师

针对不同培训内容和方式，邀请的培训讲师可以是旅行社内部的技术骨干、中高层管理人员，也可以是外部的同行、高等院校、行业协会、行业主管部门等人员。对于门市而言，旅行社线路产品的设计开发人员需要经常性地给门市接待咨询人员作培训，帮助他们了解最新的旅行社产品。

6. 确定培训预算

只有知道了培训成本的构成，在制订培训预算方案的时候才可以知道培训预算的构成项目，做到心中有数。培训成本具体包含有：

人员成本：包括培训管理者的工资，人员上课时的工资，讲师上课时的工资、授课费，外出培训的差旅费、上课费，由于人员上课所造成的本职工作单位时间内的工作滞后成本等。由此看出，上课的培训费只是培训成本的一个很小的部分而已，有很多的企业更认为只要是进行内训，就不用培训成本，这种想法是错误的。

设备成本：所谓的设备成本是指设备的购买费用、设备的折旧费用、培训室的使用费用、培训室的折旧费等。

管理成本：包括后备人员的薪水、管理的工资、电话费、邮递费、系统和过程费用（如培训调查表）以及租用教室的费用等。

材料成本：材料成本就是所谓的磁带、书籍、影片等用于培训的费用。

三、实施培训过程

制订好培训计划，得到旅行社相关管理人员审核认可后，就可以按照培训的目标有计划有步骤地进行。在培训过程中，培训组织人员要事先取得门市各部门的配合和支持，培训的时间、对象和场所尽可能不要影响正常的门市接待经营；要鼓励培训对象积极参与，认真学习，把培训与考核、晋升、奖惩等有机结合起来，充分调动其不断学习的积极性；要对培训进行全程监督和控制，确保培训活动的顺利进行。

四、评估培训效果

培训效果的评估可以有多种方法，依据时间的先后可以分为 3 个阶段：即时评估，是在培训中进行的评估，可以及时了解培训的进展，尽快调整进度、解决问题，提高培训有效性；训后评估，是在培训结束后检测培训的知识技能在实际工作中的应用情况及效果，这是检测培训效果的最主要的方式；后期评估，是在培训之后的一定周期后，如销售季、年度等，判断培训给门市带来多大程度的提升。旅行社在评估培训效果时，可综合运用诸如问卷、笔试、绩效考核、服务质量调查等方法对培训效果进行分析，从而正确了解培训带来的收益。

职业操练

1. 金秋十月销售旺季即将到来，计调部门开发了多条应季新线路，拟对门市咨询接待人员进行一次产品推介培训，撰写一份针对门市咨询接待人员的培训方案。

2. 下个月有 3 位新的实习生分别到门市的咨询、财务和售后 3 个部门实习，请为他们撰写培训方案。

3. 店长打算利用 10 月销售旺季之后的时间，组织门市全体员工进行一次为期 2 天的户外拓展训练，请撰写一份培训方案。

单元10 创办旅行社门市

依据2009年2月20日国务院颁布的《旅行社条例》的相关规定，旅行社服务网点是指旅行社设立专门招徕旅游者、提供旅游咨询的服务网点，也就是旅游业界所称的“门市”。

传统的中小型旅行社一般采取“前店后坊”（即在经营格局方面，临街面是门市咨询的前台接待部门，后面则设置计调、财务等后台职能部门）。但由于近年来旅游业飞速发展，旅游消费需求迅速扩张，旅行社这种“独家经营”的格局已经无法满足旅游市场发展的需要，更不方便旅游者及时获取旅游信息和报名参团旅游。于是增设旅行社门市服务网点，实施连锁、加盟经营成为旅行社扩大经营规模的首选。

增设门市服务网点，是实现旅行社快速发展的主要形式，不仅能够方便旅行社组团和接待，提高成团率，产生旅游产品批零效应，提高竞争力，还能方便游客报名参团旅游，降低购买成本，完善旅游产品直销网络，健全营销体系。

项目28 门市选址

作为旅行社的门市形象旗舰店，其开设的主要目的是树立企业形象品牌，扩大旅行社知名度，而对于旅行社开设的一般接待销售门市店而言，其主要功能则是满足旅游者及时获取旅游信息和报名参团旅游的需求，实现旅行社产品的销售。本项目主要以后者讲述为主。

正确选择门市店址，是开设旅行社服务网点的首要条件。若门市选址不当，小则门庭冷落、惨淡经营，大则还可能无人问津，导致关门大吉。科学选址能使门市获得“地利”优势而宾客盈门，营业额蒸蒸日上。

职业场景

去年在同城的闹市区又开了3家不同旅行社的门市服务网点，吸引了不少顾客光顾。面对如此激烈的竞争态势，年会上总经理宣布今年全市各区将增加5家门市服务网点，以稳固旅行社在本市龙头地位。这个任务由现有各门市部分别承担一家新网点的组建，务必于"五一"旅游旺季到来之前完成。小王经过两年的努力工作,其工作能力已经深得店长的信赖,于是店长要求由其直接负责这个任务,并组织实施。

职场解析

科学的旅行社门市店址对旅行社产品销售有着举足轻重的影响，店址的优劣决定了门市旅游消费者的多少，同时也就决定了销售额的高低。

一、门市店址所在区域的类型

旅行社门市店址所处的区域大致包括以下几种：

1. 中心商业区

它是城市的零售中心，也是一个城市的重要组成部分。中心商业区不仅店铺数量多，而且店铺类型即零售业态也多，可提供丰富的商品和多种服务。顾客到中心商业区购物，可以有更多的选择机会，并可得到多样化的服务。因此，中心商业区是一个地区最有零售吸引力的区位。

但是，中心商业区的主要缺点是，停车地紧张、人群拥挤、货物运输不便、地价昂贵。中心商业区大多是历史形成的，如一个城市的火车站附近。

2. 副中心商业区或辅助商业区

它是一个城市的二级商业区，其规模要小于中心商业区。一个城市一般有几个副中心商业区，每个区内至少有一家规模较大的百货店和数量较多的专业店。副中心商业区的店铺类型及所销售的商品大体上同商业中心区相同，只是店铺数量较少，经营商品的种类也较少。

副中心商业区多以综合型为主，但也有专业型的副中心商业区，即在该区内的各家零售店都经营某一类商品。与中心商业区相比，副中心商业区的客流相对较少，地价不高。

3. 商业小区

商业小区主要有两种形式：一种是集客地周边的商业小区，如车站、体育场、大学等附近的小型商业街；另一种是居民区附近的商业小区。

两种商业小区的店铺类型及经营的商品也不大相同。集客地周边的商业小区主要以经营与集客地的活动相关联的商品，如体育场周边的商业小区主要经营体育用品，其店铺类型则主要以小型专业店为主；而居民区附近的商业小区则主要经营居民日常生活需要的便利品，其店铺类型则以中小型超市及便利店为主。

一般来说，商业小区的店铺数量不多，每个店铺的规模也不大，但这些商业小区的环境比较安静，停车方便，地价也不高。

4. 购物中心

购物中心很强调各类商店的平衡配置。为了保持这种平衡，一个购物中心往往规定了各类零售商店的营业面积、经营品种及在购物中心内的具体位置。因此，零售商若在购物中心开设店铺，必须考虑这些要求。购物中心的店铺类型或业态形式主要有百货店、专业店和超级市场，因此，零售商在进入购物中心时，还要考虑所选择的业态形式是否符合购物中心开发者的要求。

5. 独立店区

在独立店区开设商店有许多优点，如无竞争者、地价低、灵活性高、道路畅通、容易停车，商店的具体位置也有较大的选择余地等。

但是，在独立店区开店也有不少缺点，如难以吸引顾客、广告费用较高、承担的公共费用高。对小型零售店来说，因其提供的商品种类和服务很有限，因此，在独立店区开店的风险性很大。相反，对大型零售店来说，如果目标定位准确，在独立店区开店也是一种不错的选择。

二、选择店址考虑的因素

1. 客流因素

客流量的大小是旅行社门市成功的关键因素，通常旅行社门市店址总是选择在客流量多而集中的集聚地。这些地方对于潜在顾客而言，无论主动还是被动接受旅行社产品信息都比较容易，而且便于其就近咨询和购买旅行社产品。客流因素的考虑主要包括 4 个方面：

首先是考虑客流类型。门市客流可分为三种类型：一是自身客流，是指那些专程上门咨询和购买旅行社产品所形成的客流；二是共享客流，是指在旅行社门市所在地的周边还存在多家其他旅行社门市，在多家门市中进行咨询比价的潜在旅游消费者所形成的客流；三是派生客流，是指那些顺路进店的潜在旅游消费者所形成的客流，他们只是随意来店咨询获取旅行社产品信息。

其次是考虑客流目标、速度和滞留时间。不同地点的客流规模虽可能相同，但其目的、速度及滞留时间却可能不同，要做具体分析。如在一些公共场所附近、车辆通行干道，虽然客流很大，但客流的目的与旅行社门市的经营目的毫不相干，同时客流速度快，滞留时间也短。

再次就是考虑街路两侧的客流规模。同样一条街路，由于受交通条件、光照条件、公共设施及行路习惯等的影响，两侧的客流规模往往不同。因此，应尽量将门市选址在客流量大的一侧。

最后就是考虑客流的购买力情况。高档商业区和住宅区的常驻人群往往收入高，对旅行社产品的需求程度也高，而相反一些老式住宅小区或外来务工者聚集地，尽管人流密集，但对旅游产品购买力低下，也不适宜开设门市。

2. 交通条件因素

对交通条件因素的考虑主要包括：（1）在店址地点或附近是否有足够的停车空间；（2）店址门前的开阔程度；（3）与交通大小枢纽站的距离与方向；（4）是否为单行线或车辆禁行线；（5）与人行横道距离的远近，等等。

3. 竞争因素

门市店址周围的竞争情况对门市的经营也有很大影响，因此，在门市选址时必须考虑同行竞争门市的情况。一般来说，如果本门市销售的线路产品特色与同行竞争门市相同或相近，则应该尽量远离竞争店铺开店；如果本门市销售的线路产品特色与同行竞争门市不同或多为互补性产品，则应该选择同行竞争门市的附近地点开设。但多家不同旅行社的门市聚集在一个相对集中的区域里，同样会形成一种良好的旅游商业氛围，会吸引更多的潜在旅游顾客前来咨询比价，久而久之这里也就成为“旅游特色商业街”。因此，是否远离竞争对手各有利弊。

4. 地形特点及位置布局因素

考虑地形特点就是要选择能见度高的地点开设门市。一般来说，一些大型公共场所的对面都是能见度较高的地段。

位置布局因素是指门市在商业区或购物中心内的相对位置。一般来说，拐角的位置往往是很理想的，它位于两条街道或两条人行通道的交叉处，可以产生“拐角效应”。此外，还应考虑店铺具体位置与周围环境的关系、是否有空间弹性、路面是平坦还是有斜度、采光条件等。

5. 城市规划发展因素

在选择门市的具体位置时，还要考虑城市建设规划。有的地点从短期来看是最佳的位置，但随着城市的改造和发展将会出现新的变化而不适合开设门市；反之，有些地点从短期来看不是理想的位置，但从规划前景来看会成为有发展前途的门市店址。因此，旅行社必须从长远考虑，在了解交通、街道、市政、绿化、公共设施、住宅建设等规划的前提下做出最佳地点的选择。

6. 成本效益因素

店铺选址的最后一道工序是对门市的未来营业额进行评估，同时，还要详细测算成本费用情况，那些人气旺的地段往往是寸土寸金，开业成本奇高。据此测算未来门市的经济效益情况，以最后决定是否开店。

三、门市选址区域评分

对多个候选地址进行比较时，可以通过下表中各项日指标进行计分评估，以选择最佳店址。

序号	项目	分值					计分
		5	4	3	2	1	
1	门市所处区域类型	中心商业区	副中心商业区	商业小区	购物中心	独立店区	
2	主要客流年龄层		青年	中年	老年		
3	区域发展潜力	强	尚佳	平稳	走下坡	不佳	
4	营业时间（区域内平均营业时间）	16 小时	12 小时	10 小时	8 小时	8 小时以下	
5	周一至周五行人营业时间通行量（人 / 小时）	3000 以上	1000 ～ 3000	500 ～ 1000	100 ～ 500	100 以下	
6	周末行人营业时间通行量（人 / 小时）	3000 以上	1000 ～ 3000	500 ～ 1000	100 ～ 500	100 以下	
7	店前的客流量占整个区域客流量比例	80% 以上	60% ～ 80%	40% ～ 60%	20% ～ 40%	20% 以下	
8	交通情况（车流、停车）	非常好	好	普通	短期内不佳	不良	
9	门市所属建筑外观	新颖	尚佳	普通	老旧但外观尚好	不佳	
10	门面结构		店堂门面外凸（相对整条街）	店堂门面直线	店堂门面内凹		
11	视野开阔（指行人离店远处能看到店面的）	50 米外看到的	30 ～ 50 米外看到的	10 ～ 30 米外看到的	10 米内看到的	走近才能发现	

续表

序号	项目	分值					计分
		5	4	3	2	1	
12	商圈主道路结构	“井”字形结构	三角形结构	十字形结构	平行线结构	直线结构	
13	门面店招、橱窗、宣传面积（m²）	20 以上	15 ～ 20	10 ～ 15	5 ～ 10	5 以下	
14	租金（元 / m² / 天）	3 以下	3 ～ 5	6 ～ 10	10 ～ 15	15 以上	
15	预估商圈营业额（月）	3000 万以上	2000 万～ 3000 万	1000 万～ 2000 万	500 万～ 1000 万	500 万以下	
16	竞争情形	竞争少集客力强	竞争多集客力强	普通	竞争少集客力弱	竞争多集客力弱	
计分合计							

上面计分表里的指标为 16 个，后面选项以数字大小代表因素优劣，数字大的表示优，数字小的表示劣，计分合计就是将各个选项数字相加：××门市选址总分得分为 ________。

职业操练

1. 在本市地图中描绘出中心商业区、副中心商业区、商业小区（学校周边 5 千米之内）、购物中心区（学校周边 5 千米之内）。

2. 全班同学进行分组实践活动，在学校周边 5 千米之内寻找适合开设旅行社门市的店址，并对该选址进行评分，然后各组进行汇总，进行可行性分析。

项目29 门市设立

根据《旅行社条例实施细则》，旅行社服务网点（通俗而言就是旅行社门市）是指旅行社设立的，为旅行社招徕旅游者，并以旅行社的名义与旅游者签订旅游合同的门市部等机构。同时《旅行社条例实施细则》也对旅行社服务网点的设立和经营范围提出了一系列的要求。

职业场景

经过对多个门市选址方案的分析评估，总经理批准了小王历时一个多月调查选定的新门市店址。该店址位于城郊结合部，但未来发展前景远大，属于人口导入区，轨道交通将途经于此，周边的商业街区氛围已经初具规模，在未来的两年内将成为城市的一个新的商业副中心。于是，新门市的设立事宜立刻纳入了实施议事日程，这项任务依旧由小王具体负责操办。

职场解析

旅行社的第一家门市必须在旅行社注册设立之后，旅行社需要开设新的门市，则在选择好店址以后，接下来的步骤就是进行旅行社门市的登记备案。只有通过门市的登记备案程序，门市才是合法的，也才能宣告正式开展法律所允许的经营、管理活动。

一、门市设立的依据

主要是《旅行社条例》和《旅行社条例实施细则》两部法规所规定的内容。

二、门市设立的条件

（1）门市设立的区域范围，应当在旅行社所在地的设区的市的行政区划内。

（2）门市应当设在方便旅游者认识和出入的公众场所。

（3）门市应当在旅行社的经营范围内，招徕旅游者，提供旅游咨询服务。

（4）门市的名称、标牌应当包括旅行社名称、门市所在地地名等，不得含有使消费者误解为是旅行社或者分社的内容，也不得作易使消费者误解的简称。

三、门市登记备案程序

（1）旅行社持《旅行社业务经营许可证》副本在门市所在地的工商行政管理部门办理门市设立登记。

（2）旅行社在完成门市工商设立登记之日起 3 个工作日内，向门市所在地与工商登记同级或上一级的旅游局备案。备案材料包括：旅行社的旅行社业务经营许可证副本和企业法人营业执照副本；门市的《营业执照》；门市经理的履历表和身份证明。

办理备案同时还需填写《旅行社服务网点（门市部）备案登记表》和《门市经理的履历表》，如下表所示：

旅行社服务网点备案登记表

<table>
<tr><td colspan="2">设立社名称</td><td></td><td>设立社许可证编号</td><td></td></tr>
<tr><td rowspan="14">登记事项</td><td colspan="2">项　目</td><td colspan="2">具体内容</td></tr>
<tr><td colspan="2">服务网点名称</td><td colspan="2"></td></tr>
<tr><td colspan="2">服务网点备案登记证号码</td><td colspan="2"></td></tr>
<tr><td colspan="2">许可经营业务</td><td colspan="2"></td></tr>
<tr><td colspan="2">服务网点工商执照号码及登记时间</td><td colspan="2"></td></tr>
<tr><td colspan="2">服务网点服务场所地址及邮编</td><td colspan="2"></td></tr>
<tr><td colspan="2">设立社中文名称</td><td colspan="2"></td></tr>
<tr><td colspan="2">设立社工商执照号码及登记时间</td><td colspan="2"></td></tr>
<tr><td colspan="2">设立社经营场所地址及邮编</td><td colspan="2"></td></tr>
<tr><td colspan="2">设立社法定代表人及手机</td><td colspan="2"></td></tr>
<tr><td colspan="2">服务网点负责人及手机</td><td colspan="2"></td></tr>
<tr><td colspan="2">服务网点联系电话 / 传真</td><td colspan="2"></td></tr>
<tr><td colspan="2">许可设立社的旅游行政管理部门</td><td colspan="2"></td></tr>
<tr><td>备案
申请人
意见</td><td>□法人代表签字：
□总经理签字：
旅行社盖章：
年　月　日</td><td>所在
区县
意见</td><td colspan="2">□ 经审核，同意设立
□ 已转报市旅游局
××× 旅游局（章）
年　月　日</td></tr>
</table>

填表人：　　　　　　联系电话：　　　　　　旅行社盖章：

说明：许可经营业务：

1. 一般旅行社门市部填写为：国内旅游、入境旅游招徕、咨询服务业务；

2. 出境旅行社门市部填写为：国内旅游、入境旅游和出境旅游招徕、咨询服务业务。

门市部（分社）负责人履历表及身份证明

<table>
<tr><td>姓 名</td><td></td><td>性别</td><td></td><td>出生年月</td><td></td><td rowspan="4">2 寸
彩色照片</td></tr>
<tr><td>民 族</td><td></td><td>身份证号</td><td colspan="3"></td></tr>
<tr><td>职 称</td><td></td><td>证书名称
及编号</td><td colspan="3"></td></tr>
<tr><td>政治面貌</td><td></td><td>文化程度</td><td></td><td>联系电话</td><td></td></tr>
<tr><td rowspan="5">工
作
经
历</td><td colspan="2">起止年月</td><td colspan="2">工作单位</td><td colspan="2">职务</td></tr>
<tr><td colspan="2"></td><td colspan="2"></td><td colspan="2"></td></tr>
<tr><td colspan="2"></td><td colspan="2"></td><td colspan="2"></td></tr>
<tr><td colspan="2"></td><td colspan="2"></td><td colspan="2"></td></tr>
<tr><td colspan="2"></td><td colspan="2"></td><td colspan="2"></td></tr>
<tr><td colspan="7">负责人身份证复印件</td></tr>
</table>

（3）受理备案的市旅游局收到符合要求的备案材料进行备案登记后，向旅行社颁发《旅行社服务网点备案登记证明》。

四、其他门市设立要求

（1）旅行社应当与门市的员工订立劳动合同。

（2）旅行社应当加强对门市的管理，对门市实行统一管理、统一财务、统一招徕和统一咨询服务规范。

（3）门市应当将《旅行社业务经营许可证》和《旅行社服务网点备案登记证明》，与营业执照一起，悬挂在经营场所的显要位置。

职业操练

1. 查询《旅行社条例》和《旅行社条例实施细则》两部法规中相关服务网点

方面的内容。

2. 同学之间两人一组，利用《旅行社服务网点（门市部）备案登记表》和《门市经理履历表》进行门市的模拟备案登记。

项目30 门市设计

完成门市的选址和设立之后，接下来的工作就是根据门市的营销定位、所处商圈位置、目标顾客、建设预算、旅行社内部业务流程等多方面因素来设计门市的外观、内饰和布局，随即进入门市装潢施工阶段，争取早日开张营业，产生效益。

职业场景

新门市的店址所处大厦正好位于十字路口，地理位置十分优越，店址则处于大厦底楼东侧第一家，面积达到了近百平方米。总经理要求小王尽快拿出门市装潢布局的方案。于是小王花了一周的时间考察和调研了多家知名旅行社的门市旗舰店和门市营销店，然后结合本旅行社的业务特点，很快便拟订出了满意的装修方案。

职场解析

旅行社新设门市的装潢和布局要能够满足门市服务人员与潜在旅游客户之间的直接或间接沟通，力求给其亲切温馨的感觉，营造一种渴望旅游的氛围，同时还要体现旅行社的企业文化和品牌标志，满足门市各岗位服务人员的工作需要。

一、店外装饰

旅行社门市的外部装饰主要由店门、招牌、橱窗等组成，它是门市的脸面，对潜在顾客的入店咨询消费意愿影响很大，能够吸引来往行人驻足观看，并进一步入店咨询，购买旅游产品。

1. 招牌设计

店头招牌是店外装饰的重头戏，是旅行社的重要标志。横式的店头招牌一般设置在店门上方，与店面同宽，而竖式的店头招牌一般垂直悬于建筑外墙之上，两者的高度则视不同建筑外观和设计要求而不同。店头招牌文字的主要内容一般是 ×× 旅行社 ×× 门市（×× 营业部、×× 店），字形、大小、凹凸、色彩和位置应与旅行社其他门市的视觉形象保持一致。其他标语、宣传的企业理念等内容应尽量简洁明了，立意深刻，富有美感。为增加晚间的宣传效果，可以用霓虹灯、射灯、彩灯、反光灯、灯箱等灯饰来亮化炫彩。总而言之，内容新颖、醒目、简明、美观的店头招牌能有助于各类顾客慕“牌”前往。

移动招牌主要指摆放于店门口不影响通行的活动立地招牌，包括易拉宝、电子荧光黑板、活动广告箱、充气拱门立柱等，前三者的文字内容主要以近期热推的旅游线路产品介绍为主，后者往往形体高大，主要目的为营造热销气氛、举办各类营销活动、吸引顾客前往，文字内容主要是旅行社名称标志和营销活动名称。

电子招牌是近几年来推广使用的新型高效产品线路信息发布设备，包括 LED 滚动信息显示屏、大屏幕液晶显示屏等，前者可以滚动播放最新的旅游线路产品信息和公告，一般设于店头招牌之下、门框之上，后者可以播放各类旅游目的地的照片、视频以及旅游产品信息，一般置于橱窗之中对外展示，或挂于店内墙上装饰。

2. 店门设计

门市的店门一般采用玻璃材质，质感好，采光性强，便于顾客从外面就可以看到店内的陈设布局，因此必须始终保持玻璃的洁净，保持透明效果。对于大面积的玻璃门和幕墙则可以少量张贴宣传海报，避免完全遮挡使得外不见内、内不见外。无论是推拉式，还是自动感应式的玻璃门，由于门市的大客流量，都较容易损坏，因此需要定期进行维护检查，避免发生意外伤害。站立于门口附近的门市迎客人员也需时刻关注进出顾客，尤其是行动不便和年幼的顾客。

3. 橱窗设计

橱窗是旅行社门市的第一展厅，无论是入店顾客，还是过往顾客，都会有意无意地浏览自己心仪的橱窗展示内容，好的橱窗布置既可起到介绍产品、指导消费、促进销售的作用，又可成为门市吸引过往行人的艺术佳作，因此橱窗的设计和布置对于潜在消费者的购买倾向有着重要影响。普通的门市橱窗多以平面旅游宣传海报的张贴为主，而富有创意的门市橱窗可以季节性地采用以门市热推线路为主，巧用布景、道具，以背景画面装饰为衬托，配以合适的灯光、色彩、图片、视频和文字说明。一般来讲，橱窗设计应注意以下几个方面：

在位置大小方面，橱窗内所展示广告或主要陈列的中心线尽量与顾客的视平线高度相等，以保证顾客站立时正好位于视野范围内，避免需要下蹲和垫脚才能看清的摆放位置。橱窗大小不能影响店面外观造型，应与门市整体规模相适应。

在制作更换方面，要采取一定措施防尘、防热、防淋、防晒、防风、防盗等，还应经常打扫，保持清洁。每个销售季需勤加更换，尤其是有时间季节性的广告宣传时应特别注意。每个橱窗在更换或布置时，一般必须在当天内完成。

在陈设内容方面，橱窗陈列的旅游产品必须是本门市热门的、适时的、畅销的产品，并确定主题，系统地分种分类依主题陈列，使人一眼就看到宣传介绍的产品内容，千万不可分散消费者视线。季节性旅游产品必须在季节到来之前 1 ～ 2 个月预先陈列出来向潜在顾客推介，这样才能起到迎季宣传的作用。

二、店内布局

合理的店内工作区域布局，能够提高门市业务处理的工作效率，为顾客提供便利和人性化的服务。不同经营定位和面积大小的门市，在店内布局设计时有所区别，如旗舰门市店设计应突出企业形象示范作用，适当扩大店内企业形象展示面积，各业务区域也应增加面积和服务工位数；如商务区门市店要针对企业客户增加业务会客区域面积；如居民区门市店一般总体面积不大，应考虑散客咨询业务，优先保证咨询区的面积大小。

不同类型的门市，店内各服务区域大小、细分和功能各有不同，按照基本的对客服务功能大致可以分为迎候浏览区、接待咨询区、业务会客区和后勤工作区 4 个区域。

1. 迎候浏览区

这个区域主要位于靠近店门附近，是顾客进入旅行社门市后所见的第一个区域，也是门市迎客引导人员的主要工作区域。在宽敞的门市营业大厅或者客流量较大的情况下，门市可以在此区域安排专人负责迎客引导。此外该区域还有个重要的功能就是提供大量旅行社产品信息供顾客浏览，面积局促的情况下可以布置一些宣传资料架供翻阅领取，面积宽余的情况下可以布置供顾客休息翻阅的沙发座椅和茶几，条件许可时还可以提供茶水服务。在产品推介方面，除了目前广泛采用的产品宣传手册和宣传单外，还可以布置些电子相框、液晶显示屏、触摸屏和电脑设备，提供丰富和引人注目的产品电子互动信息。

2. 接待咨询区

这个区域是任何一家门市营业的核心区域，占据着门市整体的中心位置，面积大小和工位数的设置根据门市总体面积和客流量而定。员工的工位一般一字排开或采用 U 字形设置，面向店门。每个工位保证员工能方便地进出为客户提供收银、签订合同等接触式服务，咨询工作区要能摆放电脑、文件架、打印机、点钞机等必要的办公设备，顾客座位与员工座位相向而设，距离不宜超过1米。在工位分工方面，小型门市可以不作划分，而对于大型门市，可以根据旅行社业务范围分为国内旅游产品咨询、出境产品咨询、邮轮签证票务等专项产品咨询等工位。

3. 业务会客区

这个区域一般设置于整体门市的角落或后部区域，利用墙体、玻璃幕墙、植物等组成隔断，形成一个相对封闭的区域，主要针对那些需要安排在一定的私密安静环境下进行细致会面洽谈和出团说明的顾客而设置，如自组包团客户、VIP客户、投诉客户、出境游客户等。对于面积有限的小型门市，该区域的功能往往和接待区合二为一；面积略有宽余的中型门市可以只设置一个单间，内部摆放一张会客桌和若干座椅；而大型门市可以设置若干大小不一的会客间，满足不同会客需求，最大的一间必须能够满足出境旅游行前说明会召开的需求。业务会客区也需要安置一定的茶水服务设施，若旅行社的客户俱乐部活动也安排于该区域的话，还可以增设必要的多媒体设备。在日常工作中，门市的员工会议、培训等活动也可以安排于此区域。

4. 后勤工作区

这个区域是门市的非对客服务区域，包括旅行社计调、财务等其他业务部门办公场所、店长办公室、员工休息室、仓库、卫生间等。除特殊情况外，该区域一般不应让顾客进入。

三、店内装饰

旅行社门市店内的装饰不仅能够给入店的顾客带来愉悦、怡人和便利的咨询消费环境，而且为在其中工作的门市服务工作人员提供了健康、舒适和高效的工作环境。旅行社门市店内装饰主要包括采光、声音、色调、墙壁、地面、家具、陈列等方面。

1. 采光

充足的光线能够使人心情放松，容易沟通，也能消除视觉的疲劳感。门市工作人员每天面对咨询的顾客，要查看电脑或手册里的产品信息，处理旅游合同、收银单据等各类文档，在旅行资料浏览区的顾客也通过翻阅浏览宣传手册和海报获取旅游信息，这些都需要有充足的光线。因此在这些区域安装比较明亮的白色吸顶灯，可以改善采光条件，有助于消除视觉疲劳，提高工作效率和降低差错率。而对于装饰有店名的背景墙区域，可以安装一些射灯，强化灯光，突出效果，这样即使在店外，来往顾客也能比较清楚地看到店内营业情况。

2. 声音

对于店内的声音可以按照“隔断店外，优化店内”的原则加以处理。门市店址所处的位置决定了店外是人声嘈杂、车水马龙，因此有必要采取一定措施隔断外界的噪音，以保证店内环境的安静优雅，如迎客区人员及时关闭店门，对外设置双层隔音玻璃幕墙、门窗保持密闭等措施。在店内，尤其是业务繁忙时，整个接待咨询区可能充满着各种噪声，容易使顾客和服务人员感到烦躁，因此可以采取一定的软硬措施降低噪音，减少影响。硬措施包括：设置一定的工位隔断、调低电话振铃声、椅子下安装橡胶垫、墙面吊顶采用吸音材料装修、各区域多摆放植物、播放优雅的背景音乐、经常活动的家具部件和玻璃门涂上润滑油、铺设地毯、使用静音打印机等机器设备等。软措施包括：要求门市服务人员自身在服务、电话、工作交流等过程中都保持低声交谈的习惯；工作沟通时宁可走近一步，也不可高声呼叫；工作服务、走路时轻手轻脚，避免发生响声等。

3. 色调

在色调设计方面，国内知名的春秋国旅以其标志性的黄绿色，运用在它的各家门市内外装饰之中，使得顾客无论身处店内，还是店外，都能强烈地感受到其企业文化氛围。因此在进行店内装饰的色调设计方面，同样也需要和旅行社整体的视觉识别（VI）系统色彩搭配相协调，在选择墙面、地面、家具和各类装饰物色彩时，尽可能考虑同一色系的颜色。

4. 墙壁

传统的旅行社门市墙壁装饰主要是张贴各种旅游宣传海报、线路报价、地图和旅行社的荣誉奖牌、锦旗等为主。随着电子显示设备的普及，大屏幕液晶、触摸屏、投影设备、电子相框等也可以应用于墙壁装饰，这将大大提高旅游信息的发布量，演示效果直接、丰富，图文并茂，引人注目。此外依据各地旅游法规的要求，旅行社的营业执照、经营许可证、旅行社门市登记证等相关证件必须悬挂于门市显眼位置，供顾客和旅游管理部门查验。

5. 地面

在客来人往的迎客浏览区和接待咨询区可以采用地砖来装饰地面，既耐磨，易于清扫，也美观整洁。在后勤工作区和业务会客区可以考虑使用木质或复合地板，个别贵宾会客间还可以铺设地毯。

6. 家具

办公家具的格调应与门市装潢的整体风格协调一致，简约、现代、中式、时尚等风格都是不错的选择。采购的家具尽可能采用绿色环保材质，避免日后甲醛等有毒气味久久不散，有害顾客和门市工作人员身心健康。

7. 陈列

浏览区和咨询区内的合理物品陈列，可以起到展示产品、刺激购买、易于选择、节约空间、美化环境、增进信任、方便工作等作用。在浏览区，各类海报、手册应按类陈列，如国内出境、出行时间长短、旅游目的地、旅游主题、旅游价位等布置的各类陈列架高度应符合顾客取用方便的原则，出现取阅空缺的陈列架应及时补充，避免出现空档，迎客浏览区的服务人员还需经常性地整理陈列架，保证摆放整洁。在咨询区的工作台面上，陈列的物品包括电脑显示屏、文件架、打印机、工号牌、当季热销产品单、签字笔等。空间许可的情况下，还可以摆放些小植物，用于美化环境、舒缓气氛。

职业操练

设计一份旅行社门市设计方案，面积 50 平方米（门面宽 5 米，店深 10 米），地处商务区，预算 20 万元。

拓展阅读

金棕榈旅行社智慧门市体验店设计方案

一、智慧门市体验店设计的创意背景

1. 智慧旅游的时代已经到来

云计算、物联网、泛在网、移动通信、移动互联网、智能手机和平板电脑的迅猛发展，旅游在线服务、网络营销、网络预订和网上支付的积极开展，使得旅游企业的旅游信息化服务水平和技术日趋成熟和完善，打造智慧旅游的时机已经到来。

2. O2O 是旅游业的本质要求与发展方向

线上完成交易，线下消费体验，O2O（线上线下互动 On-line To On-line）将是现代旅游业的本质要求和发展方向。O2O 的核心特征不仅是在线平台整合线下资源，带来线下消费，更是通过信息技术改造传统行业，提升效率和价值。新型的旅游电子商务公司开始成为旅行社业务的重要经营者。但是，传统旅行社的线

下生产销售模式与现代电子商务线上经营模式的竞争不是相互替代，而是互相融合，线上经营离不开线下的服务，线下也需通过线上获得客户。

3. 国外智慧旅游的应用近况

智慧旅游在中国还是一个新概念，很多人对于它的发展前景和实际应用仅停留在手机 App 和网上查询等功能上。但是在国外，智慧旅游对于经常旅行的人来说已经是一个相当熟悉的词汇了。在健全的技术支持下，国外友人们已经把智慧旅游的概念诠释得相当深入，让游客与旅游目的地的距离越来越近，让旅游服务越来越人性化。

大型旅游品牌 Thomas Cook 在 2012 年开办了外观和风格类似于苹果零售商店的高科技旅行社。在 130 平方米的空间内，消费者可以选择通过各种不同的方法来搜索和预订旅行产品，他们也能在柜台直接向旅行代理咨询和预订。平板电脑设备和宽大的屏幕等因素是上述概念的核心，店内的“音乐和视频”以及社交媒体等元素同样也很重要。与此同时，颠覆传统旅行社风格的这一潮流同样也在美国出现。度假旅游品牌 Liberty Travel 在其门店装设了 iPad，顾客可以浏览内容和产品，其主要核心是高科技的应用。

图 1 Thomas Cook 门店设计图

2013 年，欧洲第一大旅游企业 TUI Travel 表示将推出其新一代高科技实体旅行社店铺，以加快其转向在线渠道的步伐，并为客户提供更多的方式来与其进行互动。据称，第一家 Thomson 实体旅行社店面于同年夏末开张，圣诞节前开 10 家店，未来几年内将开 100 家店。

该公司还提升了其 My Thomson 移动应用程序，该应用 App 为消费者提供航班信息、地图，前往机场的详细信息、酒店和目的地信息，以及包括“必拜访的景点”列表、天气提醒和社交媒体链接。

图 2 TUI Travel 门店效果图

图 3 国外某旅行社门市实景图

4. 金棕榈智慧旅游体验店顺势而生

金棕榈作为中国旅行社行业最具影响力的第三方平台服务企业，二十年来紧紧把握行业发展趋势，不断开拓创新，国内首创提出了“金棕榈智慧旅游体验店”解决方案。

金棕榈智慧旅游体验店，在传统的旅行社门店基础上，通过最新的信息技术和配套的硬件设备，以游客互动体验为中心，以先进的金棕榈旅行社业务系统、金棕榈智慧旅游体验系统等软件为保障，充分展示出旅游服务的智能化和个性化，全面提升游客在旅游活动中的自主性、互动性，将“智慧”发挥到极致，从而为游客带来智慧化的旅游服务和旅游体验，为旅游企业开拓更高效的营销平台和更广阔的客源市场。

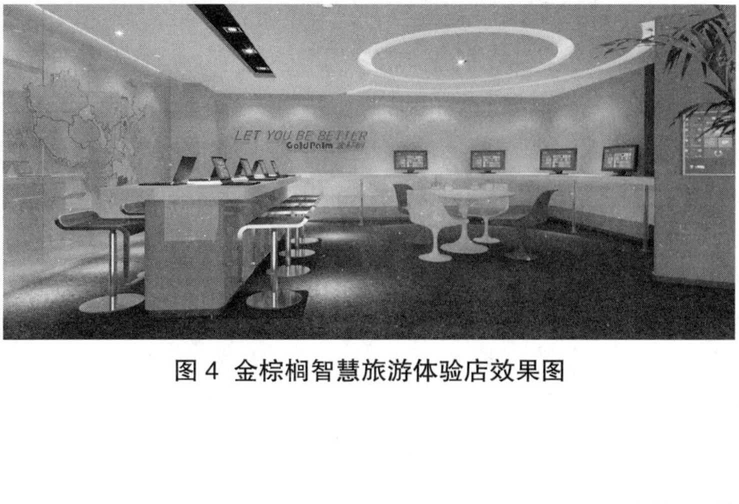

图 4 金棕榈智慧旅游体验店效果图

二、智慧旅游体验店与传统门市的区别

1. 服务内容方面

（1）传统门店：服务内容单一，主要是旅游产品的销售；

（2）智慧门店：扩充门店服务内容，有效发挥门店作用。智慧旅游门店不仅提供产品销售服务，还可以提供产品展示、客户体验、社交互动等服务。

2. 产品类型方面

（1）传统门店：产品单一，主要提供旅游线路预订，订车、订房、订票等单项服务；

（2）智慧门店：丰富产品类型，延伸门店营销范畴。产品不仅包括传统旅游线路，订车、订房、订票等单项产品，还可以增加租车、导游、签证以及旅游周边产品及衍生产品（如旅游纪念品、旅游日用品、户外运动用品等）、广告服务（景区景点广告、旅游周边及衍生产品广告等）。

3. 服务模式方面

（1）传统门店：服务模式单一，主要为柜台式服务；

（2）智慧门店：个性化服务，满足不同层面客户的需求，提高客户满意度。服务模式多样化，有柜台式咨询服务、自助终端服务、VIP 顾问服务、社交互动服务、智慧旅游体验服务等多种服务。

4. 服务要求方面

（1）传统门店：服务标准与企业文化和企业定位不一致，线上和线下服务流程未统一；经营时间通常是 9:00 ～ 17:30 ；

（2）智慧门店：从门店的装修风格、员工形象、服务规范等方面与企业文化和定位相一致，线上和线下的服务流程有统一的标准；可实现 7×24 全天候经营。

5. 硬件设备方面

（1）传统门店：只有一些传统的电脑和办公设备；

（2）智慧门店：综合考虑门店功能、服务类型等，结合新的移动终端，提供无线上网、自助查询、智能体验等硬件设备。

6. 软件系统方面

（1）传统门店：只有给业务员使用的系统；

（2）智慧门店：提供给用户使用和体验的系统，实现线上与线下、企业和游客之间的互动。

7. 功能区域方面

（1）传统门店：咨询、销售区域占据了门市的绝大部位；

（2）智慧门店：根据多元功能定位，主要包括体验等待区、自助服务区、VIP服务区、客户接待区、会员俱乐部、产品展示区域和财务收银区等。

三、智慧旅游体验店设计规划

1. 体验等待区

该区域主要为客户提供旅游体验服务，同时也作为等待区。

（1）规划建议

成为门店的一个活跃区，在那里，客户可以通过配套设施进行智能体验，是客户对门店的第一印象，也是吸引客户驻足长留的重要区域，必须具有吸引力。

同时，作为等待区，可在一个或数个区间内配有舒适的椅子，并在醒目的位置放置资料架以及旅游纪念品展示与销售，而且对门店功能区域分布指示清楚、标志清晰、容易辨明方向。

（2）配套软硬件

软件：智能排队系统、智能体验系统；

硬件：排队取号机、触摸式一体机。

（3）说明

智能排队系统通过输入手机号取号，可由此获得客户信息。考虑到短信有延迟的问题，建议通过窗口显示屏（或语音播报、LED 显示器等方式）配合短信提示，通知客户排队信息。

智能体验系统的内容与企业业务系统所提供的产品信息应同步，方便客户了解最新的产品信息，并提供配套的视频、图片等产品资料，让客户全方位地了解旅游产品。

2. 自助服务区

在该区域，客户可以进行自助产品预订操作。

（1）规划建议

成为门店的特色区域，通过现代信息技术和先进的硬件设备，可供客户自助进行产品查询、产品预订、产品支付和凭证打印等服务。

（2）配套软硬件

软件：自助预订系统、订单支付系统；

硬件：自助售票终端、移动支付终端。

3. 贵宾服务区

在该区域，主要为贵宾客户（或团体客户）提供服务。

（1）规划建议

成为VIP客户专属服务区，强调私密性，为VIP客户提供一对一的顾问式服务。

（2）配套软硬件

软件：移动业务系统（支持IPAD/WINDOWS操作）；

硬件：平板电脑。

4. 客户接待区

在该区域，服务类型为传统柜台式服务。

（1）规划建议

在传统柜台式服务模式基础上，通过更先进的硬件设备、更优质的服务水平、更规范的服务标准为客户提供接待、咨询、预订等服务。

（2）配套软硬件

软件：门店销售系统、证照资料管理系统（RFID）；

硬件：扫描枪、读卡器、电子标签。

5. 会员俱乐部

在该区域，会员可进行消费记录查询、积分查询与兑换、优惠信息与活动、社交互动、照片打印等。

（1）规划建议

该区域作为会员俱乐部，是在传统旅行社门店功能上的一大突破，会员可在此自助查询会员信息，也可进行线下互动、“驴友”聚会、旅游交流，也可开辟会员旅游照片展示区等，还能进行会员积分兑换等，注重服务品质、服务类型，强调沟通、互通。

（2）配套软硬件

软件：会员系统、自助照片打印等；

硬件：触摸式一体机、照片打印机、液晶屏等。

（3）配套活动区 / 茶歇区

会员俱乐部中可设置一个会员活动区，会员在活动区可自由交流，享受免费的茶水和咖啡，并可定期组织一些主题活动或产品推荐会等。

6. 产品展示区域

在该区域，主要提供产品信息的发布和广告信息的推送。

（1）规划建议

展示区域的位置：门店入口处；如门店临街，可设置在橱窗位置，方便过路的行人查看；门店的走道、墙壁均可作为展示区域；另外可结合手机、平板电脑和触摸屏的应用，提供多种形式的展示渠道。

（2）配套软硬件

软件：广告推送系统、产品二维码；

硬件：广告屏、拼接屏等。

注：在智慧旅游门店内提供免费无线网络，结合企业、门店展示内容中的二维码，便于客户随时、随地、自由进行便利的相关操作。也可由此发挥客户智能手机在智慧门店中的智慧体验功能。

7. 财务收银区

多种收银方式的应用：

（1）规划建议

传统门店的收银模式为统一收银，统一收银虽然保证了收银的安全性，但在服务的便利性和客户体验上却差强人意。智慧门店采用多种收银方式，除了有传统收银台，也有移动收银、在线支付等收银方式。收银台主要服务于旅游线路的支付或是大客户的转账等处理，移动收银主要面向自助服务客户或是单项服务的客户。

（2）配套软硬件

软件：收银系统、移动支付系统；

硬件：读卡器、移动 POS 机。

单元11

门市信息化操作

目前，越来越多的旅行社都建有自己的信息化业务管理软件平台，试图通过信息化平台完成体系内供应商管理、产品设计、门市收客、业务分销、协同办公，从而规范业务流程，提高工作效率，降低工作成本，实现资源共享。

本文以上海棕榈电脑系统有限公司出品的“金棕榈智慧旅行社门店销售管理实训教学软件”为例进行论述。

项目知识和操作准备：

金棕榈教学平台简介
扫我

“金棕榈”旅行社管理软件产品不仅在中国旅行社行业市场占有率第一（全国百强旅行社中有47%的用户，包括排在百强社首位的中国旅行社总社有限公司和上海锦江、港中旅国际、上航国旅、广东中旅、中妇女等大型旅游集团），也是中国各级旅游院校教育版软件的首选平台（包括南开大学、厦门大学在内全国的高校占有率32%）。“金棕榈”已经成为旅行社行业标准化、规范化、信息化的代名词。

金棕榈智慧旅行社门店销售管理软件系统面向旅行社门店的销售人员，可以实现国内游、出境游等各类旅游产品的查询、询价、销售、收银报送以及包团业务的询价、报价审核、订单确认、收银报送等业务流程。主要包括线路预订、订单查询、包团销售、知识库、公告管理等功能，不但界面友好、操作简单，更能有效地提升门店前台工作人员的工作效率，促进产品销售。

一、基本情况介绍

1. 系统结构

本系统采用通常所说的网站结构，操作人被授予权限后，即可通过因特网登录业务平台操作业务，不受地域限制。目前可以通过访问金棕榈公司的官网（www.goldpalm.com.cn）与其联系，获取短期试用账号进行使用。

业务平台主要分为后台管理和前台销售两个部分，后台管理中包括线路团队的策划和审核、订单和游客信息的管理、团队结算管理、基础信息录入等操作。前台销售中包括旅游产品销售、游客信息录入、收银管理等操作。本文以前台销售操作论述为主。

2. 运行环境

操作人可以通过电脑中安装的 IE 网页浏览器（Internet Explorer）登录业务平台，操作的方式和平时登录网站是一样的，推荐使用 IE7.0 及以上版本的浏览器。

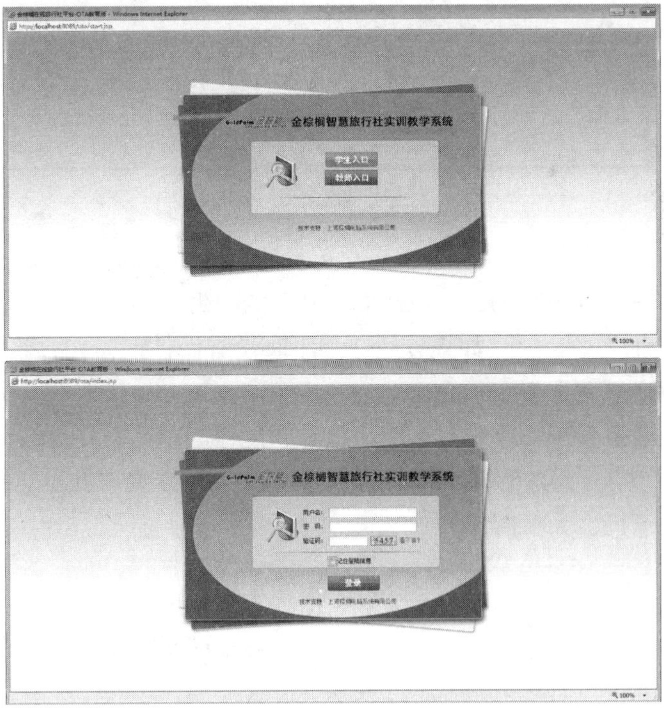

图 1

二、系统登录

1. 系统登录

系统登录要求选择相应的功能模块，输入用户名、密码（每位用户的初始密码都为 1）和验证码。如果更换验证码，可以点击“看不清”，系统显示一条新的验证码。如果要系统记住用户名，可以在“记住登录信息”前打钩，这样下一次登录业务平台时，系统会自动显示上一次登录的用户名。输入完上述三项信息后，就可以选择所要登录的系统功能模块，例如要登录前台销售系统，则可以点击“销售”，系统会校验输入的信息，如果正确则进入系统操作界面。

注意事项：一个用户名只能同时在一台电脑上登录系统，当该用户处于登录状态时，如果有其他人在别的电脑上用该用户登录成功，则会将该用户从当前登录的电脑上注销，系统会作出提示，如下图：

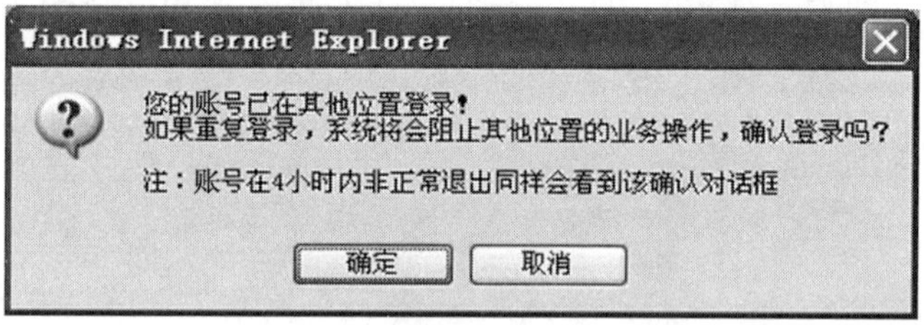

图 2

如果单击“确定”，则系统会将正在运行的用户注销，在新的电脑上登录。因此请各位保护好自己的密码，以免造成不必要的损失。

用户登录业务平台后，如果连续 2 个小时没有做任何操作，系统会自动将该用户注销，用户只有重新登录业务平台才能操作业务。

如果初次登录系统，电脑有可能会提示“请降低浏览器安全级别”，单击“确定”，点击系统界面上方的提示栏，再点击“总是允许来自此站点的弹出窗口”，系统会弹出提示框，如下图：

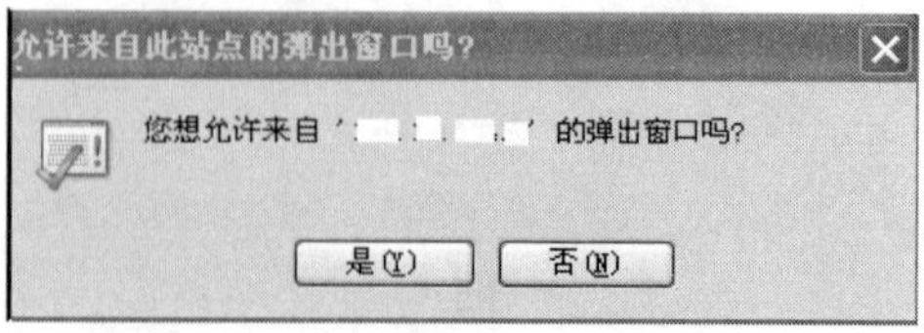

图 3

单击“是”，这样以后每次登录就可以直接进入系统无须再进行上述操作。

2. 系统登出

用户如果要退出系统，可以点击系统界面右上角的“注销”，如下图：

图 4

单击“注销”，即可退出系统，同时系统会注销用户的登录状态。如果直接关闭系统界面或因其他原因非正常退出系统，再登录时系统会提示图 2 中的信息。

三、系统界面介绍

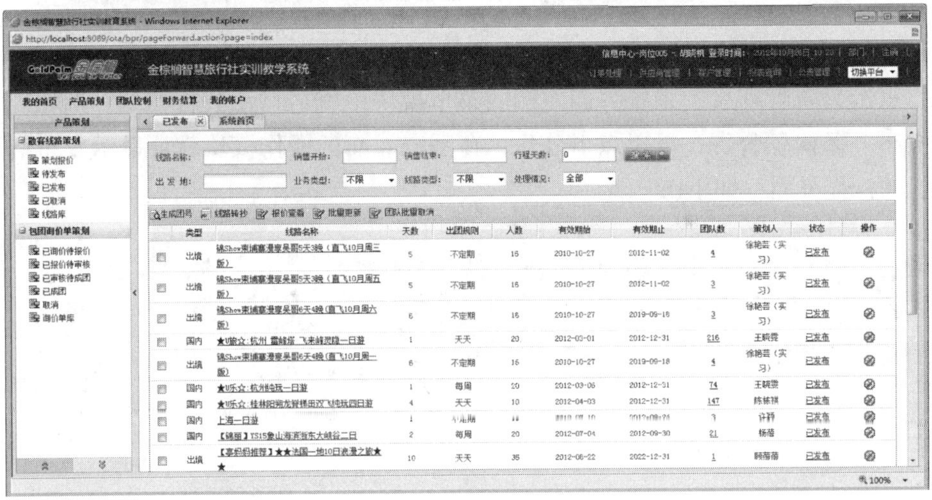

图 5

如图 5 所示，系统界面主要分为 3 个部分：业务功能模块、菜单模块、操作模块，具体介绍如下：

在系统界面顶部的是业务功能模块，该模块包括用户登录信息和操作功能名称。

单击业务功能名称，在系统界面左侧菜单模块中会显示该业务功能下的操作菜单。各个业务功能模块下的菜单基本上都是根据该业务操作流程的各个步骤来设置的。

单击菜单项，在系统界面中部的操作模块中会显示相应的操作界面，该菜单项下对应的操作都在这个操作界面中进行。

注意事项：由于用户的权限不同，登录系统后可以看到的操作功能模块也会有所不同。

四、公告管理

1. 公告发布

在业务平台中，用户可以使用公告管理模块在系统里发布信息。登录后台管理系统后，点击系统界面右上角的公告管理，如下图：

图 6

点击公告管理后，系统界面左侧的菜单模块中就会显示公告菜单。例如现在要发布一条信息公告，可以点击公告，在系统界面的操作模块就会显示发布信息公告的操作界面，如下图：

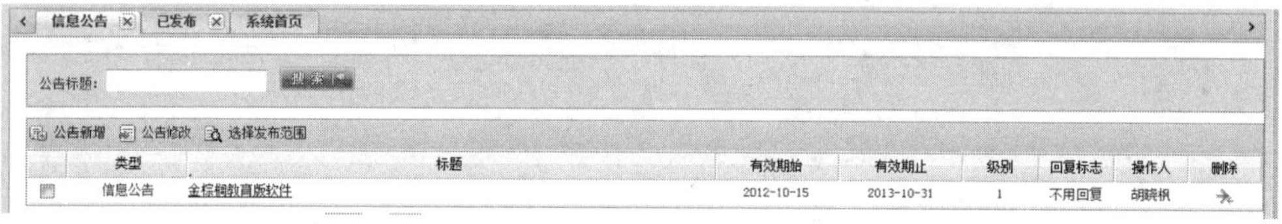

图 7

如图所示，在信息公告页面里可以进行以下操作：信息公告新增，信息公告修改，选择发布范围。

2. 公告查询

在“公告标题”中输入需要查询的信息公告标题（这里支持模糊查询，可以只输入某个关键字），然后点击“搜索”，系统会在通知列表中显示符合条件的信息公告。

3. 新增信息公告

点击“公告新增”，系统进入新增信息公告的界面，如下图：

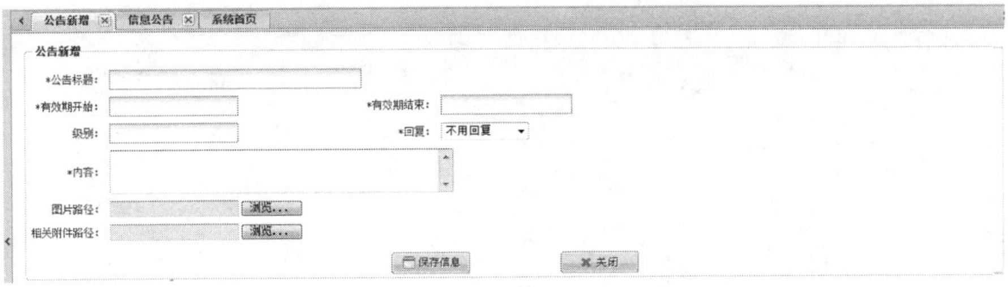

图 8

如图所示，系统要求输入公告的相关信息，打 * 号的项目是必填项。其中，有效期是指信息的发布时间，只有在有效期范围内的信息才会显示在公告栏中；级别是指信息显示的优先级别，公告栏中信息按级别由高到低排序，同级别的公告按发布时间由近及远排序，信息的默认级别为 1；回复是指公告发布后，阅读该公告的用户需不需要回复。此外，可以在公告中上传图片和附件，系统会自动将上传的图片转换为规定的尺寸，但这会影响上传的速度，因此建议不要上传太大的图片，附件上传成功后，用户可以在公告中直接下载附件。以上信息填写完毕后点击“保存信息”，系统会将这条公告保存到数据库中。

4. 公告修改

首先在要修改的公告前打钩，再点击“信息公告修改”，系统进入信息公告修改界面，如下图：

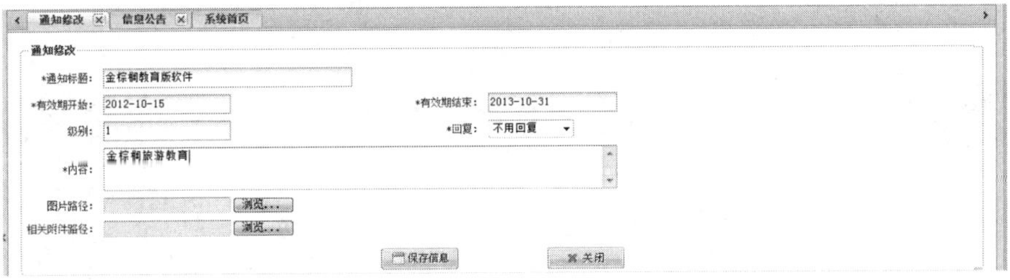

图 9

如图所示，用户可以在这个界面中修改该条公告的相关信息，然后点击“保存信息”，系统会保存修改结果。

5. 信息公告发布

公告只有发布才能在公告栏中显示，并且可以指定哪几个部门有权限看到公告。首先在要发布的通知前打钩，点击“选择发布范围”，系统会显示可供选择的发布列表，如下图：

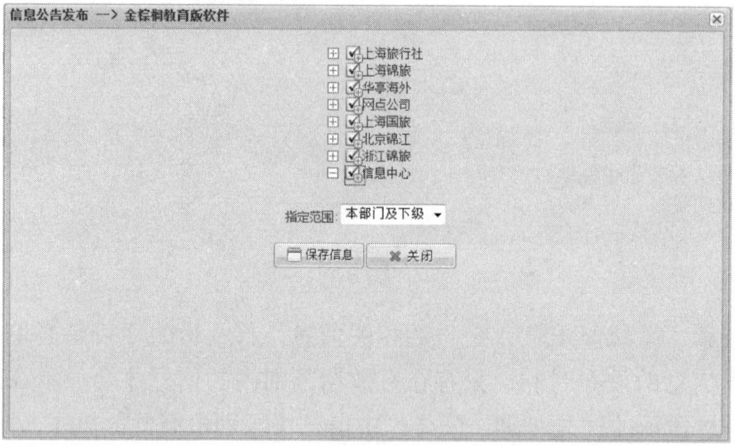

图 10

如图所示，在该界面中可以选择有权看到该公告的部门。

6. 信息公告删除

首先在要删除的信息公告前打钩，然后点击最右侧的绿色箭头，系统会提示“确定删除信息公告吗”，如果点击“确定”，则该条信息公告就被删除。

其他公告的操作方法和信息公告一样，可以参照上述内容。

7. 公告查看

用户可以在系统首页的公告栏中查看公告内容。

项目31 标准产品销售操作

标准产品销售就是指针对旅行社已发布产品线路，接收散客个人或团体的报名操作。

团队散客销售
扫我

职业场景

在经过一番详细咨询之后，一对情侣决定报名参加“×× 游”产品线路，于是小王在电脑前，为其填报了相关信息，完成了报名手续。

职场解析

一、基本情况介绍

标准线路（散客）报名主要分【国内游】【出境游】两个模块。游客按订单归类，再由订单关联团队。下面简要介绍前台销售如何对一条标准线路报名。报名流程图如下：

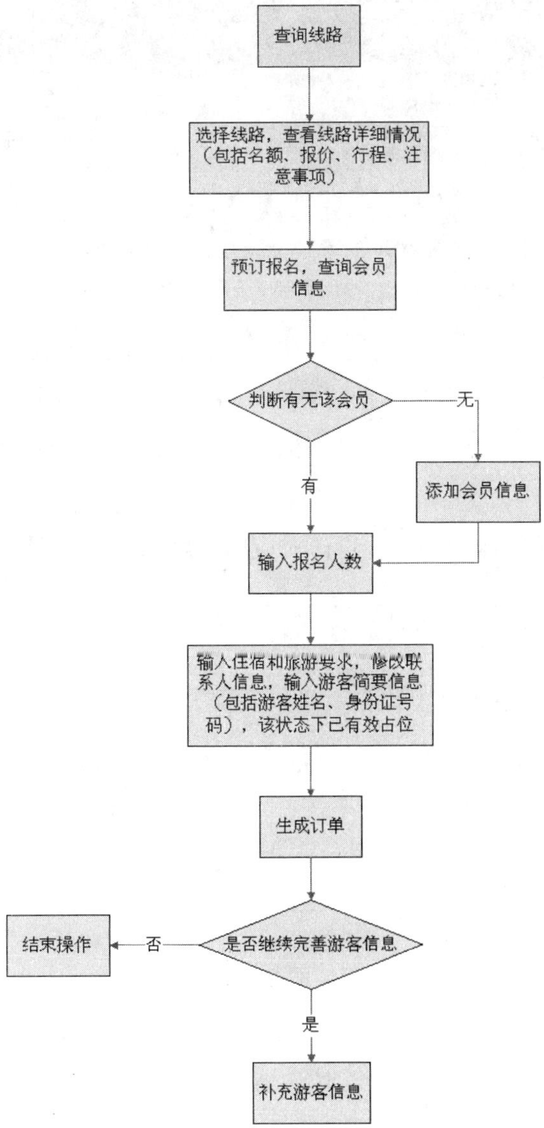

二、标准线路报名

1. 检索线路

登录系统后，有两种方法查询线路：在快捷搜索栏内输入线路名称检索（见图 1 红色框所标范围）；或点击业务功能模块的国内游 / 出境游（见图 1 中绿色框所标范围），选择相应区域再确定线路。

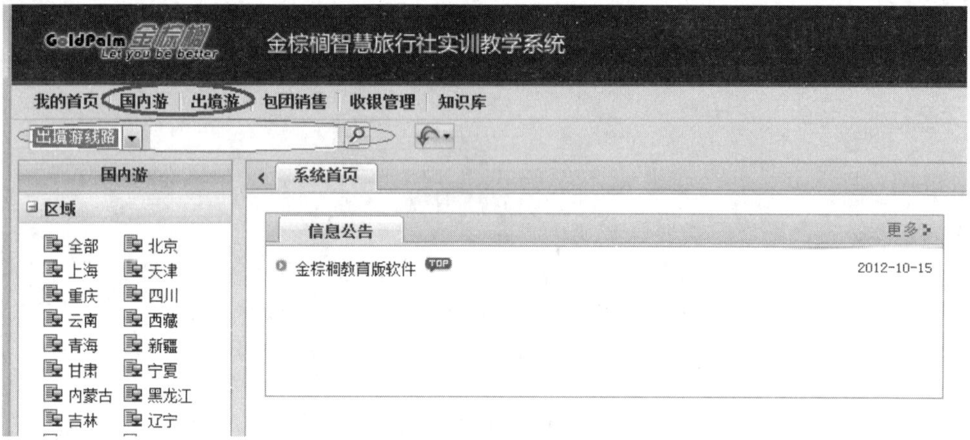

图 1

2. 预订报名

根据出发日期选择相应的团，点击对应的线路名称（见图 1），进入线路预订报名页面，如图 2：

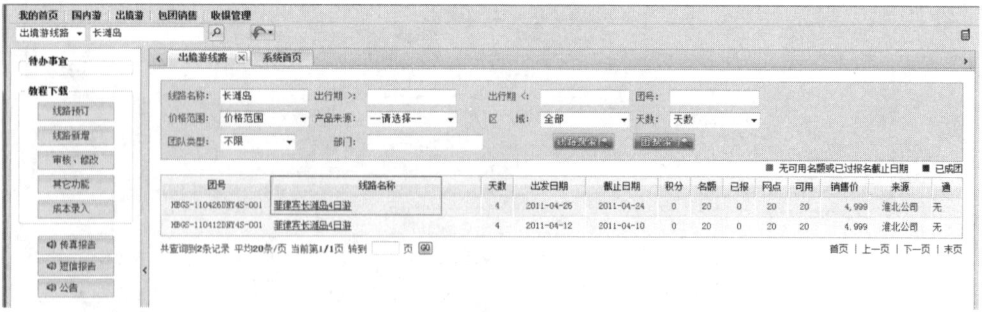

图 2

点击页面下方的 预定 按钮（如图 3），此时弹出查找会员对话框（如图 4），可在其中输入会员名点击 新增 按钮或 查找 按钮新增会员。

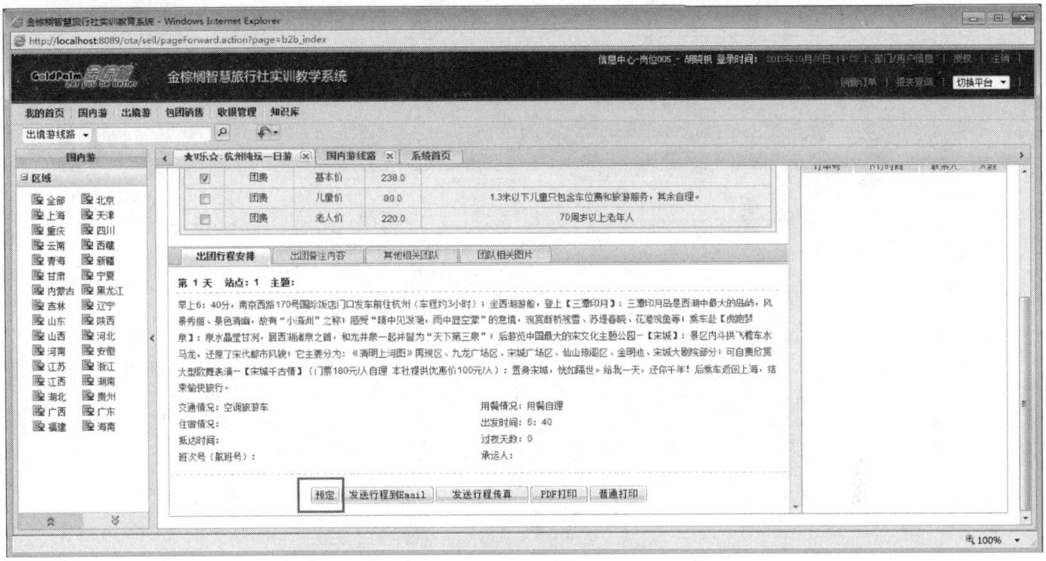

图 3

图 4

选择查找到的会员，或填写新增会员的信息后点击确认，在报名对话框中填写相应人数进行报名（见图 5）

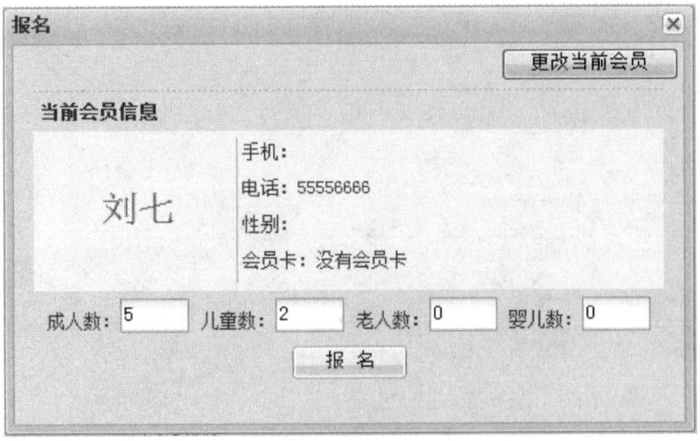

图 5

此时生成订单，并进入该订单的处理页面，可对游客进行退团等操作。

图 6

新增应收和实收，如果是出境游，则新增押金；点击 提交后台 按钮。

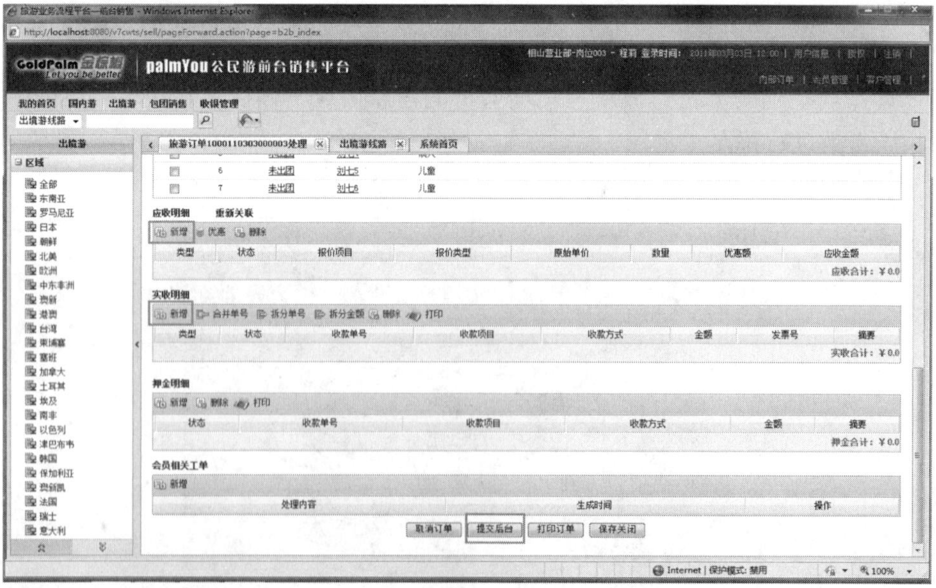

图 7

此时线路预订完成。

职业操练

同学两两一组，互相扮演顾客和接待人员，在该软件平台上完成某一线路的网上报名工作。

项目32 包团产品销售操作

包团产品销售操作是指针对要求独立组团的个人或团体的出游需求，进行一系列询价、报价、确认和报名的信息化操作。

团队包团销售

扫我

职业场景

暑假即将来临，学校将组织80位教师前往厦门四日游，预算每人费用2000元。工会负责人联系小王，希望他能为其安排此次活动。于是小王运用旅行社门店销售管理软件开始填写询价单。计调部完成报价后，小王联系了学校的工会负责人，得到他的认可后，完成了这笔包团订单的操作。

职场解析

在旅游产品销售中除了散客产品外，还有根据客户需求特别订制、独立成团的产品，也就是我们通常所说的包团。由于包团的操作流程与散客团有较大的区别，因此系统中将包团销售设置为独立的模块，国内游和出境游的包团操作都遵循以下流程：

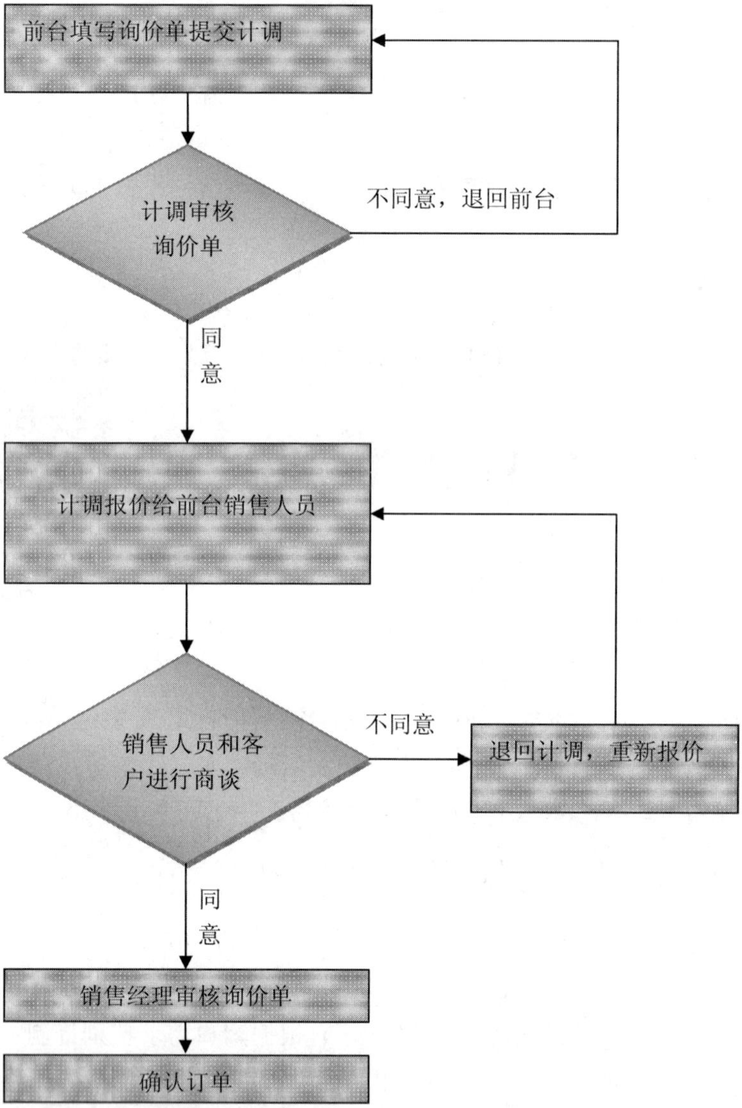

一、前台销售生成询价单

前台销售登录前台销售系统后，点击功能菜单中的【包团销售】，然后在左侧菜单中点击【有效询价单】，进入有效询价单界面，在这个界面中通过【新增询价单】、【询价单修改】、【询价单转抄】三个功能分别来新增、修改和复制包团询价单。

1. 新增询价单

首先点击【新增询价单】进入询价单信息输入界面，如下图：

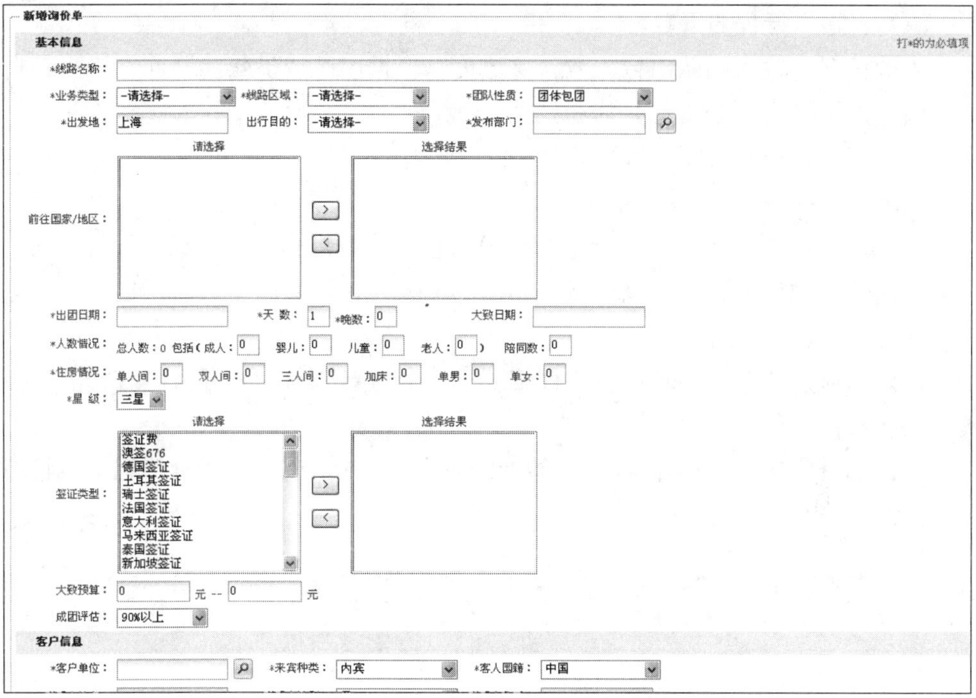

图 1

如图所示：在该界面中可以输入询价单的相关信息，其中标记红色星号的是必填项，输入要求如下：

线路名称：简单描述团队行程概况，如“北京4日”“日本6日”“杭州会议2日”等，具体内容可以由前台销售自己定义。

业务类型：这是可以选择包团的业务类型，是国内游还是出境游。

线路区域：这是隶属于业务类型的二级选项，根据选择的不同业务类型来显示相关的区域。如果业务类型是国内游，则线路区域中显示的是国内的各个省份；如果业务类型是出境游，则线路区域中显示的是境外各个区域分类，如日韩、东南亚等。

团队性质：包团的团队性质分为两类，后台部门生成的包团，团队性质建议选择团队包团；网点生成的包团，团队性质建议选择网点包团。

出发地：出发地默认是上海，但也可以修改。

发布部门：这里是指询价单后台的操作部门，首先点击查找按钮，搜部门；列表中选择后台部门，然后点击【保存信息】即可。

出发日期：可以在这里选择游客要求的出发日期。

天数：输入行程的天数。

人数情况：输入团队出行人数，这里可以根据团队成员年龄不同来输入各自的人数，也可以只在【成人】中输入总人数。

住房要求：输入入住酒店的房型和数量要求。

星级：选择入住酒店的星级。

客户信息：这里是输入询价单的客户信息，可以点击查找按钮从已经维护过的客户信息中调用，也可以直接在界面中输入。包团团队生成后，这些信息会保存在订单的联系人信息中。

此外，可以在客户要求中输入详细要求，通过导入行程来导入已有的散客标准线路的行程信息。

信息输入完毕后点击【保存询价单】按钮，系统生成一条询价单记录，状态是【待询价】，如下图：

线路名称	业务类型	出发地	客户名称	询价人	询价日期	报价人	报价日期	状态	操作
北京4日	国内	上海	信息中心散客		2010-09-18			待询价	

图 2

2. 询价单修改

如果需要修改已生成的询价单内容，首先选择要修改的询价单，点击【询价单修改】，系统进入询价单修改界面，在这个界面中可以修改所选询价单的内容，再点击【保存询价单】即可。

3. 询价单复制

如果遇到有情况相似的包团需要制作询价单，可以复制之前做好的询价单。首先选择要复制的询价单，点击【询价单转抄】，系统进入询价单转抄界面，在这个界面中可以修改所选询价单的内容，再点击【保存询价单】，系统就会生成一条新的询价单。

4. 提交询价单

询价单制作完毕后，可以提交后台或者取消该询价单，首先单击询价单记录中的操作按钮，系统会显示操作选择界面，如下图：

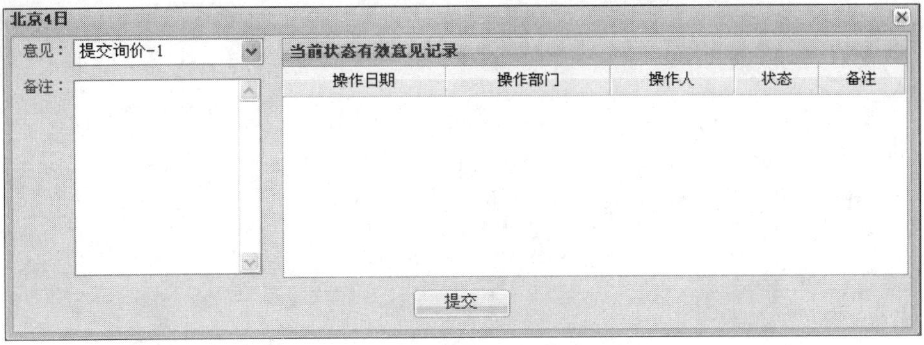

图 3

首先在意见中选择操作内容：如果选择【提交询价】，系统会将询价单发给询价单中指定的后台操作部门；如果选择【取消咨询单】，系统会将该询价单取消。选择好操作选项后，点击【提交】，系统会根据选择的操作选项进行操作。

前台将询价单提交给后台后，制作询价单的工作就结束了，接下来就是等待后台根据询价单制作的报价和服务标准信息。

二、后台制作报价

后台操作部门可以查阅前台提交的询价单，登录后台管理系统后，点击功能菜单中的【产品策划】，在左侧菜单的【包团询价单策划】栏目中点击【已询价待报价】，系统会显示前台提交等待后台处理的询价单，如下图：

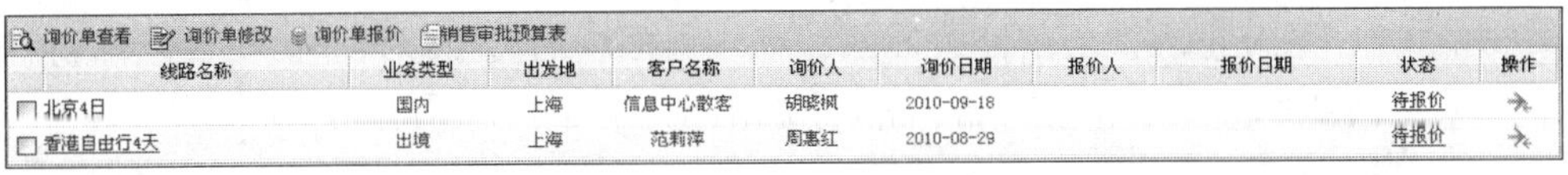

图 4

如图所示：在该界面中可以通过询价单查看、询价单修改、询价单报价 3 个功能来查看、修改询价单信息，制作报价。

1. 询价单查看

选择要查看的询价单，点击询价单查看，系统进入询价单查看界面，如下图：

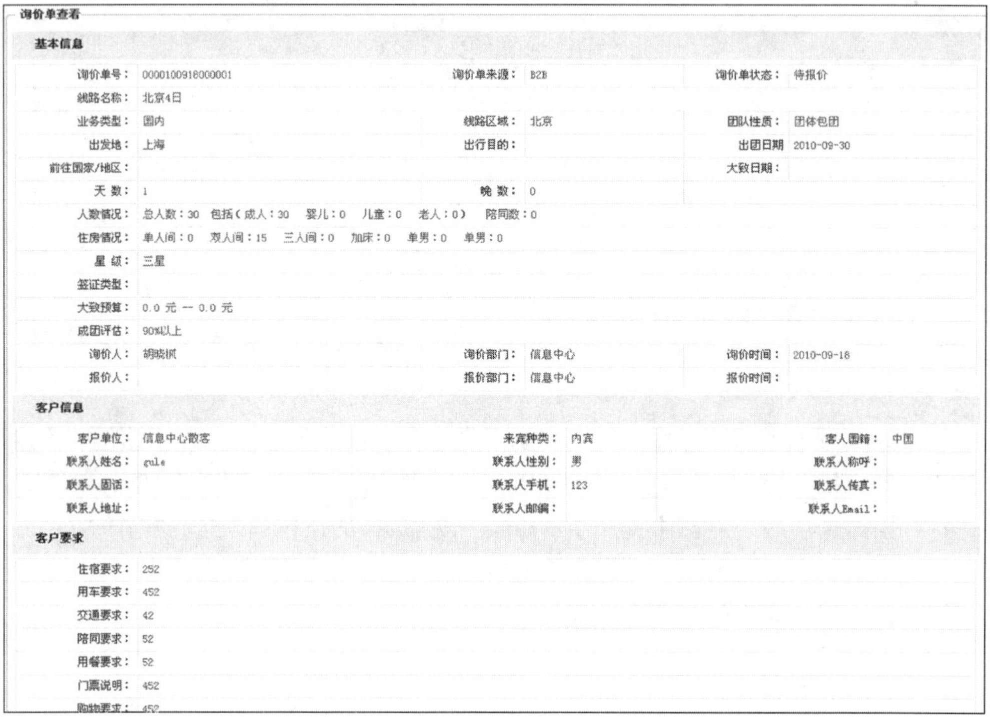
询价单查看

基本信息

询价单号：	0000100918000001	询价单来源：	B2B	询价单状态：	待报价
线路名称：	北京4日				
业务类型：	国内	线路区域：	北京	团队性质：	团体包团
出发地：	上海	出行目的：		出团日期	2010-09-30
前往国家/地区：				大致日期：	
天 数：	1	晚 数：	0		
人数情况：	总人数：30 包括（成人：30 婴儿：0 儿童：0 老人：0） 陪同数：0				
住房情况：	单人间：0 双人间：15 三人间：0 加床：0 单男：0 单男：0				
星 级：	三星				
签证类型：					
大致预算：	0.0 元 -- 0.0 元				
成团评估：	90%以上				
询价人：	胡晓枫	询价部门：	信息中心	询价时间：	2010-09-18
报价人：		报价部门：	信息中心	报价时间：	

客户信息

客户单位：	信息中心散客	来宾种类：	内宾	客人国籍：	中国
联系人姓名：	gule	联系人性别：	男	联系人称呼：	
联系人固话：		联系人手机：	123	联系人传真：	
联系人地址：		联系人邮编：		联系人Email：	

客户要求

住宿要求：	252
用车要求：	452
交通要求：	42
陪同要求：	52
用餐要求：	52
门票说明：	452
购物要求：	452

图 5

如图所示：在该界面中可以查看前台输入的询价单信息。

2. 询价单修改

后台可以修改询价单中的旅游要求和行程安排，选择要修改的询价单，点击 询价单修改，系统进入询价单修改界面，在该界面中后台可以调整旅游要求和行程安排，修改完毕后点击【保存询价单】按钮即可。

3. 制作报价

首先选择询价单，点击 询价单报价，系统进入添加报价界面，在该界面中可以添加团队报价，操作方式和散客团有一些区别：

添加的报价是整个团的总报价，并不是单人报价，关联人数设为 1。

因为要生成包团预算表，所以包团报价的成本是必填的，而且建议填写尽可能详细。

报价输入完毕后，点击【返回】即可。

4. 查看包团预算表

选择询价单，点击[销售审批预算表]，系统进入包团预算表界面，如下图：

包团预算表

部门	信息中心			策划人	胡晓枫	出团日期	2010-09-30
线路名称	北京4日			天数	1	已收：30人 领队:0人	
客户名称	gule						
团费（基本价）							
单价	10000.0	数量	1	售价合计	10000.0	成本合计	8700.0
成本明细							
项目	供应商			币种	原币成本	汇率	本币成本
景点门票	test			CNY	1200.0	1.0	1200.0
综费	test			CNY	3000.0	1.0	3000.0
房费	test			CNY	2000.0	1.0	2000.0
正餐费	test			CNY	2000.0	1.0	2000.0
订车费	test			CNY	500.0	1.0	500.0
合计：							8700.0
总　计							
总收入：	10000.0	总成本：	8700.0	总毛利：	1300.0	总毛利率：	13%

控团人：胡晓枫　　填报日期：2010-09-18

图 6

如图所示：在包团预算表中可以显示询价单的收入、成本、毛利情况。

5. 提交审核

后台在【已询价待报价】状态下有两种方式操作询价单：如果认为前台提交的询价单不合适，可以将询价单退回前台，前台修改好询价单重新提交后台；或者在询价单报价输入完毕后提交前台审核。

首先选择询价单，点击操作按钮，系统会显示操作选择界面，首先在意见中选择操作内容，点击【提交】，系统会根据选择的操作选项进行操作。

三、前台审核报价和服务标准

前台销售登录前台销售系统后，点击功能菜单中的【包团销售】，然后在左侧菜单中点击【已报价待审核】，进入询价单审核界面。在这个界面中前台销售可以查看后台输入的报价和服务标准。

浏览完毕后点击操作按钮，系统会显示操作选择界面，首先在意见中选择操作内容，如果选择同意，系统会通过询价单审核，后台就可以根据询价单生成团号；如果选择退回报价，系统会将询价单退回后台重新报价。选择好操作选项后，点击【提交】，系统会根据选择的操作选项进行操作。

四、生成团号

后台操作登录后台管理系统后，点击功能菜单中的【产品策划】，在左侧菜单的【包团询价单策划】栏目中点击【已审核待成团】，系统会显示通过审核等待成团的询价单，点击操作按钮，系统会显示操作选择界面，在意见中选择【成团确认】，点击【提交】，系统会根据询价单生成团号。

五、前台查询包团订单

后台生成团号后，前台销售可以从【内部订单】的【已预订待提交】中查询到包团的订单，包团订单的操作和散客团订单一致。

职业操练

同学两两一组，互相扮演顾客和接待人员，在该软件平台上完成某一独立成团产品的网上询价和报名工作。

主要参考文献

ZHU YAO CAN KAO WEN XIAN

[1] 徐云松，左红丽 . 门市操作实务：2 版 . 北京：旅游教育出版社，2008.

[2] 浙江省教育厅职成教教研室 . 门市服务 . 北京：高等教育出版社，2010.

[3] 浙江省教育厅职成教教研室 . 旅行社服务与管理 . 北京：高等教育出版社，2009.

[4] 梁雪松，张建融 . 旅行社门市管理实务 . 北京：北京大学出版社，2011.

[5] 徐萍 . 旅游门市接待 . 北京：中国铁道出版社，2009.

[6] 赵春涛 . 门店销售技巧 . 北京：中国物资出版社，2011.

[7] 麦肯思特营销顾问公司 . 门店销售：技巧与策略 . 北京：经济科学出版社，2005.

[8] 冯国群 . 旅游计划与调度 . 北京：旅游教育出版社，2011.

[9] 戴斌 . 旅行社经营管理 . 北京：旅游教育出版社，2005.

[10] 人力资源和社会保障部教材办公室 . 旅行社业务 . 北京：中国劳动社会保障出版社，2009.

[11] 刘爱月 . 旅行社经营与管理 . 北京：对外经济贸易大学出版社，2010.

[12] 王杨 . 旅行社经营管理实务 . 北京：清华大学出版社，北京交通大学出版社，2009.

[13] 周晓梅 . 旅行社经营管理 . 重庆：重庆大学出版社，2008.

[14] 张骏，葛益娟 . 旅行社经营管理 . 北京：旅游教育出版社，2010.

[15] 蔡必昌 . 旅行社管理实务操作手册 . 广州：南方日报出版社，2004.

[16] 刘国强 . 旅行社运营管理 . 北京：机械工业出版社，2008.

[17] 丁正山，黄彦婷 . 旅行社经营管理 . 北京：化工工业出版社，2009.

[18] 许霞 . 旅行社经营管理 . 北京：北京交通大学出版社，2011.

[19] 孙宗虎，肖书民 . 旅行社管理流程设计与工作标准 . 北京：人民邮电出版社，2008.
[20] 张胜男 . 旅行社礼仪 . 北京：旅游教育出版社，2010.
[21] 熊晓敏 . 旅行社 SALES 外联营销手册 . 北京：中国旅游出版社，2009.

再版后记

ZAI BAN HO U JI

门市接待是一个操作性很强的工种，要求员工具备丰富的旅游知识、良好的沟通能力、娴熟的办公操作技能，对工作流程了如指掌……如何以人为本、因岗制宜，打造一本既专业又实用的旅行社门市接待用书，是我们编写本书的初衷。

2012年初，承蒙旅游教育出版社的厚爱和信任，冯国群在完成《旅游计划与调度》一书的基础上，又担任了《旅行社门市接待》一书的主编，并确定编写框架要做到“两个符合”，即符合岗位工作过程、符合岗位入职员工的认知过程。

根据人们对旅行社门市岗位的认知、适应和胜任的过程，我们在编写时按照“见习生——入职篇”“接待员——专业篇”和“店长——管理篇”三个不同层次递进深入编写。这三部分的标题和内容与入职者的职业生涯和认知过程一一对应，即从一开始实习从业的半年时间里，担当门市实习生或接待助理，主要工作是熟悉门市各工位的工作内容和流程，掌握门市岗的仪容仪表、技能操作要求，能够协助接待客户；通过半年的业务熟悉，发展到能够独立工作，成为一名专业接待员，依据门市操作规程负责具体接待事务；再经过两三年时间的磨炼，最后能独当一面，成为门市部门主管或店长，能开展一些开设新店、培训新员工等管理工作。

本书由上海市振华外经职业技术学校冯国群和武汉市旅游学校陈波任主编，广州广之旅国际旅行社股份有限公司营销总部经理黄春祺、北海市旅游培训中心王淑霞、上海市现代职业技术学校戴晓琳、上海工商信息学校陈坚敏任副主编。参加编写的人员还有上海市振华外经职业技术学校马宵梅、曹青，广东省旅游职业技术学校黄伟钊，上海市工商信息学校胡明松，上海市航空服务学校吕雄，上海市东辉职业技术学校唐菊，辽宁省葫芦岛市第一职业中专学校单金贞，上海棕榈电脑系统有限公司 CEO 潘皓波，广东省广州市岭南国际旅行社股份有限公司总经理何金祥。全书由冯国群负责拟纲、统稿、修改和定稿，由黄春祺审稿。

本书既可作为广大旅游院校教学用书，亦可作为行业培训用书和从业者上岗自学用书。

本书的编撰得到了上海市振华外经职业技术学校领导和同事们的大力支持，上海棕榈电脑系统有限公司 CEO 潘皓波先生鼎力提供旅行社教学版软件和旅行社智慧门市体验店设计方案，在此一并表示诚挚的谢意。编写过程中参阅和引用了一些宝贵的资料文献，谨向有关作者表示感谢，正是他们研究成果的融入，使得本书更充实丰满。

本书自 2014 年出版以来，获得广大旅行社从业人员和院校师生一致好评。此次修订再版，结合了现代二维码先进技术，并对之前教材不足做了修改。但因自身编写水平有限，书中难免有不足和疏漏，敬请读者不吝指正。

编者

2017 年 1 月

策　　划：景晓莉　何　玲
责任编辑：景晓莉

图书在版编目（CIP）数据

旅行社门市接待 / 冯国群，陈波主编 . -- 北京：旅游教育出版社，2014.3（2020.12）
（1+1 旅行社业务实战手册）
ISBN 978 – 7 – 5637 – 2894 – 7

Ⅰ . ①旅… Ⅱ . ①冯… ②陈… Ⅲ . ①旅行社—旅游服务—手册 Ⅳ . ① F590.63-62

中国版本图书馆 CIP 数据核字（2014）第 030798 号

1+1 旅行社业务实战手册

旅行社门市接待

（第 2 版）

主　编　冯国群　陈　波

副主编　黄春祺　王淑霞　戴晓琳　陈坚敏

出版单位	旅游教育出版社
地　　址	北京市朝阳区定福庄南里 1 号
邮　　编	100024
发行电话	（010）65778403　65728372　65767462（传真）
本社网址	www.tepcb.com
E-mail	tepfx@163.com
印刷单位	北京玺诚印务有限公司
经销单位	新华书店
开　　本	787 毫米 ×960 毫米　1/16
印　　张	18.25
字　　数	266 千字
版　　次	2017 年 1 月第 2 版
印　　次	2020 年 12 月第 4 次印刷
定　　价	39.80 元

（图书如有装订差错请与发行部联系）